推进『健康中国』建设国家战略背景下

体育与医疗卫生

协作机制研究

教育部人文社会科学研究规划基金项目

项目批准号：17YJA890012

童国军 陈远莉 赵 燕

林祥芸 姬 翔/参著

李继军/著

西南财经大学出版社

四川·成都

图书在版编目(CIP)数据

推进"健康中国"建设国家战略背景下体育与医疗卫生协作机制研究/李继军著
. —成都:西南财经大学出版社,2021.6
ISBN 978-7-5504-4891-9

Ⅰ.①推… Ⅱ.①李… Ⅲ.①全民健身—研究—中国②医疗保健事业—研究—中国 Ⅳ.①G812.4②R199.2

中国版本图书馆 CIP 数据核字(2021)第 101239 号

推进"健康中国"建设国家战略背景下体育与医疗卫生协作机制研究
李继军 著

策划编辑:高小田
责任编辑:高小田
封面设计:墨创文化
责任印制:朱曼丽

出版发行	西南财经大学出版社(四川省成都市光华村街55号)
网 址	http://cbs.swufe.edu.cn
电子邮件	bookcj@swufe.edu.cn
邮政编码	610074
电 话	028-87353785
照 排	四川胜翔数码印务设计有限公司
印 刷	郫县犀浦印刷厂
成品尺寸	170mm×240mm
印 张	14.5
字 数	265 千字
版 次	2021 年 6 月第 1 版
印 次	2021 年 6 月第 1 次印刷
书 号	ISBN 978-7-5504-4891-9
定 价	88.00 元

前 言

2016年3月，《中华人民共和国国民经济和社会发展第十三个五年规划纲要》颁布，其中正式提出了"推进'健康中国'建设"。2016年8月，习近平总书记在全国卫生与健康大会上的讲话中提出，"将全民健身与全民健康深度融合"。2016年中共中央、国务院发布的《"健康中国2030"规划纲要》中提到加强体医深度融合促进全民健康。在这样一个大的国家健康发展战略背景下，本研究团队以"推进'健康中国'建设国家战略背景下体育与医疗卫生协作机制研究"为题目申报教育部哲学社会科学基金项目，获得立项，对此我们既感到荣幸，又感到压力巨大。荣幸的是本研究团队经过前期的大量文献资料搜集与整理，付出很大的努力，最终获得了认可，巨大的压力是担心不能够完成好这项研究任务，辜负教育部与评审专家的厚望。因此，本研究团队全体成员，不敢怠慢，勤奋努力，下定决心要完成好这项科研任务。

经过本研究团队全体成员的努力，历时三年的调查与研究终于完成，形成最终的研究结果，并著成此书以示本研究团队研究圆满结束。

本书通过六个章节来论述，第一章绪论，第二章健康中国，第三章协作基本理论，第四章发达国家体医融合、协作经验与启示，第五章目前存在的主要协作障碍，第六章建立和完善体育与医疗卫生协作机制。从整体架构可以看出，研究团队首先通过查阅、整理大量的文献资料对研究的背景做了一个详细的论述，尤其是对"健康中国"做了比较详细的论述。其次，展开对理论支撑的探讨，分别对协作一般性理论、协作基本要素、协作类型进行探讨。最后，根据调查了解的情况，分析目前体育与医疗卫生协作中存在的主要障碍，并在此基础上综合分析后提出建立和完善体育与医疗卫生协作机制。

本书的研究尽管无法称得上完美，但还是有一些亮点：一是提出体育与医疗卫生协作运行的中心或重心应在省（市）级层面；二是提出体现体育与医疗卫生协作的价值和意义的重要方式之一是将医疗卫生人员和特定医务人员及后备人员作为体医结合复合型人才的建设对象；三是探讨了特殊状况下体育与医疗卫生以及其他部门如何协作；四是课题组遵从一般问题与个别问题相结合探讨的研究思路，探讨了协作机制建立的一般要素和体育与医疗卫生协作的独特要素，并将二者有机融为一体。

体医协作是一项跨部门协作公共事务，进行这样的研究探索，具有很大的挑战性。挑战之一是本书的关注点，或者说本书的出发点是基于宏观层面的体医协作问题，因而涉及上层体制、机构、规章制度等问题，调查了解这些问题难度较大，很难深入了解到问题形成的真正缘由。挑战之二是体医协作并不是一项强制性的行政任务，地方在推进这一事务时有很大的自由度，这样就使有些地方积极推进，有些地方几乎没有推进，甚至本地方体育与医疗卫生两部门都不知道有这么一回事，这样就很难了解到真实信息。挑战之三是受客观条件影响，研究深度可能不够，比如研究团队的整体研究水平有限以及所能够掌握了解的资料信息有限等。尽管挑战如此之大，但研究团队通过共同努力，本着客观、真实、严谨的科学研究精神进行调查了解，并经过科学的逻辑分析提出了我们的观点与建议，为体育与医疗卫生两大部门以及国家健康促进委员会在推进"健康中国"事业方面建言献策。

李继军

2021 年 6 月

目　录

第一章　绪论

"体医融合"理念源于美国。2007 年，美国运动医学学会（ACSM）和美国市场营销协会（AMA）提出"运动是良医"项目，在国际上推行运动与健康协同发展，形成了许多具有指导意义的健康促进理论与行动计划。如，美国卫生与公众服务部（HHS）发布《健康公民》《美国居民膳食指南》和《美国居民体力活动指导手册》等健康指南，提倡医卫人员指导患者进行运动，摸索构建了"以政府为主导，各部门联动"的运动健康促进指导服务平台。同年，美国运动医学学会（ACSM）向世界范围倡导并推广"运动是良医（Exercise is medicine）"的理念，鼓励临床医生将"体力活动"作为基本生命体征融入问诊体系，提倡临床医生与健身指导人员共同参与疾病预防与治疗，促进民众健身科学化水平的提高。

中华人民共和国成立后特别是改革开放以来，中国卫生健康事业获得了长足发展，居民主要健康指标总体优于中高收入国家平均水平。随着工业化、城镇化、人口老龄化进程加快，中国居民生产生活方式和疾病谱不断发生变化。心脑血管疾病、癌症、慢性呼吸系统疾病、糖尿病等慢性非传染性疾病导致的死亡人数占总死亡人数的 88%，导致的疾病负担占疾病总负担的 70% 以上。居民健康知识知晓率偏低，吸烟、过量饮酒、缺乏锻炼、不合理膳食等不健康生活方式比较普遍，由此引起的疾病问题日益突出。同时，健康服务供给总体不足与需求不断增长之间的矛盾依然突出，健康领域发展与经济社会发展的协调性有待加强，需要从国家战略层面统筹解决关系健康的重大和长远问题①。对此，国家从战略的宏观角度考虑，提出推进"健康中国"建设。推进"健康中国"建设，是全面建成小康社会、基本实现社会主义现代化的重要基础，是全面提升中华民族健康素质、实现人民健康与经济社会协调发展的国家战略，是积极参与全球健康治理、履行 2030 年可持续发展议程国际承诺的重大举措②。"共建共享、全民健康"，是建设"健康中国"的战略主题。核心是以

---

① 中共中央 国务院印发《"健康中国 2030"规划纲要》[N]. 新华社，2016-10-25.
② 中共中央 国务院印发《"健康中国 2030"规划纲要》[N]. 新华社，2016-10-25.

人民健康为中心，坚持以基层为重点，以改革创新为动力，预防为主，中西医并重，把健康融入所有政策，人民共建共享的卫生与健康工作方针，针对生活行为方式、生产生活环境以及医疗卫生服务等健康影响因素，坚持政府主导与调动社会、个人的积极性相结合，推动人人参与、人人尽力、人人享有，落实预防为主，推行健康生活方式，减少疾病发生，强化早诊断、早治疗、早康复，实现全民健康①。共建共享是建设"健康中国"的基本路径。从供给侧和需求侧两端发力，统筹社会、行业和个人三个层面，形成维护和促进健康的强大合力。要促进全社会广泛参与，强化跨部门协作，深化军民融合发展，调动社会力量的积极性和创造性，加强环境治理，保障食品药品安全，预防和减少伤害，有效控制影响健康的生态和社会环境危险因素，形成多层次、多元化的社会共治格局。要推动健康服务供给侧结构性改革，卫生计生、体育等行业要主动适应人民健康需求，深化体制机制改革，优化要素配置和服务供给，满足人民群众不断增长的健康需求②。

体育与医疗卫生行业如何适应人民健康需求，满足人民群众不断增长的健康需求，这是二者需要深度思考的问题。在当下，根据推进"健康中国"国家战略的需要，二者需要深度融合、共同协作落实推动全民健身和全民健康深度融合任务，完成全面建立优质高效的整合型医疗卫生服务体系和完善的全民健身公共服务体系。在推进"健康中国"建设战略背景下，体育与医疗卫生无论从任务落实还是目标实现，二者都有诸多契合点，这些契合点恰好是二者协作的基础和原始出发点。

"体医融合、协作"中利用体育手段和体育锻炼的方式，在一定程度上调节和保障国民的身体健康。通过医疗加体育的方式可明显降低各种慢性病的发病率。"体医融合"作为一种提供高效健康需求的模式，可将人们的医疗需求分流，增加体育服务供给，减少医疗部门负担，满足体育部门需求，从医院到健身场所，解决医疗资源不足问题、缓解医患矛盾、减小医疗财政负担、增加体育财政收入，实现其供需平衡，是协调医疗资源供给矛盾的一种新型高效途径。

---

① 中共中央国务院印发《"健康中国 2030"规划纲要》[N]. 新华社，2016-10-25.
② 中共中央国务院印发《"健康中国 2030"规划纲要》[N]. 新华社，2016-10-25.

第一节 问题的提出

一、"健康中国"建设战略与"体医协作"问题的提出

2015 年 10 月，在习近平总书记主持的中共中央第十八届五中全会上，通过了《中共中央关于制定国民经济和社会发展第十三个五年规划的建议》，明确将"健康中国"上升为国家战略①。2016 年 3 月，《中华人民共和国国民经济和社会发展第十三个五年规划纲要》颁布，其中正式提出了"推进'健康中国'建设"。2016 年 6 月，国务院印发的《全民健身计划（2016—2020年）》指出，全民健身应面对推进"健康中国"建设的机遇与挑战，成为"健康中国"建设的有力支撑和全面建成小康社会的国家名片②。2016 年 8 月19 日至 20 日，全国卫生与健康大会在北京召开，这是 21 世纪以来第一次全国卫生与健康大会。习近平总书记在会议上指出，"要倡导健康文明的生活方式，树立大卫生、大健康的观念，把以治病为中心转变为以人民健康为中心，建立健全健康教育体系，提升全民健康素养，推动全民健身和全民健康深度融合"③。2016 年 10 月，《"健康中国 2030"规划纲要》（以下简称《纲要》）颁布。《纲要》把"全民健康"作为建设"健康中国"的根本目的，把"优质高效的整合型医疗卫生服务体系和完善的全民健身公共服务体系全面建立，健康保障体系进一步完善，健康科技创新整体实力位居世界前列，健康服务质量和水平明显提高"④ 作为《纲要》的目标之一。《纲要》是今后 15 年加快推进"健康中国"建设的行动纲领。《纲要》第六章第三节加强体医融合和非医疗健康干预中提到要发布体育健身活动指南，建立完善针对不同人群、不同环境、不同身体状况的运动处方库，推动形成体医结合的疾病管理与健康服务模式，发挥全民科学健身在健康促进、慢性病预防和康复等方面的积极作用。由此可以看出在推进"健康中国"建设这一国家战略背景下，体医融合、协作

---

① 十大关键词解读五中全会公报：发展一词出现 90 余次 [EB/OL]. （2015-10-29）[2020-9-27]. http://www.chinanews.com/gn/2015/10-29/7596653.shtml.

② 国务院关于印发《全民健身计划（2016—2020 年）》的通知 [EB/OL]. （2013-6-23）[2020-03-01]. http://www.gov.cn/zhengce/content/2016/06/23/content_5084564.htm.

③ 习近平总书记在全国卫生与健康大会上的讲话引起强烈反响 [EB/OL]. （2016-08-21）[2020-09-20]. http://www.xinhuanet.com//politics/2016-08/21/c_1119428119.htm.

④ 中共中央国务院印发《"健康中国 2030"规划纲要》[N]. 新华社，2016-10-25.

是体育与医疗卫生两大系统无法规避的必然选择和各自未来工作的中心与重心。

二、体医协作契合点

推进"健康中国"建设的国家战略提出后，原国家卫计委发布了《"十三五"全国健康促进与教育工作规划》，国务院印发了《全民健身计划（2016—2020年）》，这两个文件实则分别是医疗卫生系统和体育系统在推进"健康中国"建设过程中的基本行动纲领。通过分析这两个主要的纲领性文件，以及与两个系统相关的其他文件和政务论述，找出体医协作的共同点及契合点，此应当是两个系统协作共进的原点，也是探讨双方协作机制的依托点。

（一）医疗卫生视域下的"健康中国"解读

在国家提出"健康中国"战略决策后，从专业的角度讲，与医疗卫生的关联度最为紧密，因此，医疗卫生对"健康中国"的解读尤为重要。通过对医疗卫生系统发布的相关文件及有关解读以及相关政务论述来看，医疗卫生系统已认识到未来需将各级各类医疗卫生机构作为健康促进与教育的重要阵地，坚持预防为主，推进防治结合，实现以治病为中心向以健康为中心转变，推动健康管理关口前移，发挥专业优势大力开展健康促进与教育服务[①]。医疗卫生机构要以人的健康为中心，根据群众需求提供健康促进与教育服务，引导群众树立正确的健康观，形成健康的行为与生活方式，提升全民健康素养。强化个人健康意识和责任，培育人人参与、人人建设、人人共享的健康新生态[②]。另外，在未来工作中要强化与相关部门的协同配合，把健康融入所有政策，贯彻人民共建共享的卫生与健康工作方针，以满足人民群众健康需求为导向，以提高人群健康素养水平为抓手，以健康促进与教育体系建设为支撑，着力创造健康支持性环境，全方位、全生命周期维护和保障人民健康，推进"健康中国"建设[③]。

（二）体育视域下的"健康中国"解读

在"健康中国"的"大健康"视域下，体育要不断发挥其在"健康中国"

---

① 国家卫生计生委关于印发"十三五"全国健康促进与教育工作规划的通知［EB/OL］.（2017-01-12）［2020-09-25］. http：//www. gov. cn/xinwen/2017-01/12/content_ 5159232. htm.

② 国家卫生计生委关于印发"十三五"全国健康促进与教育工作规划的通知［EB/OL］.（2017-01-12）［2020-09-25］. http：//www. gov. cn/xinwen/2017-01/12/content_ 5159232. htm.

③ 国家卫生计生委关于印发"十三五"全国健康促进与教育工作规划的通知［EB/OL］.（2017-01-12）［2020-09-25］. http：//www. gov. cn/xinwen/2017-01/12/content_ 5159232. htm.

建设中的重要作用，这是体育行业的光荣使命。体育今后的发展直接服从和服务于"健康中国"建设，当前的首要任务是大力开展全民健身运动，促进人民健康水平不断提高。在"健康中国"建设的大背景下，体育的功能与作用增加了新的内涵，体育可以全周期、全人群保障人的身体健康。体育不仅是一种锻炼身体的方式，还是一种教育手段、生活方式和精神依托，在促进健康向上的社会氛围形成方面，体育具有综合价值和多元功能①。在未来推进"健康中国"建设过程中，以促进人民健康为中心，推动全民健身与全民健康深度融合，促进体育与健康生活方式融合，贯彻预防为主的健康工作方针，通过普及科学健身、体医结合提高人民健康素养②。

（三）医疗卫生与体育的契合点

1. 终极目标契合

在国家宣布实施"健康中国"战略始起，无论是体育还是医疗卫生最终的目标都是提高全民健康素养，推进"健康中国"建设，这一共同目标是当下中国发展给二者提出的现实且迫切需要达到的目标。这样一种目标的契合，是双方未来协作的根本性基础，是双方协作的出发点和落脚点。目标的一致性决定了双方协作的必要性，双方将共同为了这一伟大而又光荣的目标共同奋斗；目标的一致性，决定了双方应当主动、密切协作，共同促、保全民健康，共同推进"健康中国"建设；目标的一致性也决定了双方需要破除所谓的"部门墙"，真诚地协作，真诚地沟通，共同制定协作的计划与行动方案。推进"健康中国"建设这一目标，需要双方以及多方的协作才能完成，首当其冲的是体育与医疗卫生两大系统的坦诚协作，因为这两个系统与全民健康直接相关，虽然其他系统也需参与协作，但其他系统仅具有辅助作用，体育与医疗卫生两大系统才是此项国家大事的主角。为了实现同一目标，体育与医疗卫生两大系统必然需要协作共进，共同担当，共同完成促进与保障全民健康，推进"健康中国"建设的重大历史使命。

2. 发展理念认识契合

相关文件中都提出了贯彻落实新的发展理念，即"创新、协调、绿色、开放、共享"。双方未来都将在这样的认识下开展工作，这也为双方在促、保全民健康，推进"健康中国"建设，提供了认识上的协作基础。医疗卫生与

① 国务院关于印发《全民健身计划（2016—2020 年）》的通知［EB/OL］.（2013-6-23）［2020-03-01］. http：//www. gov. cn/zhengce/content/2016-06/23/content_ 5084564. htm.

② 国务院关于印发《全民健身计划（2016—2020 年）》的通知［EB/OL］.（2013-6-23）［2020-03-01］. http：//www. gov. cn/zhengce/content/2016-06/23/content_ 5084564. htm.

体育在这一认识基础之上开展协作，首先在未来协作工作中，就避免了认识问题的冲突，协作的不和谐。认识的一致性是开展工作的前提和基础，认识统一，才能制定出共同需要处理的问题、工作计划、实施办法以及应对措施。"创新、协调、绿色、开放、共享"这一发展理念也是我们国家整体的发展理念，未来在促进全民健康，推进"健康中国"建设中，双方需秉承这一新发展理念，保证双方在协作工作的正确方向，不至于偏离国家整体的发展轨道，这样双方的协作才有意义、有价值。同时，在这一发展理念之下，能使双方在与其他系统协作时，也有共同的认识基础或者说发展理念基础，便于多方参与、融合，共同推进"健康中国"建设。

3. 促进与保障全民健康的防御意识契合

体育健身所体现的自身价值，更多凸显为一种前置性的健康预防手段。换句话说，体育的健身功能对于健康而言主要体现在其前置性方面。通过体育锻炼，强身健体，达到预防疾病的目的，故其前置性的预防意识是本性的。医疗卫生在传统观念里是治病救人，是健康受到损害后的补救、康复措施，相对于健康而言是后置性的，但在今天推进"健康中国"建设的大背景下，其对于健康的作用整个关口前移，即医疗卫生对健康的维护与促进作用整体前移，以预防为主，重在促、保健康，避免健康受到损害，并不断提高健康素养水平。因此，在促、保全民健康，推进"健康中国"建设背景下，体育与医疗卫生两大系统产生了关键性的契合点，即都将以促、保健康为根本的工作目的和发展思路。体育与医疗卫生本质上都是为人们的健康而服务的，只是在不同的国家健康建设规划下，工作的重心与方向发生了小小的位置变化，出现了统一的以"防"为主的促、保健康工作重心与方向。这一变化，在推进"健康中国"健康的大背景下，为原本缺少协作的两个系统第一次创造了协作的充实理由和依据。这在促、保健康方面发挥了极大的合力作用，对促、保全民健康方面意义重大。

4. 联动社会所有力量促进与保障全民健康认识契合

从两个部门系统出台的相关文件可以看出，双方都提到了"多部门协作，全社会参与"共同提高全民健康素养水平。在国家推进"健康中国"建设的大背景下，无论是体育系统还是医疗卫生系统都注意到"合作、协作、共同参与"是真正促、保全民健康的正确思路与方法。对于这一认识的趋同性，为两个系统的协作配合奠定了良好的意愿基础，确保了双方在以后的协作过程中，互相沟通的积极性和主动性。体育与医疗卫生是与全民健康最直接相关的两个系统，双方在协作认识方面的统一性，直接关乎促、保全民健康的重大事业的进展和预期目标的实现，故，二者对协作重要性的认识的意义可想而知。促、保全民健康，推进"健康中国"建设是关乎国家发展的大事，完成这样的大事，体育与医疗卫生两个系统责任重大，容不得二者有二心，二者不仅要真诚协作，同时，还要争取其他相关系统的鼎力支持，如财政部、教育部、环境保护部等。这些系统的支持也在一定程度上确保了体育与医疗卫生两个系统协作所取得的良好效果。换句话说，体育与医疗卫生协作的同时还要主动邀请其他系统的积极参与，这样才能确保二者协作存在的意义。显然，从二者所发布的多个文件中可以明显看出，双方高度认同这一点。

5. 形成系统促进与保障全民健康行动思路契合

无论是体育还是医疗卫生都在各自的促、保健康的认识和规划里面提到了形成系统的措施或手段。换句话说，双方都认识到应多管齐下，形成系统性的措施或手段提高全民素养，推动"健康中国"建设。毫无疑问，共同的工作思路在一定程度上确保双方成功协作的可能性。工作作风和行动思路的相似性，在一定程度上保证了未来协作的顺畅性和高效性。毋庸置疑，这样两个认识一致的系统在一起协作共事，相互之间在一些具体行动方面发生摩擦的概率就会大大降低，做事的顺畅度和效率就大大提高，双方协作意愿更强烈，协作密切度更好，这些都将对促、保全民健康，推进"健康中国"建设大有裨益。

第二节　理论与实践意义

一、理论意义

全民健身服务与医疗卫生服务都是社会公共健康服务的最主要形式之一，但二者长期以来并未真正融合在一起，发挥出高效的合力。从体制层面讲，二者是两个部门、两个系统。从职能方面讲，医疗卫生服务更多的是事后发挥作用，全民健身服务更多的是事前发挥作用，且二者在促进全民健康方面也几乎没有进行信息与资源共享。这种情况造成在提供社会公共健康服务方面效率低下，全民健康素养难以提高。在当前实施推进"健康中国"建设国家战略背景下，国家明确指出了二者融合协作的意义与作用，进而从国家层面保障了二者进行融合协作的基础和前提。需要考虑和研究的是二者融合协作的广度和深度。鉴于此，对体育与医疗卫生两大服务系统协作机制进行深入、广泛的研究，探讨建立高效、顺畅的协作机制既能够提供理论层面的指导，又能够满足推进"健康中国"建设这一国家战略目标实现的客观需要，因此研究此课题具有一定现实意义。

理论是实践行动的基础，研究体医协作促、保大众健康能够丰富健康相关理论，在一定程度上牢筑和丰富"健康中国"建设相关理论，为践行"健康中国"建设行动提供坚实的理论支持，为构建我国"优质高效的整合型医疗卫生服务体系和完善的全民健身公共服务体系"提供理论指导。

二、实践意义

在推进"健康中国"建设这一国家战略背景下，体医融合必将成为推进"健康中国"建设的新动力，这一点是体育界与医疗界的共识，需要解决的是双方如何协作的问题。探讨、研究如何建立高效、顺畅的协作机制能为未来制定出科学合理的健身指导方案、运动处方库和国民体育健身活动指南，实现体育与医疗卫生部门数据的共享共建，贯彻落实大健康理念，为全民健康真正达到行为健康、生存质量健康、生活状态健康的三维立体健康提供基础保障。

体医协作机制研究是基于推进"健康中国"建设国家战略要求进行的跨部门、跨系统、跨行业协作，协同促、保大众健康的一般性研究，研究成果能够在实践中为体育与医疗卫生两部门在制定促、保大众健康政策、执行计划、落实行动等方面提供建议与意见，同时，也能够为国家相关部门与组织机构在制定落实"健康中国"建设行动的政策、法规、行动计划等方面提供建议与意见。

第三节　基本概念

"健康中国"、体医协作、协作机制三个基本概念贯穿本书的始终，需要对其逐一进行界定。理清三个基本概念是本书的逻辑起点，也是本书深入探讨的前提条件。

一、"健康中国"

2016年8月，习近平总书记在全国卫生与健康大会上发表重要讲话指出：人们常把健康比作1，事业、家庭、名誉、财富等就是1后面的0，人生圆满全系于1的稳固。习近平总书记在会上提出"要把人民健康放在优先发展的战略地位""切实解决影响人民群众健康的突出环境问题""推动全民健身和全民健康深度融合""加强食品安全监管""努力减少公共安全事件对人民生命健康的威胁""为老年人提供连续的健康管理服务和医疗服务"等要求，提出"把以治病为中心转变为以人民健康为中心"的新主旨①。2017 年 10 月 18 日，习近平总书记在十九大报告中指出，实施"健康中国"战略，"健康中国"的表述正式出台。在习近平总书记提出实施"健康中国"战略的同时，中共中央政治局会议审议通过了《"健康中国 2030"规划纲要》（以下简称《纲要》）。《纲要》提出"健康中国""三步走"的目标，即"2020 年，主要健康指标居于中高收入国家前列""2030 年，主要健康指标进入高收入国家行列"的战略目标，并展望 2050 年，提出"建成与社会主义现代化国家相适应的健康国家"的长远目标。至此"健康中国"概念得到了完整的表述。

二、体医协作

"体医协作"单从词面的角度表述，很好理解。"体"即指体育；"医"即指医疗卫生；"协作"是指在目标实施过程中，部门与部门之间、个人与个人之间的协调与配合，一般包括资源、技术、配合、信息方面的协作②；"体医协作"即体育与医疗卫生相互之间的协调与配合。与之概念相同的还有"体医融合""体医结合""体医渗透""医体融合""医体结合"等，这些称呼虽然字面意思不同，但本质所表达的意思基本一致，都含有相同的基本概念元素，所要表达的意义也基本一致，仅有所要阐述的角度略有不同。有些学者是从社区体育与医疗卫生合作共同提高大众健康的角度二者的协作问题，有些学者是从大健康的角度阐述二者的协作配合问题，有些学者是从体育与医疗卫生的具体结合角度阐述二者的协作问题，有些学者是从理论层面分析阐述二者的协作问题。不同学者会从所要研究的内容和目的出发，表述体育与医疗卫生二者之间的协作问题，相互之间的核心意思并没有本质性的区别。

同样，我们对"体医协作"概念的理解也是采取同样的思维来表述，即在宏观层面视角下，体育与医疗卫生两个系统或两个部门，为了推进"健康中国"建设国家战略目标的实现，为了实现大众健康水平的提高，二者将进行全方位、多领域的协调与配合。

三、协作机制

协作是指在目标实施过程中，部门与部门之间、个人与个人之间的协调与

---

① 唐钧. 把以治病为中心转变为以人民健康为中心［J］. 中国人力资源社会保障，2018，104（10）：54.

② 顾丽梅. 网络社会的政府协作治理［J］. 国家治理，2015（24）：23-28.

配合。机制在社会学中的内涵可以表述为：在正视事物各个部分的存在的前提下，协调各个部分之间关系以更好地发挥作用的具体运行方式。故，"协作机制"应理解为部门与部门之间、个人与个人之间的协调与配合方式。

第四节　文献综述

在美国运动医学学会向全世界范围内倡导并推广"运动是良药"理念以来，受此影响我国的体医结合、融合相关研究开始零星出现，直到 2016 年实施推进"健康中国"建设国家战略开始，相关研究才呈现出快速发展势态。通过搜集整理体医结合、融合资料，相关研究大致可归结为七大类：

一、"体医结合、融合"宏观的必要性研究

以刘一平《医体结合与健康促进》为代表的一类研究中提到，体育和医学二者在促进人类健康方面有交叉的功能作用，此是二者结合的共同认识，也是结合的必然[①]；以赵仙丽等《构建城市社区"体医结合"体育公共服务的创新模式》为代表的一类研究中提到在提高社区居民健康水平方面，目前体育健身的社会体育指导员的指导能力有待提高，他们无法结合医疗知识进行健身指导，故而研究推断在促、保社区大众健康方面，体育需要与医疗结合，才能达到理想的效果；同时研究也指出，医疗在促、保社区大众健康方面也需要体育的参与，二者的结合是社区大众健康的必然选择[②]；以王刚军等《供给侧改革视角下社区体医结合的可行性探讨》为代表的一类研究中提到，在供给侧改革的要求下，进行"体医结合"的必要性[③]。

二、"体医结合、融合"的理念与现实意义研究

以王正珍等的《Exercise is Medicine——健身新理念》《运动是良医：从理论到实践——第 62 届美国运动医学会年会综述》以及李红娟、王正珍等的《运动是良医：最好的循证实践》为代表的一类研究倡导体育与医疗融合，并

①　刘一平. 医体结合与健康促进 [J]. 河北体育学院学报，2006（3）：60-62.
②　赵仙丽，李之俊，吴志坤. 构建城市社区"体医结合"体育公共服务的创新模式 [J]. 体育科研，2011，32（4）：58-63.
③　王刚军，李晓红，张叶红. 供给侧改革视角下社区体医结合的可行性探讨 [J]. 佛山科学技术学院学报（自然科学版），2017，35（6）：76-79.

引用美国的体育与医疗融合理念（运用科学的运动测试结果和运动处方，指导人们增强体力活动与适当体育锻炼，有效地预防与治疗慢性疾病），建议我国应将体力活动作为人的基本生命体征，纳入医生疾病诊断的体系，由体育指导人员和临床医生共同参与健康服务①②③。以郭建军的《开展体育医学的契机和意义》《健康中国建设中体育与医疗对接的机遇与展望》《体医融合推动健康革命路径探讨》，郭建军、郑富强的《体医融合给体育和医疗带来的机遇与展望》为代表的一类研究成果提出体医融合的核心理念是以健康问题、甚至是以医疗卫生问题为导向，指导人们进行科学体育锻炼，促进人们健康。在此过程中，体育和医疗手段互相引导、互相启发，从医学的角度认识体育，发现体育新的功能，从体育的角度思考医学，认识疾病和健康，重新认识其本质；同时，区别于传统的运动技能，以健康的视角注重发展健康运动技能④⑤⑥⑦。

三、"体医结合、融合"的医学案例研究

以吕家爱，陈德喜《体医结合模式运动干预对糖尿病患者控制效果评估》为代表的一类研究中提到，体医结合模式运动干预能有效地调节和控制糖尿病患者的空腹血糖和胰岛素水平，可以全面推广⑧；以杨晓林《体医结合方案对单纯性肥胖儿童血清瘦素和血脂水平的影响》为代表的一类研究中提到，体医结合方案能有效降低体脂量，改善单纯性肥胖儿童瘦素和血脂水平，起到调

---

① 王正珍，冯炜权，任弘，等. Exercise is Medicine：健身新理念 [J]. 北京体育大学学报，2010，33（11）：1-4.

② 王正珍，罗曦娟，王娟. 运动是良医：从理论到实践：第 62 届美国运动医学会年会综述 [J]. 北京体育大学学报，2015，38（8）：42-49，57.

③ 李红娟，王正珍，隋雪梅，等. 运动是良医：最好的循证实践 [J]. 北京体育大学学报，2013，36（6）：43-48.

④ 郭建军. 开展体育医学的契机和意义 [J]. 慢性病学杂志，2015，16（6）：600-604.

⑤ 郭建军. 健康中国建设中体育与医疗对接的研究与建议 [J]. 慢性病学杂志，2016，17（10）：1067-1073.

⑥ 郭建军，郑富强. 体医融合给体育和医疗带来的机遇与展望 [J]. 慢性病学杂志，2017，18（10）：1071-1073.

⑦ 郭建军. 体医融合推动健康革命路径探讨 [J]. 慢性病学杂志，2017，18（11）：1189-1192，1197.

⑧ 吕家爱，陈德喜. 体医结合模式运动干预对糖尿病患者控制效果评估 [J]. 公共卫生与预防医学，2016，27（3）：88-90.

节异常内分泌代谢的作用①。

四、"体医结合、融合"教学改革研究

以成明祥《体医结合：医学院校体育教学改革的发展模式》为代表的一类研究中提到，在"体医结合"发展过程中要注重提高教师水平，明确课程改革目标，改革教学模式，进而推动"体医结合"更好发展②；以孙通，罗敦雄等《"体医融合"背景下医学院校体育教学改革的研究》为代表的一类研究中提到，树立"体医融合"思维、完善课程体系、加强师资配备以及多样化评价体系四个方面的具体改革措施③；以苏全生等人《体育院校医学专业"医体结合"的改革实践》为代表的一类研究中提到，中医专业进行了"医体结合，体医渗透"的医学教育改革，形成了"以医为本，面向体育"的办学宗旨及医学为体育运动服务的专业特色教育，充分体现出医体结合，面向体育，服务体育的办学特点④。

五、"体医结合、融合"复合型人才研究

以李璟圆《体育医疗卫生技术人才培养研究综述》为代表的一类研究中提到，医体结合专业学科特色不足，我国绝大多数医院缺乏体医结合类型的人才，应以市场为主导培养复合型人才⑤；以焦润艺等《中医药院校体育教育专业人才培养机制创新的保障体系研究：以广州中医药大学为例》为代表的一类研究中提到，"以体为主，医体结合"的人才培养模式值得推荐⑥；以王晓曦《医体结合专业人才培养研究》为代表的一类研究中提到，我国本科医体结合专业人才培养的历史进程及未来培养方向与建议⑦；以叶春明，于守娟，杨清杰《"体医结合"复合型人才培养模式及策略》为代表的一类研究中提

---

① 杨晓林. 体医结合方案对单纯性肥胖儿童血清瘦素和血脂水平的影响 [J]. 实用儿科临床杂志，2010，25（18）：1447-1448.

② 成明祥. 体医结合：医学院校体育教学改革的发展模式 [J]. 体育文化导刊，2006（2）：66-67.

③ 孙通，罗敦雄，等. "体医融合"背景下医学院校体育教学改革的研究 [J]. 福建医科大学学报（社会科学版），2018，19（2）：55-58.

④ 苏全生，解勇，何春江，等. 体育院校医学专业"医体结合"的改革实践 [J]. 成都体育学院学报，2001（5）：44-46.

⑤ 李璟圆. 体育医疗卫生技术人才培养研究综述 [J]. 体育文化导刊，2016（5）：23-26.

⑥ 焦润艺，潘华山，荆纯祥，等. 中医药院校体育教育专业人才培养机制创新的保障体系研究：以广州中医药大学为例 [J]. 亚太教育，2015（22）：241-242.

⑦ 王晓曦. 医体结合专业人才培养研究 [J]. 体育文化导刊，2011（4）：98-100.

到，"体医结合"复合型人才的培养主要有四种模式，其中在职培养的两种模式培养速度较快，但人员难以系统掌握相关知识，可以应对当前需求，而在学校培养的两种模式下，人员能全面扎实掌握相关知识，但培养速度较慢，利于长远发展①。

六、"体医结合、融合"困境与问题研究

以南秀玲《"健康中国"视域下"体医结合"发展问题及策略研究》为代表的一类研究中提到，"体医结合"的政策法规亟待完善，专业人才队伍缺乏，"体医结合"的国民体质监控体系亟待完善②；以宣海德《我国城市社区体育中"体医结合"问题的研究》为代表的一类研究中提到，在我国行政管理体制范围内，建立和实施"体医结合"的大众健身模式面临不少挑战，其中体育与卫生分属于不同的管理系统，在宏观层面的体制和制度方面存在诸多障碍，二者如若结合，在统一负责权、资金投入和利益分配平衡、相关人员培训协调等方面存在不小的挑战③；以黄彩华《论"医体结合"公共健康服务模式》为代表的一类研究中提到，体育与医疗两大系统的结合缺乏协同性，可借鉴"协同理论"，尝试以契约式、伙伴式和网络式的协同模式进行体育与医疗结合服务社区的健康模式④；以沈圳，胡孝乾《全民健身与全民健康深度融合的现实困境与多维路径》为代表的一类研究中提到，全民健身与全民健康深度融合存在行政管理体制失范、政策与法制环境缺失、复合型体医人才短缺、体育社会组织疲软无力、健康服务业发展缓慢等问题，并建议从部门融合、政策融合、人才融合、组织融合、资源融合、产业融合六个维度实施，全面推进全民健身与全民健康深度融合⑤；以董宏，戴俊，殷鹏《供给侧改革视域下体医融合服务供给模式的现实困境与优化路径》为代表的一类研究中提到，体医融合服务供给存在体医融合资源市场化配置失衡、体医融合服务供给矛盾日益凸显、体医融合的行业协作壁垒严重、民众诉求表达机制不畅等现实

---

① 叶春明，于守娟，杨清杰."体医结合"复合型人才培养模式及策略 [J]. 体育文化导刊，2019（1）：7-10，53.

② 南秀玲."健康中国"视域下"体医结合"发展问题及策略研究 [D]. 西安：陕西师范大学，2018.

③ 宣海德. 我国城市社区体育中"体医结合"问题的研究 [J]. 军事体育进修学院学报，2007（1）：106-108.

④ 黄彩华. 论"医体结合"公共健康服务模式 [J]. 福建论坛（人文社会科学版），2010（S1）：25-27.

⑤ 沈圳，胡孝乾. 全民健身与全民健康深度融合的现实困境与多维路径 [J]. 体育文化导刊，2019（7）：55-59，65.

困境，建议着手从推动体医融合"双轨并行"的资源配置模式、整合"非医疗健康干预"模式、加强体医融合的行业协作共生、畅通民众利益诉求表达机制等方面进行针对性的优化[①]。

七、"体医结合、融合"对策与建议研究

以卢文云等《全民健身与全民健康深度融合的内涵、路径与体制机制研究》为代表的一类研究中提出，"体医融合"应纳入医院评级的指标体系中，发挥临床医生和健康管理人员在科学健身行为干预中的积极作用，将体力活动水平作为基本生命体征，纳入医生问诊的内容体系中，要在医疗系统倡导积极健康的生活方式，促进从业人员积极参与健身运动，发挥示范和带头作用，要尽快开展"运动医生"的培训和认证工作，把城市社区初级卫生保健医生和农村村卫生室医生的培训和认证纳入国家的统一计划，要完善社区全民健身服务网络，并将相关信息提供给医疗系统，实现两个系统的功能互补和资源共享，要尽快开发适用于临床医生的，简单、方便、有效的《健身行为干预行动指南》，方便医生评估病人的体力活动水平，根据病人的健康状况、体力活动水平和体质情况制定健身运动处方，以及为病人推荐有资质的健身运动专家，实现临床医生对健身行为干预的标准化[②]；以张剑威等《"体医结合"协同发展的时代意蕴、地方实践与推进思路》为代表的一类研究中提出，体育与医疗部门要通力协作，形成发展合力，注重"医体结合"健康服务的人才队伍建设，加大对"体医结合"健康服务的宣传推广力度，因地制宜，积极探索"医体结合"发展新模式[③]。以朱晓东，刘炎斌，赵慎《"健康中国"建设背景下的"体医结合"实践路径研究：基于现代医学模式视角》为代表的一类研究中提到，借鉴国际上"体医结合"实践的有益经验，结合我国医疗卫生和体育运行、管理的实际，探索我国"体医结合"的实践路径，即厘清"体医结合"中"体育"的性质，建立"体医结合"的体育体系，创建"体医结合"的运动非医疗干预手段和体系，构建"体医结合"的复合型人才培

① 董宏，戴俊，殷鹏.供给侧改革视域下体医融合服务供给模式的现实困境与优化路径 [J].武汉体育学院学报，2019，53（9）：15-21.

② 卢文云，陈佩杰.全民健身与全民健康深度融合的内涵、路径与体制机制研究 [J].体育科学，2018，38（5）：25-39，55.

③ 张剑威，汤卫东."体医结合"协同发展的时代意蕴、地方实践与推进思路 [J].首都体育学院学报，2018，30（1）：73-77.

养体系，建立"体医结合"的统合管理机制等①。以冯振伟，韩磊磊《融合·互惠·共生：体育与医疗卫生共生机制及路径探寻》为代表的一类研究中提到，理念认同机制是体医融合共生的思想导向，部门协同机制是体医融合共生的组织保障，责任共担机制是体医融合共生的治理策略，资源共享机制是体医融合共生的演进方式。在此基础上研究提出：完善体医融合的共生单元；增强共生关联，优化融合互惠共生模式；营造正向共生环境，保障共生界面；推广运动处方实践，加强科学健身指导；培养运动健康指导人才；回溯传统体育与中医融合的当代价值等共生发展路径，旨在为我国全民健身与全民健康深度融合提供支撑②。

通过对"体医结合""医体结合"和"体医融合"相关文献的梳理，课题组发现国内对"体医"结合、融合研究的时间并不长，且在 2017 年之前研究成果相对较少。2017 年之后，相关研究成果出现"井喷式"变化，研究成果大幅增加，研究的深度和广度也比之前有所增加，但纵观所有可查阅的研究成果，目前这些研究成果的研究范围比较狭窄，大多集中在体育与医疗卫生的具体结合的个案中或具体的实践行动中，且这些研究的深度相对而言比较浅，既没有从国家战略的层面进行相关研究，也没有从国家健康的宏观层面进行整体的顶层设计和规划性研究，但这些宝贵的研究成果将对本书研究提供重要的参考线索。

第五节　研究思路与方法

一、研究基本思路

第一阶段进行相关资料的查阅收集，分析整理，确定研究方向和题目。第二阶段在广泛听取专家意见，和课题组成员广泛讨论后制订研究计划，确定调查与访谈对象，确定调查与访谈方案。第三阶段在科学严格的监控下进行具体实地调查与访谈。第四阶段在反复核对校准调查访谈结果之后进行存在问题与成因分析。第五阶段针对分析结果广泛听取专家意见，与课题组成员讨论之后

---

① 朱晓东，刘炎斌，赵慎."健康中国"建设背景下的"体医结合"实践路径研究：基于现代医学模式视角 [J]. 山东体育学院学报，2019，35（4）：33-38.

② 冯振伟，韩磊磊. 融合·互惠·共生：体育与医疗卫生共生机制及路径探寻 [J]. 体育科学，2019，39（1）：35-45.

有针对性地给出对策。本书的研究基本思路如图 1-1 所示。

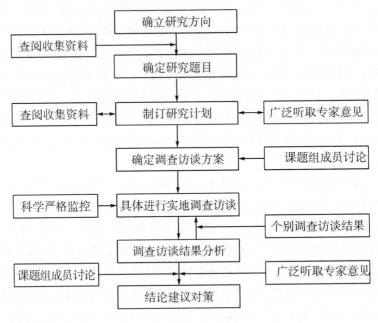

图 1-1　本书的研究基本思路

二、研究基本方法

（一）文献资料法

确定研究方向后，通过多种渠道收集查阅相关资料，并对收集资料进行归纳、分析、整理，理清该领域研究趋势、相关背景、现有研究成果、存在问题等。重点分析有关体育与医疗卫生结合的相关资料以及全民健身方面的资料，同时结合本书研究的重点与难点，寻找文献资料背后隐含的深层次内容及未来发展态势，以期形成新的观点和认识。

（二）访谈法

本书研究中的访谈了解分为两个部分。一部分是对省（市）级体育与医疗卫生两部门的相关领导进行访谈了解。访谈的主要目的是了解省（市）体育与医疗卫生两部门在推进"健康中国"建设背景下，本省（市）推进全民健康的工作进展如何？体育与医疗卫生两部门协作推进全民健康工作中存在的主要问题或障碍是什么？以及双方协作的未来发展规划等。经过沟通、协调，调查范围选取了湖南、河南、山西、陕西、四川、重庆、广西、上海、北京、江苏十个省（市）。另一部分是对相关专家进行访谈。访谈的主要目的是听取体育与医疗卫生相关专家对本书研究内容的分析与看法，尤其是目前体育与医疗卫生协作存在的一些问题和成因，以及解决这些问题所应当采取的一些对策与措施。

（三）问卷调查法

本书研究中的问卷调查主要针对两大类人群。一类是医疗卫生人员及后备人才，另一类是特定医务人员。针对医疗卫生及后备人才的调查范围选取为四川省 10 家医院医疗卫生机构，调查对象为 10 家医院医疗卫生机构的 33 名在职临床医疗卫生人员，220 名临床实习与规培人员，以及西南医科大学和川北医学院共计 440 名医学生。针对特定医务人员的调查范围同样选取为四川省三个不同等级医院（按照中华人民共和国卫生部于 1989 年 11 月 29 日发布的《医院分级管理办法》中的医院分级），调查对象为不同等级医院的 426 名特定医务人员（治疗高血压、冠心病、慢性梗阻性肺病、哮喘、糖尿病、骨质疏松、肥胖症等医务人员）。针对两大类人群的问卷调查都采取了现场发放问卷，现场回收问卷的方法，并对回收的问卷进行整理、检查，对不符合客观实际的问卷再次通过电子邮件或电话核对，因此问卷回收率为 100%，有效率为 100%。

（四）数理统计法

采用 SPSS25.0 统计软件包和 Excel 软件，对实验结果和相关数据进行统计分析。

第六节　主要创新点与研究不足

一、主要创新点

（一）创新点之一

本书在实施推进"健康中国"建设国家战略背景下，探寻建立和完善体育与医疗卫生两大系统协作机制的对策。"健康中国"的提出，使得"体医协作"成了必然，体育与医疗卫生两大系统需要重新调整各自的健康发展方向与侧重点，需要重新审视与其他系统的协作问题，且这一问题比以往任何时候都显得重要，无论是体育系统还是医疗卫生系统都无法单一、独立完成"健康中国"国家战略实施交给的历史任务，都需要在其他部门协助下互相协作，携手并进，共同完成这一历史使命。因此，体育与医疗卫生协作如何进行，是关乎"健康中国"国家战略实施的关键问题之一，也是本书研究的创新点之一。

（二）创新点之二

体医协作运行的重心与中心在省级层面。根据我国行政体系与机构设置以及调查了解，我们认为体育与医疗卫生协作的主要阵地在省级层面，是否进行协作，协作深度如何关键是看省级政府是否将健康纳入了本省的全面发展规划以及对"健康中国"的重视程度。鉴于此，本书提出省级政府的体育与医疗卫生协作机制的建立与完善是体育协作运行的重心与中心。

（三）创新点之三

本书提出体现体医协作价值和意义的重要方式之一是将医疗卫生人员和特定医务人员作为体医结合复合型人才培养对象。我们所指的复合型人才队伍建设对象是包括在职人员和后备人员在内的所有这一行业人员，而非只针对在职人员或部分在职人员。根据调查研究，我们认为体医结合复合型人才队伍的建设是体医协作机制下重要协作的具体形式之一，尤其从实际服务人民大众健康的角度出发，复合型人才队伍的建设是体医协作的具体行动之一，是体现体医协作价值和意义的重要方式之一，也是微观层面体医协作的具体运行方式，有很高的实用性和大众认可度。在选择体医结合复合型人才队伍的建设对象方面，综合考量，本书认为医疗卫生人员和特定医务人员为最佳人选。

（四）创新点之四

本书首次提出特殊状况下的体育与医疗卫生以及其他部门协作。突发人类传染疾病防控时期是一种特殊的社会状况，在此种状况下探讨体育如何提供健身健康公共服务，具有一定的创新意义和现实意义。本书写作之时正遭遇重大突发公共卫生事件，即新冠肺炎疫情的爆发，这场人类危机考验着这个国家每个部门之间的协作与协调配合，对于体育与医疗卫生两大部门之间的协作来说，在疫情防控面前，在大众居家隔离情况下，体育如何发挥自身特点与特长，为大众提供居家隔离的体育健身健康公共服务，这也是一种特殊含义下的体医协作。

二、研究不足

第一，本书是在推进"健康中国"建设国家战略背景下，探讨体育与医疗卫生协作机制，属于顶层设计研究。因此，调研对象多为省级及以上的体育与医疗卫生部门，甚至是国务院下属的专门负责机构，对这些部门与机构的调研因其工作过于繁忙遇到的困难相对较大一些，另外，在对部分省份的省级体育与医疗卫生部门进行调研时，由于这些省份没有推动协作行动，故而遇到拒绝了解或应付访谈的情况，这导致访谈了解的信息不够全面、详细，对本书的研究造成一定的影响。

　　第二，除了以上调研方面存在不足之外，本书的选题会涉及国家政策、体制建设等若干问题。国家层面的顶层设计不可能脱离我国现行行政体制结构关系，但如果拓宽研究，可能会导致本书的研究过于宽泛，从而弱化本书研究的主体定位，稀释研究的主体内容，出现"喧宾夺主"现象，因此本书避开了此部分的探讨，这也许是本书研究的一点遗憾。

第二章　健康中国

健康是人类思想的共同根系。世界上诸多发达国家早已推进"健康国家"建设战略，这些国家已经意识到"健康国家"建设对国家长远发展、可持续发展至关重要，影响深远。而我国随着改革开放的不断推进，国民经济快速发展，人民生活水平日益提高，"健康国家"建设迫在眉睫，将健康覆盖全部领域，融入所有政策，已成为未来国家发展的基本战略。

中华人民共和国成立以来，健康观经历了一个曲折的发展历程，通过梳理健康观的发展逻辑进程和探讨其内部关联，不仅可以让我们了解健康观产生与发展的社会背景，深度把握健康观的历史内涵，也有利于我们从历史的视野洞察健康观对当下健康促进的启发意义和时代意涵。

2017 年习近平总书记在十九大报告中提出了实施"健康中国"战略，并指出人民健康是民族昌盛和国家强盛的重要标志，要为人民提供生命全周期的健康服务。实施"健康中国"战略，提出了不同于以往的健康促进新理念与发展路径。在健康认识方面，提出以防治为中心，改变过去以疾病诊疗为中心的健康理念，为"共建共享"各方资源提供支持保障，构建以健康诊疗体系、医疗保障体系、健康产业体系、生活健康保障体系为主体的整体发展路径，为人民健康保驾护航。在此背景下，基于本书研究范畴，对于"健康中国"的论述，将从医疗卫生健康观、体育健康观、大健康观的确立、"健康中国"提出缘起与意义四个方面谈起。

第一节　医疗卫生健康观

人类社会在生产实践与社会劳动进程中，在不同时期孕育了不同的健康观念。无论是西方还是中国，不同国家在不同的文化语境中，对于健康观也有着不同的诠释和理解。学者 M. J. Adler 在其《如何思考伟大的想法》（How to Think About the Great Ideas）一书中，将健康范畴的"大观念"阐释为理解人类自身基本与不可或缺的观念。面对"大健康"这一主题，每个要素都不是孤立的存在，影响健康的因素也不是单一的，我们要用全面而整体的观念去阐释人们衣食住行、生老病死的相互关系，紧密结合生理健康、心理健康、精神健康、社会健康、环境健康、道德健康等多重要素，从整体构建健康价值观的主体内容。

简单地说，医疗卫生对健康的认知就是"医疗卫生健康观"。"健康"一词，应当说是医疗卫生的专业术语，从医疗卫生这个行业诞生起，其就应当与"健康"一词有着千丝万缕的联系，所以说对于健康的认知，医疗卫生应当最有发言权。我国的医疗卫生健康观，应从中华人民共和国成立之后说起，随着社会政治、经济发展的不断变化，医疗卫生健康观也在不断变化中渐进发展。梳理中华人民共和国成立以来医疗卫生健康观的发展逻辑进程，目的是便于审视其对现时代的我国健康促进的启发意义。

一、医疗卫生健康观发展逻辑进程

健康是促进国家社会经济与人全面发展的必然要求，而医疗卫生健康服务是关系人们健康福祉的重要事业，它关系到国家社会经济发展与每一个人民群众的切身利益。为了便于进一步了解和审读我国新时期医疗卫生健康事业的发展，需要回顾与梳理我国医疗卫生健康观的发展脉络。通过对 1949—2018 年我国医疗卫生发展主要事件（见表 2-1）的梳理，将我国医疗卫生健康观划分为三个阶段，即计划经济时期的医疗卫生健康促进"中国模式"（1949—1977年），改革开放时期的医疗卫生健康促进试点改革（1978—1997 年），全面建设时期的医疗卫生健康促进制度深化改革（1998 年至今）。

表 2-1　我国医疗卫生发展主要事件整理一览表

时间	内容	主要事件
第一阶段：1949—1977 年	计划经济时期的医疗卫生健康促进"中国模式"	赤脚医生制度 公费医疗制度 颁布《中华人民共和国劳动保险条例》
第二阶段：1978—1997 年	改革开放时期的医疗卫生健康促进试点改革	启动县级公立医院综合改革试点 农村三级医疗预防保健网

表2-1(续)

时间	内容	主要事件
第三阶段：1998年至今	全面建设时期的医疗卫生健康促进制度深化改革	城镇医疗保障制度改革 《"健康中国2030"规划纲要》颁布 组建"国家卫生健康委员会" 新时代医疗卫生健康促进深化改革

（一）计划经济时期的医疗卫生健康促进"中国模式"（1949—1977年）

1949年中华人民共和国成立，经历了长期的战乱，人们的平均寿命普遍较低，医疗卫生服务水平低下，公共医疗卫生系统资源匮乏，百废待兴。为此，中央人民政府以工农兵为对象，将卫生工作与群众运动作为工作指导方针，构建了当时社会经济条件下的医疗卫生"中国模式"。由于当时国际政治的影响，我国采用高度集中的计划经济体制，在此背景下，1950年，为了应对当时农村医疗卫生资源匮乏的情况，国家通过整合农村原有医疗资源，开展"赤脚医生"培训，开展农村健康工作，以简单防治措施为主。1951年，《中华人民共和国劳动保险条例》颁布，全国开始实行企业劳动保险，使全国大部分国有企业与集体企业职工获得了医疗保障。1952年，公费医疗制度颁布，通过各级财政拨款使机关、事业单位工作人员、革命军人与大学生享受公费医疗保障。1975年，初步形成了过境检疫机构、地方防治机构、卫生防疫机构与爱国卫生运动委员会的医疗卫生健康服务体系。在此阶段，以"单位管理体制"将工矿企业、农村公社、村社与街道作为医疗卫生服务单位，通过劳动保险制度、公费医疗制度与合作医疗制度组成了覆盖城市与乡村的医疗保障制度。由此，得益于中国计划经济时代的医疗卫生健康服务体系，国民健康素养有了较大的提升，人均寿命也在不断提高。

（二）改革开放时期的医疗卫生健康促进试点改革（1978—1997年）

1978年，中国开始实行对内改革、对外开放的政策。1979年，将深圳、珠海等设为经济特区，我国由计划经济体制向市场经济体制逐步转变，由农业社会向工业社会逐步转型，进入了社会主义现代化建设的新时期。1985年，我国医疗卫生系统提出放权让利的改革思路，开始启动医疗改革，从医院改革到公共卫生与药品的改革，乃至医疗服务、医疗保障和药品生产的改革。在推进市场经济手段改革的同时探索医疗卫生事业的改革举措。这一时期，医疗卫生体制也随即发生了变化，由"单位管理体制"向多种所有制机构并存转变，医疗服务从追求公益转变为追求经济目标，医疗关系从分工协作转变为全民竞争。自 1985 年起，随着城市化与工业化的不断推进，就业人口向城镇集中，经济得到飞速发展的同时，暴露出农村进城务工人员的各种医疗问题。由此，出现了"马太效应"，即农村与城市经济发达地区之间的医疗卫生差距日益扩大。农村以集体经济为基础，发展成互助供给的农村合作医疗制度，使农村居民获得了医疗保障。但是，因体制的变化，城乡三级健康预防体系逐步瓦解，随着农村家庭联产承包责任制等制度的确立与国有企业的改革，很多农村居民失去了医疗保障，很多地区的公共卫生医疗服务在这一时期出现了断层。1992年，随着经济体制改革进程的深入，卫生部在《关于深化卫生改革的几点意见》中提出了改革举措，探索当时"看病难""看病贵"的突出问题。

（三）医疗卫生制度逐步深化改革下的健康促进（1998 年至今）

1998 年，我国基本医疗保险制度的建立，标志着全国城镇职工医疗保障制度改革的开始。2001 年，国务院印发《关于完善城镇医疗机构补偿机制、落实补偿政策的若干意见》，进一步补充与完善了城镇医疗机构的保障实施。2003 年，在农村地区建立了新型合作医疗制度，将城镇居民医保与农村医保进行整合改革，并在 2007 年开始建立城镇居民的基本医疗保险制度。2009 年《中共中央 国务院关于深化医药卫生体制改革的意见》和《医药卫生体制改革近期重点实施方案（2009—2011 年）》先后出台，标志着新一轮医疗改革的启动，提出要把基本医疗卫生制度作为公共产品向全民提供，落实了医疗卫生事业的公益性质。2013 年，各地在综合医院进行试点改革，在方便群众就医与提高医疗卫生服务质量方面得到进一步提升。2016 年，全国卫生与健康大会召开，习近平总书记提出要把人民健康放在优先发展的战略地位，以普及健康生活、优化健康服务、完善健康保障、建设健康环境、发展健康产业为重点，加快推进"健康中国"建设，努力全方位、全周期保障人民健康，为实现"两个一百年"奋斗目标、实现中华民族伟大复兴的中国梦打下坚实健康基础，预示着我国医疗卫生健康促进发展进入一个崭新的历史阶段。同年，《"健康中国 2030"规划纲要》颁布，标志着医疗卫生健康促进事业进入一个落实国家健康促进战略的实施阶段，成为医疗卫生工作的重心和中心。2018年，通过成立组建国家卫生健康委员会、国家医疗保障局、国家市场监督管理总局以及国家药品监督管理局，对医疗卫生相关领域进行了规范与治理，制定符合区域卫生事业发展的具体措施，全面监督落实《"健康中国 2030"规划纲要》。至此，我国医疗卫生健康促进事业进入一个全新时代，医疗卫生健康服务体系不断完善，基本公共卫生健康服务均等化水平稳步提高，公共卫生健康服务整体实力上了一个新的台阶。医疗卫生服务的重点逐渐由治病为主向着以促进大众健康为主转变，医疗卫生的工作重点也转向"关口前移，预防为主"的现时代健康促进策略。

二、医疗卫生健康观的时代审视

纵观我国医疗卫生健康促进的发展逻辑进程，具有鲜明的时代特征，与当时经济社会发展紧密联系在一起。自中华人民共和国成立以来，我国一直致力于大众健康政策与措施的探索，曾经的"除四害"运动、防治疟疾疾病、防治肺结核以及各种疫苗免疫接种等大规模健康促进，都表明国家层面的健康促进意志。针对大众的健康环境与生活条件的改善政策与措施不断出台，同时，随着国民经济的发展，人民生活水平的不断提高，生活方式的不断改善，自中华人民共和国成立以来人均预期寿命的增加显著，尤其是改革开放以来，由于国民经济的快速发展，人民生活质量的大幅改善，人均预期寿命大幅增加，尤其是自 1990 年以来，中国人群的预期寿命增加了近 10 年，从 68.1 岁增加到 2019 年的 77.6 岁。所有这些成就无疑归功于国家对大众健康的高度重视。

尽管我国人均寿命有了大幅的提高，但从全球发达国家的健康状况报告来看，全球的人类健康面临巨大的挑战，尤其是发展中国家更为严重。我国作为一个全球经济发展最快的发展中国家，随着经济的快速发展，大众健康素养提高水平与经济发展水平极不相称，大众健康已逐渐显现出制约国民经济持续发展的苗头。同时，从普通大众的角度来讲，由于受到健康的影响，无法享受到国民经济与社会快速发展带来的"红利"，严重影响到大众的幸福感。基于此种状况，国家有必要从长远发展的角度出发，适时提出"健康国家"的战略规划，解决阻滞国家和个人发展的健康问题。

随着社会经济的快速发展，大众生活水平的提高，生活与工作节奏的加快，导致了一系列慢性病的快速增长。慢性疾病的增加，除了部分原因在于政策关注、公共健康资金资助不足，以及相关健康问题研究不足之外，主要原因在于个人主动与被动的健康教育。主动教育在于个人层面上，人们很早就发现，个人的健康水平取决于个人的生活方式，而生活方式并非是单纯的生活习惯。早在 2 500 年前，古希腊医生希波克拉底就表示，保持健康的简单方法就是"少吃多劳作"。两千多年前，《黄帝内经》中也提出"上医治未病，中医治欲病，下医治已病"。生活方式是基于个人信念和价值观所形成的一整套人的行为方式。生活方式的转变从个人的认知层面开始，即从个人主动健康教育开始。个人主动教育问题一直以来都被忽视，我们所看到的是国家倡导，甚至在某些时候的国家强制的被动健康教育，如何从被动教育转变为个人的主动教育，这是现时代"健康中国"建设进程中，医疗卫生健康促进需要审视的问题之一。

2000 年，人类基因组计划完成，对生命及健康的认知提高到了分子水平。20 年后，生命科学进入了后基因时代，人们对疾病的认知更加深入、精准到基因水平，产生了大量的基因诊断技术、肿瘤靶向药物，以及在基因检测基础上对高危人群的早期发现和干预等。但人们对生活方式的认知却并没有随着医学诊疗的认知而进一步提高，反而产生了更多影响人类健康风险的因素。突如其来的新冠肺炎，以一种猝不及防的方式打碎了曾经直线型的、平滑的、可预测的社会，让人们切身感受到"风险"一词的含义。在疫情期间，已有大量研究证实，包括肥胖症、糖尿病以及心血管疾病在内的慢性病，均与疫情所导致的严重疾病与死亡的风险增加相关。但显然，疫情大流行揭示了世界人口在应对疫情影响基本健康方面准备不足，进一步凸显了人们基本健康方面的脆弱性，而这更将在疫情平息后继续影响人们的健康状况。事实上，大多数危险因素均可得到预防与治疗，且对其进行处理将带来巨大的社会与经济方面的益处。但人们依旧未能改变不健康的行为，尤其是那些与膳食质量、热量摄入以及身体运动有关的行为。这就是当下医疗卫生健康促进急需发生转变的关键依据，"关口前移，预防为主"，完美表达了现时代医疗卫生健康观的真正含义。

第二节　体育健康观

"体育"这个外来词，至今可以说难以给其一个确切的、不变的、无可争议的定义。无论从其狭义定义（通过身体活动，增强体质，传授锻炼身体的知识、技能、技术，培养道德和意志品质的有目的、有计划的教育过程）①，还是从其广义定义（以身体练习为基本手段，以增强体质，促进人的全面发展，丰富社会文化生活和促进精神文明建设为目的的一种有意识、有组织的社会活动）②，都好像与传统认识意义上的"健康"没有关联。但随着社会的发展和进步，对体育的认识也在不断发展变化中。中华人民共和国成立后，随着群众体育的发展历程变化，体育的综合功能与价值逐渐被大众所认知，体育逐

---

① 体育概论编写组. 体育概论［M］. 北京：北京体育大学出版社，2013：12.
② 体育概论编写组. 体育概论［M］. 北京：北京体育大学出版社，2013：12.

渐与健康联系起来。通过对群众体育发展变化的逻辑进程的梳理，探寻现时代"健康中国"建设战略实施的启发意义。

一、体育健康观发展逻辑进程

中华人民共和国成立以来体育健康观的形成与发展，本质上就是群众体育健身发展逻辑进程的具体体现。中华人民共和国成立后，国家的政治与经济体制发生了根本性的转变，是历史上从未有过的、一种新的社会存在模式，在此模式下，群众体育健身发展的目的和意义完全取决于国家政治与经济发展需要。中华人民共和国成立后的群众体育健身随着社会政治与经济的变革，大致经历了发展起步阶段（1949—1955 年），起伏前进阶段（1956—1965 年），挫折、停滞阶段（1966—1976 年），普及与提高相结合侧重抓提高阶段（1977—1992 年），协调、可持续发展阶段（1993—2012 年），全民快速战略发展阶段（2013 年至今），共六个阶段。

（一）发展起步阶段（1949—1955 年）

新中国成立初期，国家政治和经济基础不稳，面临许多问题，需要国家全力去应对处理，待这些问题解决后，我国社会建设才全面步入正轨，得到了初步的发展。但此时国家发展面临两个基本现实：一是国民体质普遍较弱，无法满足社会主义现代化建设的高强度需求；二是国家政权尚不够稳固，还急需大量身强力壮的保卫者。基于此，群众体育承担起了提升国民体质、服务国防、劳动生产的重任。

1949 年颁布的《中国人民政治协商会议共同纲领》中提出了"提倡国民体育"的要求，但此时倡导的国民体育不是为了大众健康，而是为了服务当时的经济社会发展需要。1952 年，毛泽东同志在中华全国体育总会成立时，为其题词"发展体育运动，增强人民体质"，形成了群众体育推进的强大号召力。同年，《为国民体育运动普及和经常化而奋斗》报告出台，提出体育运动普及化、经常化发展要求，进一步明确了群众体育发展的措施和任务。1954年，中央做出重要批示，改善、增强人民健康状况及人民体质是一项重要政治任务，从政治高度强化了群众体育发展的重要地位。

在这些特定时期体育政策与方针的指导下，出现了具有当时社会发展特色的"劳卫制"，在中等以上学校、职工、军队中实行，成为当时督促大众健身锻炼的基本制度。随着三级体育管理网络的建立，大力推进运动场所建设，大众体育健身活动开展活跃，广播体操成为大众健身活动的主要手段。

此阶段群众体育健身呈现出以下几个特征：一是以体育强身为目的，希望通过体育健身，增强身体基本素质，更好为建设社会主义国家服务。二是此时的大众健身活动主要是按照国家统一指导与安排进行，具有较强的政治任务性。三是在国家统一倡导和安排下的体育健身活动与竞技体育还没有明显的侧重点发展之分。

（二）起伏前进阶段（1956—1965 年）

此阶段受到"大跃进"的影响，我国国民经济发展受到较大的打击，出现起伏现象，群众体育健身活动同样也受到严重的影响，出现了一些不符合现实的浮夸现象与要求。比如 1958 年，在《关于体育运动十年规划的报告》中提出农村与城市并举，群众体育健身发展推进与现实状况脱节。1960 年，国家体委提出适当控制群众体育健身发展规模，体育运动发展的重点转移到竞技体育方面，群众体育健身发展进入停滞阶段。一直到 1965 年国民经济调整完成后，将"劳卫制"修订成《青少年体育锻炼标准》并开始试行，至此，群众体育健身发展又恢复了生机，群众体育健身热潮不断涌现，呈现出蓬勃发展的状态。

这一时期群众体育健身发展呈现出以下几个方面的特征：一是群众体育健身发展与当时经济社会建设现实出现短暂脱节，尤其城乡同步发展脱离实际。二是受到国家政策与制度变化的影响，群众体育健身也随之呈现出起伏式前进的特征。三是国家对竞技体育与群众体育健身发展的重心地位开始有所偏重，竞技体育开始受到特殊的青睐，获得了优先发展的"特权"。

（三）挫折、停滞阶段（1966—1976 年）

1966 年"文化大革命"开始了，这一阶段我国经济社会发展再度出现起伏，同时，我国群众体育健身发展再次面临巨大的打击与挫折。1968 年的"五一二命令"，对之前的体育建设成就加以全盘否定，相应的规章制度被废止，并对体育系统实行军事管制，这直接导致了群众体育健身的性质发生变化，各种体育活动都必须与政治联系起来。这一阶段相应的体育管理组织体系遭到破坏，群众体育健身与娱乐活动消失。在"文化大革命"后期，职工体育得到了一定程度的恢复，但仅呈现出昙花一现的景象。然而，这一时期出现一个特殊的现象是受到上山下乡知青的影响，农村群众体育得到了一定程度的发展。

这一时期群众体育健身发展呈现出以下几个特征：一是从发展效果上看，农村与城市呈现错位发展，农村群众体育健身发展优于城市。二是群众体育健身注重形式与规模，质量较低。三是群众体育健身发展随着政治发展呈现出无序发展的态势。

（四）普及与提高相结合，侧重抓提高阶段（1977—1992年）

1979年，全国体育工作会议召开，明确了普及与提高相结合，侧重发展竞技体育，群众体育健身则要实施以社会为依托、以体育运动委员会为指导，主管部门全面负责的社会分工发展模式。1982年，党的十二大召开，明确了"以计划经济为主、市场调节为辅"的国家经济发展战略，这一改革变化使得人民生活水平得到进一步提高，也为群众体育健身的进一步发展带来了新的历史机遇。1982年，《中华人民共和国宪法》明确了以群众体育发展促进人民体质增强的要求，用根本大法的形式确定了体育新时期发展的任务。1984年，中共中央下发《关于进一步发展体育运动的通知》，将竞技体育放在了优先发展位置，相较于群众体育，使其获得了制度和经费上优先发展的保障。1986年，国家体委公布《关于体育体制改革的决定（草案）》，意图通过群众体育社会化改革解决社会体育市场化改革体制不顺、非均衡发展带来的体育不可持续发展、市场化不足与市场化过度等问题。1993年，《国家体委关于深化体育改革的意见》及5个配套文件出台，为社会主义市场经济条件下群众体育健身法制化、社会化的具体发展问题提供了方向指引。

在上述政策文件的指导下，我国的群众体育健身发展呈现出相应变化。改革开放初期，在国民经济恢复发展及体育领域拨乱反正工作的推动下，群众体育健身迅速恢复并发展起来。受竞技体育优先发展的影响，我国群众体育地位出现下滑，然而体育体制改革政策的出台，也为我国群众体育健身发展带来了新的曙光，我国群众体育健身社会化改革逐渐深入。首先，社区体育作为一种新兴群众体育健身发展形态开始逐步兴起。其次，群众体育健身社会化改革效果初现，群众体育健身的利益主体和资源配置方式呈现多元化趋势。1987年国内第一家营利性的健身俱乐部"北京利生健康城"开业，它的诞生为我国群众体育健身开创了全新的发展领域①。

这时期群众体育发展呈现出以下几个方面特征：一是群众体育健身由国家管控逐渐转向由社会调节发展。二是群众体育健身活动手段开始呈现多样化，由统一的广播体操转向以个人爱好和自愿参加为前提的跑步、气功、武术等体育活动。三是相较于竞技体育，群众体育健身在国家层面的发展重心位置下降。四是群众体育获得了国家宪法的认可，群众体育健身合法化。五是群众体育健身实现了由单位向社区的转变，群众体育健身更加社会化。六是群众体育

---

① 苗治文，许实. 建国以来我国群众体育的发展 [J]. 武汉体育学院学报，2010，（4）：28-32.

健身观念悄然发生改变，大众健身的目的与需求随之发生改变，出现了从原来的被动"福利"向主动"消费"的转变。七是群众体育健身实现了从单一政府行政型向多元社会组织自愿型的转型。八是大众体育健身手段呈现多样化。

（五）协调、可持续发展阶段（1993—2012 年）

经过十余年的改革开放，我国社会各领域获得了巨大发展，但也在许多领域出现了发展不可持续的问题。以体育领域为例，1993 年统计数据显示，1992 年文化体育发展速度为 6%，而到 1993 年下降到 4%。针对这一问题，在1995 年的政府工作报告中提出了推进体育领域协调发展的方针。1995 年 8 月，《中华人民共和国体育法》颁布实施，明确提出以全民健身活动为基础，通过普及与提高的结合，推进不同体育事业协调发展，从国家立法层面指明了体育协调发展的方向。同年，《全民健身计划纲要》《奥运争光计划纲要（1994—2000 年）》先后颁布，对推动我国群众体育与竞技体育协调发展的思路进行了进一步丰富与细化。2000 年 12 月，在《2001—2010 年体育改革与发展纲要》中，明确了以体育事业发展规模与速度为基准，结合我国国情，实现体育事业与经济、社会协调、可持续发展的要求。2002 年，党的十六大将构建较为完善的全民健身体系与办好 2008 年北京奥运会作为全面建设小康社会体育发展的两大奋斗目标。随后，在《中共中央 国务院关于进一步加强和改进新时期体育工作的意见》中对群众体育和竞技体育的协调思路与举措做出了详细要求。

在科学发展观的引领下，我国群众体育建设成效显著。2013 年的统计数据显示，"三纳入"工作不断推进，总体覆盖率达到 97%。全国 16 个省和 10个较大的市制定出台了《全民健身实施计划》《全民健身条例》等专门性法规，全国经费总投入达 197.59 亿元，场地设施数量激增，有全民健身活动中心（含雪炭工程）2 730 个、体育公园 1 662 个。

这一时期群众体育健身发展呈现出以下几个方面特征：一是群众体育健身与其他领域需要协调发展。二是群众体育健身相关政策与措施日趋完善。三是群众体育健身更加满足个人需求的自由化发展，健康需求苗头出现。四是群众体育健身繁荣发展需要形成产业化，并需要推动相关产业结构逐渐完善。

（六）全民快速战略发展阶段（2013 年至今）

党的十八届五中全会通过了《中华人民共和国国民经济和社会发展第十三个五年规划纲要》，该规划纲要提出了"健康中国"建设的战略构想，并对实行这一战略构想做出了全面部署和安排。全民健身作为推动全民健康的有效手段，受到了社会各界的高度重视，习近平总书记多次在重要场合就全民健身、全民健康与健康中国的关系做出重要论述，号召建立健全健康教育体系，提升全民健康素养、推动全民健身与全民健康深度融合，最终实现"健康中国"建设目标。与此同时，随着各行业的快速发展，我国健康产业的发展不但能实现大众健康需要的满足，而且能促进我国产业的供给侧改革。面对全面建成小康社会的目标要求、推动健康中国建设的机遇挑战以及人民群众日益增长的体育健身需求，需要准确把握新时期全民健身发展内涵的深刻变化，以全面深化改革，不断开拓发展新境界。

2014年，《关于加快发展体育产业促进体育消费的若干意见》出台，全民健身上升为国家战略，明确了通过体育与医疗、教育、旅游的融合发展推动我国经济新增长的要求。2016年，《"健康中国2030"规划纲要》颁布，就全民健身公共服务体系建设、体医结合、健身休闲产业发展等做出了要求。同年，国务院印发《全民健身计划（2016—2020年）》，就全民健身在国家经济社会发展中的重要地位及建设目标、举措进行了详细论述。经过这些年的发展，在各级政府部门的共同努力下，我国全民健身事业成效明显，助力全面小康社会建设的载体作用的发挥日益显著。在经济建设中，全民健身作为体育产业发展动力源的作用日益显著，通过健身活动的广泛开展，持续提升人民健康水平和生活品质，全民健身逐渐成为大众促、保健康，增强获得感和幸福感的重要手段。

这一时期全民健身发展呈现出以下几个方面的特征：一是全民健身上升为国家战略，强调全民健身是"健康中国"建设的重要组成部分。二是强调全民健身的多功能作用。三是强调全民健身与全面健康融合的重要性。四是大众对体育健身需求迅猛增长，已呈现出成为日常生活重要组成部分的初期景象。五是大众对体育功能作用的认知从单纯身体素质提高到促进身体全面健康发生明显的转变。六是国外发达国家国民健康促进计划战略对我国体医融合促进健康启发意义较大。七是明确了全民健身应"以人民为中心"的价值取向，把满足人民健康需求作为工作的出发点和归宿。

纵观70余年来我国群众体育发展的漫长历程，从毛泽东同志"发展体育运动，增强人民体质"到邓小平同志"借助体育运动实现人民体质提升是广泛性群众问题"再到习近平同志"将人民健身需求满足及人的全面发展实现作为体育工作落实的出发点和落脚点"，无不体现着以人民为中心的群众体育发展思路。与此同时，以对大众维持自身健康意愿的准确把握为基础，政府做出了全面小康离不开全民健康的判断，并出台了《"健康中国2030"规划纲要》，从全民健身完美过渡到全民健康。至此，自中华人民共和国成立以来，无论是宏观层面的国家建设，还是微观层面的普通大众体育健身，体育健康观基本成型。

二、体育健康观的时代审视

纵观中华人民共和国成立以来我国群众体育健身发展的目标与任务，可以看到，不同的社会发展阶段，因国家需要设定了不同的发展目标与任务。中华人民共和国成立初期，为了给国家提供大批体质强健的劳动者和建设者，此时的群众体育健身目标与任务并没有指向"大众健康"方向，明显是仅考虑了体育对身体素质提高的单一功能作用。之后，为了我国恢复国际奥委会席位的大局，侧重于提高体育事业建设方针，适当"牺牲"群众体育健身规模与投入，助力我国竞技体育水平的提升，使我国竞技体育得到了发展并在短时间内冲出亚洲，跻身世界前列。直到 1992 年，邓小平的南方谈话开启了中国特色社会主义市场经济发展的新篇章，市场经济的确立使社会结构、利益权利、政府管理等发生了巨大变化，社会办体育逐步被大家所接受，群众体育健身的承载主体顺势实现了从单位向社会的转变之后，群众体育健身的功能价值才对接体育促进健康的功能价值，才被大众所逐渐熟知和接受。2002 年，党的十六大提出将到 2020 年明显提高国民健康素质，构建较为完善的全民健身体系列为全面建设小康社会的奋斗目标。至此，无论从国家层面还是普通大众层面，对体育健身的目标与任务已明确转向了"健康"方向。

显然，长期以来，体育健身的功能价值定位，无论是政府还是普通大众，由于种种原因，都没有将体育健身与健康对接、融合，这导致了体育健身推广发展受到了很大的局限性，没有给予其一个合理的社会价值定位。"健康"是人人都需要的，也是每个国家繁荣富强所需求的，如若体育健身不能与"健康"对接、融合，那其只会成为一种个人兴趣爱好或一项产业或事业的发展。随着改革开放的实行，国家经济社会全面发展，人民生活水平得到不断的提高，人民追求"健康"的夙愿越来越强烈，把"健康"作为一项基本的幸福指标，此时体育健身应当适时展现其特有的健康促进功能。随着国家健康促进战略规划的出台，"关口前移，预防为主"的健康促进策略全面推进，体育健身作为一种非医疗干预手段被提到了台前，其功能价值与健康的对接、融合得到普遍认可，这恰恰是体育健康观的时代展示。

从医用角度看，体育健身能够在维护生命张力、降低慢病风险、康复治疗、对抗亚健康等方面发挥积极的作用。从文化传承角度看，体育健身又是一种教育手段、生活方式和精神依托，有利于形成健康向上的社会氛围。从娱乐观赏角度看，体育健身通过身体活动的展示，凸显肢体之美，陶冶情操、愉悦身心，其多样性的身体活动样式和多元性的价值功能，对健康而言具有非医疗干预作用。鉴于此，"体育健身"在新时代国家发展过程中，是不可或缺的国家健康促进战略的重要组成部分。"健康中国"建设战略的实施，明确了体育健身促进健康的价值与地位，而凸显这种价值和地位的重要举措就是"体医融合、协作"。换言之，通过与医疗卫生的全面融合、协作，才能充分展现体育健身在现时代"健康中国"建设宏伟战略实施过程中的特殊价值与意义。

第三节　大健康观的确立

"医学健康观"是在不同时期的医疗健康思想的总体原则、范畴、本质和特点的基础上建立起的一种理论框架和认知体系，其影响着特定时期人们关于医疗与健康范畴的思维认知及行为模式。在人类历史上，无论是西方还是中国，医学健康观历经多次变革，它与人们所处不同时代的健康思维并行不悖。如原始时期的巫术医疗和经验医疗模式、工业革命时期的机械论医学模式、自然科学发展时期的生物医学模式，以及21世纪的系统论医学健康模式。无疑，以上医学模式的变革反映出人类对健康与疾病问题的认识，但其落脚点是以疾病治疗为中心，而忽略以"人"为中心的健康医学。随着人类疾病谱系的改变，过往传统的医学模式难以应对现在层出不穷的现代病系，甚至人们发现以疾病治疗为中心的生物医学模式在面对新挑战时，显得有些束手无策①。而大健康观的提出，一方面出于以疾病治疗为中心的医学模式无法全面应对健康问题，需要构建健康促进的发展价值观，另一方面还在于社会已普遍接受了世界卫生组织对健康的诠释。

21世纪，人类面临了诸多问题，仅仅从狭隘的学科条块思维出发无法深入思考这些问题，人类需要更广阔的思维方式与实践框架。在"大观念"的指引下，相关领域的发展表现出规模化、协同化和跨领域的态势。人类在与自然和社会交往的过程中，必然形成一定的健康价值判断和生命信念。这些价值观念在人们的生产和生活中进一步凝聚、抽象和升华，融入区域或民族对健康的核心价值，并表现为处理各种生存问题时所特有的比较稳定的立场、观点和

---

① 李寅超，赵宜红. 从医学模式的变迁论中医整体模式的价值与特色 [J]. 时珍国医国药，2008（2）：480-481.

态度，其总和即为价值观。大健康观通过凝聚、抽象、升华等理论建构方法形成科学的，达到理论高度的，体现新时期的健康价值原则、健康价值规范、健康价值理想、健康价值信仰，从个体健康到群体健康，从健康的生活方式到健康危险因素的控制，从健康的生活环境到培育健康的生态环境，从体育健身到美育、德育、修身，照应到人的生、老、病、死的整个生命历程。因此，大健康是横跨科学、经济与社会文化的"大领域"，关注多层次主体（个体、社会和国家）的健康需要和利益，有明显、广泛和巨大的社会效应，具有引领未来健康维护的价值高度。

一、大健康观的概念与特征

（一）大健康观的概念

对于"大健康"一词，不同的学者从不同的研究角度进行了相关解读，其说法众多，难有一个确切的含义。大健康融合了多维多层的内容，是一种全局的理念，涵盖了与健康相关身体、精神、心理、生理、社会、环境、道德等诸多内容。"观"，应是通过观察或察看，进一步形成对某个事物的认识和看法[①]。由此，引出"大健康观"的宏观表述为"对涉及人类健康有关的所有事物认知"。闫希军曾在其著作中指出，大健康观泛指人类的健康、民族的健康，是以人、社会与生态和谐为特征的健康价值本质论；是以遵循健康生活方式为特征的健康价值方法论；是以提高生命质量在内的整体的、全面的、全社会健康的健康价值目的论[②]。由此可见，闫希军对"大健康观"的解释应当说是从"大观念"理解角度出发进行的解释。M. J. Adler 用西方思想思考大健康观，将"大观念"阐释为理解人类自身、社会和世界的，基本的，不可或缺的观念。这些观念一直是人们思考和探究的对象，是人类思想的共同根系。可见，大观念不仅在于它是人类智慧和灵性的沉淀，还在于它所具备的价值观念。相对于作为人类社会发展引擎的自然科学而言，大观念及其背后的哲学和社会科学则是人类社会发展的方向盘，它在精神和道德层面指引着人类健康观念的发展。

（二）大健康观的特征

树立大健康观，在人类医学跨域协同发展过程中尤为重要。"大健康观"的出现，既是一种合力的结果，也是一种大趋势。由此，我们审视健康的观

---

① 汉语大字典编辑委员会. 汉语大字典 [M]. 成都：四川辞书出版社，2010：3920-3921.
② 闫希军. 大健康与大健康观 [J]. 医学与哲学，2017，3（38）：9-12.

念，也应跳出医学本身的框架，将其扩展开来，从整体层面思考疾病与健康的关系。

大健康的内涵是"大"，"大"绝对不仅仅是个简单的形容词，更有着浑厚的哲学思想与文化积淀。"大"是一种格局，它将健康的哲学概念或思想范畴以及精神和文化特征相包容，不仅展现出跨学科发展的趋势，还展现出其在科学、经济与社会文化的大领域，具有较大的社会影响。它提升了健康问题在社会体系中的地位和作用，延展了以疾病治疗为中心的医学模式，还具有明显的、广泛的、巨大的社会效应。大健康之所以"大"，还因为其具有理论高度，以及较重要的理论价值，而允许我们提出一些非常大的问题，进而鼓励我们探索人类健康实践中更宏大的意义。它有利于将健康从社会认知的"后台"调入"前台"。如果生物医学允许我们在疾病的背景下考察人如何摆脱疾病重获健康，那么基于更大的框架则使我们能将眼界拓宽至整个人类的健康。大健康促使我们询问人类健康与疾病的关系，使人们对疾病之前和之后的状态有所了解，并且将人放在生命历程这一更大的背景中去看待。

大健康涉及范围广，无论从人类的生命周期阶段，还是从大健康业态维度来看，其均是社会、经济、医疗、卫生、体育、康复、制药、保健等产业的集合。除了以治病为中心的医学专业领域，一些学科已经探索了多学科融合发展的内容，诸如健康心理学、运动医学、健康经济学与健康心理学等。"大健康观"将疾病和健康视为整体，努力对人的健康做出统一的叙述，强调从多维层面发挥健康的共性，从而拓宽了医学的认知及实践的时空范围，以健康作为新的科研与实践场域，或者重新认识和思考一些原有的问题，并寻找新的解决路径。

二、大健康观的意义与启示

大健康理念不仅体现在局部的"看病治病"上，还倡导健康的"未病先防"，倡导健康的生活方式，倡导一种整体的健康防治观。健康的身体与心理，首先需要拥有健康的观念，要认识健康的意义，能够调节健康的心态，不要局限于个人对健康的片面认识。大健康观不仅能帮助人们消除健康障碍，提高健康素养，还能帮助大众做好健康保障，形成健康管理模式。大健康观念可把不同社会、群体或其他共同体凝聚起来，对国家乃至人类的健康事业发展具有价值引领作用。总的来讲，大健康观的意义可归纳为以下几个方面：

（1）大健康观与"健康中国"建设。大健康观是影响"健康中国"建设的一个重要因素。大健康观有助于提高大众的健康素养，与《"健康中国

2030"规划纲要》中涉及的"以健康促进为中心",将"大健康""大卫生"融入国家健康政策制定的全过程,将大健康理念融入全方位、全生命周期维护人民群众健康之中相吻合。

（2）大健康观与社会经济发展。大健康观直接关系到人类的生命与健康,能引导、制约、规范人的社会实践活动和生活方式,也将深刻影响社会的凝聚力和创造力。新时期,健康产业的经济效益与日俱增,无论是医疗性还是非医疗性健康服务领域的发展非常迅速。正如美国著名经济学家预测,健康产业将成为继 IT（信息技术）产业之后的全球"财富第五波",成为 21 世纪的核心产业。

（3）大健康观与民族传统文化。人类文明史上的重要革新,首先是思想观念的变革。中医药作为我国的国粹,是历史发展过程中形成的中国特有的文化,其对身体健康的独特作用与特殊的文化魅力,具有健康维护和健康促进的实践指导意义。中医药以预防、保健、康复、休养等为主的内涵理念符合当前人们对健康活动的需求,传统的太极拳、推拿、针灸、温泉浴等都是以中医药为特色的健康产业发展内容。因此,大健康观与中国传统医学有天然的契合之处,它根植于过去,彰显于现代,展望于未来。

第四节 "健康中国"提出缘起与意义

"健康中国"是我国国民经济和社会发展的需要,也是世界各国国家健康发展的基本经验。世界上一些发达国家在本国的国民经济与社会发展到一定程度都相应地提出"健康国家"建设,将国民健康促进计划提到了国家发展战略的高度,同样,随着我国改革开放的不断深入推进,健康服务远远落后于国民经济与社会发展需要。在此背景下,提出"健康中国"建设已是中华民族伟大复兴的历史必然。"健康中国"建设是国家发展的战略决策,是多途径并举的系统性行动,"体医融合、协作"促进大众健康是其中重要的途径之一。

一、"健康国家"的提出

"健康国家"是由"健康城市"与"健康社区"概念发展而来的,呈现出从微观、中观至宏观的发展过程（见图 2-1）。早在 1978 年,国际初级卫生保健大会上宣布的《阿拉木图宣言》,首次提出了"健康社区"的概念。社区,是由群体、组织或家庭单元在一定区域内所形成的集体,也是一个地区社会的宏观缩影。而健康社区，就是在社区范围内，通过建立良好的生活环境、生态环境、社会环境与文化环境，通过一系列的健康政策、健康活动与健康管理等内容，使该区域内的大众具备良好的健康生活与行为。1985 年，加拿大率先开展健康社区运动，1988 年就形成了一个加拿大健康社区网络，覆盖了加拿大全国 200 个社区。此后在世界卫生组织（WHO）的推动下，该运动逐渐成为一个全球性运动。我国在推进分级诊疗制度建设的背景下，于 2016 年通过中国社区卫生协会、中国医师协会与中国医疗保健国际交流促进会联合启动"健康社区"项目，加强了糖尿病、心血管病等慢性病知识领域在社区的普及，着力培养社区医生，建设社区卫生服务中心为社区患者服务。

"健康城市"所涵盖的范围比"健康社区"更为宽泛，它不仅包涵大众住宅区域，还囊括了工业区域、商业区域、公共区域，以及街道、医院、学校、公园等范围内的健康内容。1984 年，"健康城市"的理念首次在多伦多"超越卫生保健—多伦多 2000"的国际会议上被提出。"健康城市"概念的提出，致力于重点解决城市健康问题以及与之相关的问题①。1985—1986 年，世界卫生组织（以下简称"WHO"）欧洲办事处发起了一项名为"健康城市规划"的运动，实施区域的"健康城市项目"（healthy city project，HCP），以此作为城市化的一项行动战略，成为城市健康发展的重点领域和战略步骤。1994 年，WHO 将"健康城市"的概念定义为：健康城市应是一个不断开发、发展自然和社会环境，并不断扩大社会资源，使人们在享受生命和充分发挥潜能方面能够互相支持的城市。这个概念将人类社会发展所必需的健康人群、健康环境和健康社会有机结合，并定义为一个发展整体。1996 年，WHO 将主题定为"城市与健康"，并根据世界各国开展"健康城市"的经验和成果，公布了"健康城市 10 条标准"。至此，全球几千个城市响应了"健康城市"网络建设号召，开启了全球城市的国际性行动。

在"健康社区"与"健康城市"发展的基础之上，更为广泛的"健康国家"应运而生。从人文地理与社会发展视角，国家是由该地区的人民、文化、语言、位置划分出来的领地，是治理一个国家的权力机构。从国家层面开启的"健康国家"发展战略，反映了新时期全球各国针对健康问题的治理变革，亦是应对国家健康建设的行动举措。从国家层面的健康治理，不仅为民众提供了完整的医疗卫生保健服务，还能营造健康的经济发展机制与政府管理体制环境。

---

① 黄敬亨. 健康城市的发展与展望［J］. 中国健康教育，2002，18（1）.

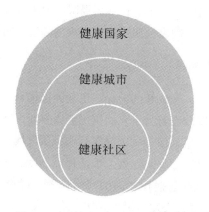

图 2-1　"健康国家"的相关概念

随着经济的发展和社会的进步，人们越来越认识到健康的重要性。一个国家的国民健康水平，成为这一国家的实力与文明程度的标志。20 世纪后期，健康治理不但是国家的内部事务，也是一项国际责任。1946 年，联合国理事会决定召开卫生方面的会议，会上 64 个国家的代表共同签署了《世界卫生组织组织法》，在 1907 年成立的国际公共卫生局与 1920 年成立的国际联盟卫生组织的基础上，成立了世界卫生组织（WHO）。至此，世界卫生组织成为全球性的健康组织，致力于全球的健康交流与疾病治理，主要包括国际卫生的公约、规划、协定，协助国家卫生事业建设，指导与协同国际卫生工作等。经过几十年的发展，世界卫生组织所取得的重要成果之一，就是推动了健康国家建设工作。如界定了健康的多维概念，发布《阿拉木图宣言》，为发展中国家提供基本医疗卫生指导服务以及改善国民健康的国家计划项目。世界各国的重要发展目标，就是尽可能地提升人民的健康水平。由此，健康国家成为国家健康战略的基础，成为国家健康治理的行动。世界诸多国家通过国家健康政策探索与行动，开启了一系列的健康政策改革行动。例如，1988 年阿德莱德会议提出"将健康融入万策"，指明了国家健康共治的方向与策略；1990 年开始的英国全科医生、美国健康维护组织的深入改革[1]，建立健全了基层健康体系；1997 年《雅加达宣言》提出的"检验健康的决定因素"；2000 年墨西哥健康促进大会发布的 "Framework for Countrywide Plans of Action for Health Promotion" 为发展中国家提供全国范围的健康促进行动框架，这是一个正式版本的国家层

---

① 世界卫生组织. 2000 年世界卫生报告：卫生系统：改进业绩［R］. 日内瓦：世界卫生组织，2000.

次的健康促进方案；由此，卫生工作不再局限于卫生领域，相反，成为一个国家的健康体系，成为一项国家健康治理优先事项的统筹布局。

二、"健康中国"建设

健康是生命的基础，是成长的前提，也是国家民众幸福的起点。中华人民共和国成立至今，我国政府着力于发展国民健康事业，在不同发展时期制定了适宜的国家健康发展战略，使得我国健康事业稳步发展。无论是卓有成效的医疗卫生体制改革，还是医疗保险制度、生活保障制度、医疗健康服务等制度的健全，我国始终将健康事业摆在较高的战略位置。1990年联合国开发计划署（UNDP）在《1990年度人文发展报告》中，提出人类发展指数（human development index，HDI）从预期寿命、教育水平和生活质量三方面反映了健康的重要内容。"健康中国"建设也应从民众的健康需求出发，从维护全民健康和实现国家长远目标出发，加快推进。

党的十八大以来，以习近平同志为核心的党中央，把"实施健康中国战略"作为人民身体健康的重要内涵，制定了一系列的改革举措。2015年11月，"健康中国"与"美丽中国"建设被写入国家"十三五"规划，开启了"健康中国"建设的篇章。2016年，习近平在全国卫生与健康大会上提出"要把人民健康放在优先发展的地位"，全方位、全周期促、保人民健康，为实现"两个一百年"奋斗目标和中华民族伟大复兴的中国梦提供坚实的健康基础。《"健康中国2030"规划纲要》成为新时代推进健康中国建设的根本遵循和行动指南，将我国健康事业持续推进，使人民健康水平不断提高。

（一）《"健康中国2030"规划纲要》出台

"健康中国"战略规划的出台源于我国改革开放以来健康事业的稳步发展，全民健身与全民健康的蓬勃开展，医疗卫生服务体系改革的显著成效，人均寿命与健康水平的持续提高。根据新时期党的十八届五中全会的战略部署，2016年中共中央、国务院印发并实施《"健康中国2030"规划纲要》，该纲要成为未来15年中国健康战略的实施方案。

早在《"健康中国2030"规划纲要》颁布之前，我国在2009年启动了健康战略计划研究，原卫生部组织数百名专家开展了"健康中国"专题编写工作，同时成立了公共卫生、公共政策等6个专家研究组。在专家组的共同努力下，于2008—2012年编制完成了《"健康中国2020"战略》研究报告。该报告契合了"健康中国"构建的指导思想、健康目标、健康行动以及政策编制等主体内容，包括了健康政策研究、公共卫生研究、药物政策研究、中医学研究等专题研究报告，一些省市开始了初期健康行动计划的探索实施。2013 年，国务院发布的《关于促进健康服务业发展的若干意见》中提出，随着健康服务产业和体育产业在国家政策推动下的加速发展，健康促进在社会多种环境和社会发展的各个层面都迅速被覆盖并不断完善，以健康、体育产业化发展和健康促进工作为重点的现代服务业发展将成为我国社会转型期间的重要任务之一，健康的外延也在社会政治、经济的刺激下向多个领域和方向延伸。2016 年，在国务院领导小组的指导下，由发展改革委、财政部、环境保护部、食品药品监管总局、体育总局等 20 多个部门联合编制了《"健康中国 2030"规划纲要》。

（二）"健康中国"战略目标

"健康中国"是一个长期的建设战略，战略目标的设定是"健康中国"建设中的主要成果的预期目标，无论是"健康中国 2020"目标，还是"健康中国 2030"目标，由于每一个阶段的特殊性，战略目标与重点会有所调整，但战略目标整体都是围绕"健康中国"予以展开和具体化的。由于不同时期健康发展的基本条件、发展路径和任务目标的不同，围绕战略时期内的总任务，决定了不同阶段的总目标、战略重点的目标、战略阶段目标以及"健康中国"建设路径与策略，所呈现出的战略体系包含总目标、阶段目标、具体目标以及战略体系。

《"健康中国 2030"规划纲要》构建了健康领域的多种任务范畴，是一种整体性目标，是一种科学的战略（见表 2-2）。它指出了我国长期的健康发展方向，从中国当前的健康问题与人民群众的健康需求出发，整体分析长远利益与现实利益，着眼全局，内部与外部的矛盾，而制定了整体目标。"健康中国"战略反映了我国以人民为中心与和平崛起的利益所在，是统筹规划国家健康事业的依据，具有长期性、发展性。

表 2-2　《"健康中国 2030"规划纲要》主要战略目标内容一览表

目标	内容	指标
人们健康水平持续提升	人均寿命	79 岁
主要健康危险因素得到有效控制	健康生活方式	普及
健康服务能力大幅提升	健康服务质量	提高
健康产业规模显著扩大	健康产业体系	成为国民经济支柱性产业
促进健康的制度体系更加完善	政策法律法规体系	健全

"健康中国"战略目标是分阶段完成的，将战略总目标进行分解，成为不同阶段具体可操作的策略。正如"健康中国2030"战略目标，第一步从2020年开始，主要解决城乡医疗卫生保障制度、基本医疗与卫生服务，基本形成内涵丰富、结构合理的健康产业体系，呈现了初级建设阶段的内容；第二步到2030年，指出了初级建设内容的效果，在前期基础上促进民众的健康生活方式，促进全民健康制度体系完善，促进健康服务质量和健康保障水平不断提高，呈现了中级建设阶段的内容；第三步至2050年，是一种在前两个阶段建设后着眼于未来的预设，也包含从2020年到2030年再到2050年的分阶段目标，指出建成与社会主义现代化国家相适应的健康国家。可见，"健康中国"战略的目标是长期坚持并分阶段完成的目标，是一个长期的任务，绝不是一蹴而就的，是要长期不懈的努力才能达成的战略目标体系。

　　"健康中国"战略是促成全民健康与全面小康"同频共振"的国策和民生大计，战略内容不仅需要反映不同阶段的战略任务，还需要制定战略目标和行之有效的具体实施策略，需要更加科学的综合治理方案和国家、社会、个人及家庭的共同行动。当前，"健康中国"战略的实施，面临着中国经济社会快速发展背后的环境污染，医疗费用的巨额账单，养老与保障问题以及诸多不良生活方式。面对新时期健康问题，民众的生活方式，健康管理，环境治理等才是健康更关键的因素。"健康中国"战略的重要目标，回应了人民的健康需要和对疾病医疗、食品安全、环境污染等方面的关切。在"健康中国"战略中体现了从疾病治疗到健康促进的转变，寓健康于万策，从健康影响因素的广泛性、社会性、整体性出发进行综合治理，无疑是健康战略实施的优化。

　　(三)"健康中国"建设内容

　　健康是人全面发展的基础，人的体力、智力发展以及社会经济建设都需要有健康的身体、精神做依托。实际上，党和政府提出"健康中国"战略，正是认识到生命健康对于人的重要性，是中国共产党不忘初心，牢记历史使命的表现。目前，中国已经进入了健康国家建设时期。从2015年召开的党的十八届五中全会提出的"健康中国"建设，至2016年全国卫生与健康大会强调的"健康中国"建设，以及随后颁布的《"健康中国2030"规划纲要》，乃至党的十九届五中全会通过的《中共中央关于制定国民经济和社会发展第十四个五年规划和二〇三五年远景目标的建议》，均明确提出了全面推进"健康中国"建设。

　　在全面推进"健康中国"建设中，国家始终把人民健康放在首位，精准对接新时期民众的健康需求，以健康问题和健康促进为基本出发点和落脚点，全方位、全周期地构建健康体系，以期不断提高人民健康水平。"健康中国"建设涉及社会、经济、环境、医疗多个领域的战略任务，需要国家宏观把握，整体协调。在《"健康中国"2030规划纲要》中，明确了2015—2030年十五年时间内"健康中国"建设的总体目标，突出并强调了三个主要内容：第一，以预防为主，防治结合，普及健康生活方式，把握健康问题的"关口"；第二，优化健康服务体系，促进健康产业发展，满足民众的健康需求，重点关注健康服务的"对象"；第三，以共建共享、全民健康为主旨，强调政府主导的全社会共同参与，实现全面健康实施的"整体"。

在《"健康中国2020"战略》基础上，《"健康中国2030"规划纲要》更加强调整体健康，紧紧围绕健康影响因素（包括遗传和心理等生物学因素、自然与社会环境因素、医疗卫生服务因素、生活与行为方式因素）确定建设的主要任务，包括健康生活与行为、健康服务与保障、健康生产与生活环境等方面。以人的健康为中心，按照从内部到外部、从个人到环境的顺序，依次针对个人生活与行为方式、医疗卫生服务与保障、生产与生活环境等健康影响因素，提出普及健康生活、优化健康服务、完善健康保障、建设健康环境、发展健康产业等方面的战略任务，全文共八篇二十九章，主要内容整理如下（见表2-3）：

表2-3 《"健康中国2030"规划纲要》章节内容一览表

篇章	章节	主题	内容
第一篇 总体战略	第一章	指导思想	"五位一体"总体布局；"四个全面"战略布局
	第二章	战略主题	共建共享、全民健康
	第三章	战略目标	人民健康水平持续提升；主要健康危险因素得到有效控制；健康服务能力大幅提升；健康产业规模显著扩大；健康制度体系更加完善
第二篇 普及健康 生活	第四章	加强健康教育	提高全民健康素养；加大学校健康教育力度
	第五章	塑造自主自律的健康行为	引导合理膳食；开展控烟限酒；促进心理健康；减少不安全性行为和毒品的危害
	第六章	提高全民身体素质	完善全民健身公共服务体系；广泛开展全民健身运动；加强体医融合和非医疗健康干预；促进重点人群体育活动

表2-3(续)

篇章	章节	主题	内容
第三篇 优化健康 服务	第七章	强化覆盖全民的公共卫生服务	防治重大疾病；完善计划生育服务管理；推进基本公共卫生服务均等化
	第八章	提供优质高效的医疗服务	完善医疗卫生服务体系；创新医疗卫生服务供给模式；提升医疗服务水平和质量
	第九章	充分发挥中医药独特优势	提高中医药服务能力；发展中医养生保健治未病服务；推进中医药继承创新
	第十章	加强重点人群健康服务	提高妇幼健康水平；促进健康老龄化；维护残疾人健康
第四篇 完善健康 保障	第十一章	健全医疗保障体系	完善全民医保体系；健全医保管理服务体系；积极发展商业健康保险；完善药品供应保障体系
	第十二章	完善药品供应保障体系	深化药品、医疗器械流通体制改革；完善国家药物政策
第五篇 建设健康 环境	第十三章	深入开展爱国卫生运动	加强城乡环境卫生综合整治；建设健康城市和健康村镇
	第十四章	加强影响健康的环境问题治理	深入开展大气、水、土壤等污染防治；实施工业污染源全面达标排放计划；建立健全环境与健康监测、调查和风险评估制度
	第十五章	保障食品药品安全	加强食品安全监管
	第十六章	完善公共安全体系	强化安全生产和职业健康；促进道路交通安全；预防和减少伤害；提高突发事件应急能力；健全口岸公共卫生体系
第六篇 发展健康 产业	第十七章	优化多元办医格局	优先支持社会力量举办非营利性医疗机构
	第十八章	发展健康服务新业态	积极促进健康新产业、新业态、新模式
	第十九章	积极发展健身休闲运动产业	引导社会力量参与健身休闲设施建设运营
	第二十章	促进医药产业发展	加强医药技术创新；提升产业发展水平

表2-3（续）

篇章	章节	主题	内容
第七篇 健全支撑 与保障	第二十一章	深化体制机制改革	把健康融入所有政策；全面深化医药卫生体制改革；完善健康筹资机制；加快转变政府职能
	第二十二章	加强健康人力资源建设	加强健康人才培养培训；创新人才使用评价激励机制
	第二十三章	推动健康科技创新	构建国家医学科技创新体系；推进医学科技进步
	第二十四章	建设健康信息化服务体系	完善人口健康信息服务体系建设；推进健康医疗大数据应用
	第二十五章	加强健康法治建设	加强重点领域法律法规的立法和修订工作
	第二十六章	加强国际交流合作	实施中国全球卫生战略
第八篇 强化组织 实施	第二十七章	加强组织领导	推进协调机制，推进健康中国建设全局性工作
	第二十八章	营造良好社会氛围	加强正面宣传、舆论监督、科学引导和典型报道，形成全社会关心支持的良好社会氛围
	第二十九章	做好实施监测	制定实施五年规划等政策文件，建立健全监测评价机制

《"健康中国 2030"规划纲要》的内容为如何建设"健康国家"提出了诸多新的挑战，我们不仅仅需要医疗卫生体系治疗疾病，还需要从整体健康的角度，进一步构建与完善健康服务、健康管理、健康产业、健康计划、健康保障体系等诸多领域。正如世界上诸多发达国家通过制定与实施国民健康战略与阶段性的健康计划，从健康观的转变、健康产业的发展、健康服务的完善以及健康防治的衔接等诸多实践为我国的"健康国家"建设提供了发展范式及改革路径。经过多年来的实践探究，我国在"健康中国"战略实施的大背景下，各省市、各部门以及不同系统之间的联合行动正在开展。

三、"健康中国"建设视域下的体医融合

早在 20 世纪 70 年代，世界各国纷纷探讨体力活动不足的诸多健康问题，以及影响民众生活质量和健康水平的相关研究，旨在为推动实施健康国家战略与国民健康计划的"大健康"改革。美国作为"体医"融合的倡导者和先行者，协同体育、医疗、卫生等多元主体通力合作，将体育与健康关系的科学证据应用于公共卫生实践中，促进了体医融合的国际化与科学化发展。美国运动

医学会联合美国疾病与预防控制中心出版的《体力活动和大众健康指南》，与多学科医生团队展开合作，开展了诸如心脏病、糖尿病、高血压等常见病症的运动康复指导，进一步提升了体医实践的应用价值。新加坡将体育锻炼实施内容纳入国家健康生活方式项目，大大提高了国民健康水平。日本在"健康日本21"计划中重点推进以普及运动习惯为重点的健康促进计划①。

"运动是良药""运动促进健康""康体共进"等观念是国际上体医融合发展的基本理念，倡导以医学为主导提供依据和方法，在现代医学诊疗手段与药物治疗的基础上，使体育锻炼更具有科学性、实用性、康复性，辅助治疗疾病。另外，体育作为身体运动与健康生活方式②，可以提供非药物干预，改善不良生活方式，达到预防疾病的作用。可见，体医融合能够将健康防治两大关口有效衔接。随着"健康中国"建设的深入推进，无论是在《"健康中国2030"规划纲要》还是在《全民健康生活方式行动方案（2017—2025年）》中，都明确指出了国家健康政策对于体育与医疗卫生融合的改革举措。从体育与医疗卫生的健康功能与目标来看，体育和医疗卫生都是为民众的健康服务的，是相互协同作用的"左右手"，能够加快推进国民体质监测与医疗体检有机结合，推进体育健身设施与医疗康复设施有机结合，推进全民健身和全民健康深度融合，成为"健康中国"视域下的重要融合内容。

当前，"现代文明病"、慢性病成为危害大众健康的主要疾病，临床医学对此类疾病的疗效甚微，甚至束手无策，而体医融合或许是解决此类健康症结的方式。我国自2014年提出"推动体育健身与医疗等融合发展"后，各地纷纷加快体医健康融合改革之路。从宏观政策来看，由《"健康中国2030"规划纲要》作为健康战略行动纲领，将体医融合内容纳入《全民健康生活方式行动方案（2017—2025年）》，以《全民健身运动》作为实施体育活动计划指导，由《体育总局关于推动运动休闲特色小镇建设工作的通知》推进健身健康产业发展，将全民健身深入基层。从融合的效果来看，体育与医疗卫生的融合，主张从生物学、心理学、社会学等方面综合考虑健康与疾病的关系，其对抑制"现代文明病"的发生发展，控制过快增长的、过高的医疗费用，降低人们健康维持成本、增进身心健康等方面的效果将是显而易见的。体育与医疗卫生的融合，提供了另一种能够持续有效对健康进行管理的途径，让人们在科学合理的日常锻炼中，提高身体素质，改善健康状况，从而使健康获得增值，

---

① 叶旭军，李鲁，日下幸则．日本面向21世纪的健康促进计划［J］．中华医院管理杂志，2001，17（5）：318-320.

② 胡小明．体育休闲论［M］．成都：四川科技出版社，2008：6.

推进"健康中国"建设战略实施。

体医融合，是体育与医学的相互结合、促进与发展的动态过程，亦是运动医学、体育康复、运动保健、运动营养、运动处方等众多学科的集合，两个领域相互补充，相互渗透，共同应对新时期的健康问题。我国体医融合实践率先由国家体育总局发起，同年成立了体医融合促进与创新研究中心，分别在陕西、重庆建立了西安体育学院健康研究院和重庆医科大学体育医学学院体医融合示范区。在国家体育总局的推动下，围绕"健康中国"主题，我国各省（区、市）的相关机构开始了诸多联合行动，加强体医融合和非医疗健康干预的研究与实践。通过建立合作医院、研究示范点、运动指导门诊等进行模式示范，共建健康平台，合力推动体育和医学多维度、深层次的融合。目前，重庆医科大学、北京大学第三医院、中国中医研究院、首都医科大学附属医院、北京安定医院已率先开展体医融合试点研究，与心脏病、慢阻肺、儿童肥胖、抑郁症等临床融合进行实践推广。如国家医学教育发展中心将"有效运动"对慢性病进行"知己健康管理"；中国健康促进基金会试行体检中心和运动俱乐部联合管理；以及各地区医学院校与俱乐部的慢性病干预、社区诊疗、健康网络监控等方面的健康联合行动。

第三章 协作基本理论

理论是支撑实践研究的基础。推进"健康中国"建设国家战略背景下的体育与医疗卫生协作机制研究是在相关基本理论的支撑下，结合现实状况进行的理论与实践探索。每一门科学和专业都是对现实及客观世界的抽象和提炼。一个理论体系的主要作用是对所要研究的事实范围进行压缩，突出研究与某一现象相关的几个重要方面，而不是所有方面。只有这样，科学工作才能被减少到可以管理的程度。理论有助于决定什么事实是相关的，在一定范围内，具有普遍的指导意义。正如经济学理论可以被演绎派的会计学家运用来解释完善会计理论基础，某一专业领域的理论在其他领域也能有一定的指导意义，能够指导人们对于研究对象加以利用和分析。本书中涉及的相关主要理论有协作的一般性理论概述，协作基本要素分类辨析，协作类型的归类总结。

第一节 一般理论概述

体育与医疗卫生的协作是一项具体事务，需要相关理论的支撑，能够支撑这一事务的相关理论较多，最主要的理论有利益共容理论、公共产品理论、行为博弈理论、整体性治理理论、协同理论、共生理论。

一、利益共容理论

利益共容理论是美国经济与政治学家曼瑟·奥尔森的集体行动理论中的核心理论。奥尔森所提到的"利益共容"是与"狭隘利益"相对而言的，是从政治经济学的宏观角度出发提出的一个核心概念。具体是指如果某一个利益集团既能够分享社会经济增长的红利，又能够勇于承担社会经济衰退中的风险与损失，那么该利益集团与社会就具有"利益共容"关系①。按照这一概念解释，体育与医疗卫生分别被看作两大利益集团，在社会全民健康发展过程中，

---

① 奥尔森. 权力与繁荣 [M]. 苏长和，译. 上海：上海人民出版社，2005.

二者既能够分享社会全民健康发展的红利，也能够勇于承担社会全民健康发展带来的风险与损失，这是二者国家机关属性所决定的，因而在推进社会全民健康发展这一问题上双方具有明显的"利益共容"关系。

根据奥尔森"利益共容"相关理论，威胁"利益共容"关系的两个主要因素是"搭便车"心理和"多人囚犯两难博弈"困局。"搭便车"是任何一个集体组织中那些怀有自利心理的个体经常采取的行为，这些个体不会为集体利益考虑，且个体数量越多，因集体行动成本分担协商越难以达成，平均收益相对减少，此种自利行为的发生就越加频繁，集体行动就越难。体育与医疗卫生两个部门作为推进"健康中国"建设，促进全民健康的两支重要中坚力量，二者协作必须要摒弃这种"搭便车"心理。纵然参与推进"健康中国"建设的其他部门或系统有这样的心理或想法，但体育与医疗卫生二者决然不可产生这样的心理，否则，从国家层面提倡的"体医融合"促进全民健康就变成空谈，二者也失去基本的信任基础，更为严重的是会影响国家健康战略的发展。推进"健康中国"建设是一项国家战略，体育与医疗卫生两个部门是国家机构，不是一般意义上的利益集团或个人，负有无私奉献的责任担当，因而，二者协作推进"健康中国"建设，促进全民健康是一种责任担当，不能以小集团自私心理考虑成本分担多少问题和从中获利多少问题，这是中国政府机构"为人民服务"宗旨的天然使命，具有鲜明中国特色。

"多人囚犯两难博弈"困局是非合作博弈论的一个分支，所描述的是我们非常熟悉的一个现象，即"一个和尚挑水喝，两个和尚抬水喝，三个和尚没水喝"。集体行动的成败归因于集体中个体数量的多少。显然，这是一种非合作的集体行动现象，是对"利益共容"集体行动的一种巨大威胁。我国的全民健康促进，从历史发展来看，一直是在医疗卫生部门的主导下不断推进，分工似乎非常明确，就是"一个和尚挑水喝"。但从提出推进"健康中国"建设国家战略实施起，促进全民健康就不是"一个和尚挑水喝"，而是"两个、三个、多个和尚挑水喝"。为了避免"没有水喝"的事情发生，那么集体行动中的各方就应当首先考量"利益共容"的问题，需要所有参与"健康中国"建设的个体精诚团结，共同协商、协作推进"健康中国"建设发展。对于推进"健康中国"建设这一战略任务中的两支中坚力量，体育与医疗卫生两大部门，应当将"利益共容"摆在协作的首位，也就是将如何共同促进全民健康摆在双方协作的首位，不应当出现"抬水喝"或"没水喝"现象，"有水喝"才是双方的责任担当。

奥尔森认为促成集体行动的两个条件是集体成员收益的"不对称"和采

取"选择性激励"措施①。体育与医疗卫生协作促进全民健康这一集体行动中，将"收益"转换成责任担当，那么，"不对称"现象就出现了，医疗卫生应当排在首位、上位，这也是大家普遍公认的一个事实。因而，从这一角度来看，医疗卫生部门应当是促成双方协作最为积极，也更应当是最有诚意，最愿意付出的一方。但长期以来，医疗卫生部门在促进全民健康方面的独当一面造成了其协作意识欠佳，对健康的宏观认知不到位，其在与其他部门协作促进全民健康方面，并不积极、主动。甚至个别地方医疗卫生部门对其他部门参与促进全民健康存有偏见，其在与体育部门合作促进全民健康方面，没有认识到体育在健康促进中发挥的重要作用，带有一种俯视的眼光。在此种状况下，体育与医疗卫生协作的集体行动难以形成，或行动难以产生实际效果。"体医融合"是推进"健康中国"建设战略中的一项重要举措，从职能部门职责来说，体育与医疗卫生协作是职责所在，协作推进"健康中国"建设所取得的成绩既是各自的政绩，也是职责担当，这本来就是一种"激励"。当然，如果双方各自的上级主管部门能够施以适当的奖惩措施或办法，那么就能够更加利于双方协作的深入，更加利于双方集体行动的开展。

二、公共产品理论

提到公共产品理论，还需从大卫·休谟的"草地排水"理论说起。"草地排水"理论即指作为邻居的两个人尚可完成公用草地的排水工作，但当参加这一工作的人数达到一千多人之后，这项工作则会因为部分"搭便车"投机行为的发生而难以顺利完成，于是就必须由政府参与进来予以调整规划。亚当·斯密在这一理论基础之上进一步研究提出：对于既不能被分割使用，又不能排除不付费者使用的公共事业而言，无法交由市场来实现有效配置，此时则必须由"守夜人"政府来承担②。推进"健康中国"建设是一项国家发展战略事务，归属公共事业属性，具有公共产品的特性，即不可分割性、非排他性和非竞争性。因而，这一事务不可能交由市场去处理，必然需要政府的介入，充分发挥政府的优势，即统筹规划、纠正外部性、供给制度性规定、缓解集体行动困局等。

（一）统筹规划

"健康中国"建设是一项国家发展战略国策，自然需要统筹规划，这也是

---

① 奥尔森. 集体行动的逻辑 [M]. 陈郁，等译. 上海：上海人民出版社，1995.
② 斯密. 国民财富的性质和原因的研究 [M]. 下卷. 郭大力，王亚南，译. 北京：商务印书馆，1988.

由这些事务的公共产品或服务所决定的。"健康中国"非一朝一夕的事务，需要长远的统筹规划，这样的事务只有政府行为能够完成。"统筹规划"是政府的特长，是针对公共服务采取的典型手段。"健康中国"建设是全局性事务，涉及国家建设和发展的各个领域，其间相互之间的影响会不断出现，如果没有统一的统筹规划，将会出现混乱局面，影响到国家整体的发展。《"健康中国2030"规划纲要》的实施，充分体现了"健康中国"建设的阶段性规划，2030年之后，国家还将在评估的基础上，统筹下一阶段的"健康中国"建设规划，这也是世界上许多国家采取"健康国家"建设的基本做法。体育与医疗卫生协作促进全民健康也是一项长期推进的公共事务，需要从顶层设计的角度做统筹规划，这样的统筹规划不是体育和医疗卫生两部门能够单独做的，需要在上级主管部门，更需要在地方政府的主导下进行统筹规划。体育与医疗卫生协作促进全民健康所涉的范围不仅仅在体育与医疗卫生这两个系统，还涉及其他许多部门或系统，这种状况自然需要地方政府的协同、规划，否则推进起来将障碍重重，举步维艰。体育与医疗卫生协作促进全民健康这些公共事务，也是一项公共服务，双方各自都有促进全民健康的责任，双方都需要统筹规划好各自促进全民健康的短期与长期策略，在此基础上才能寻找双方协作的切入点和载体，这些行为都属于政府行为，都未脱离公共服务属性。

（二）纠正外部性

促进全民健康是一项公共事业，是"健康中国"战略中的一项主要公共事务。在推进这一事务过程中，因事务发展的关联性，会对其他事务产生一定的影响。政府主导参与的目的之一就是确保这些影响走向正面，防止走向负面。促进全民健康事务是一项长期国策，从长远发展的宏观角度来看，自然是正面发展的事物，但无法保证在发展的过程中某些阶段出现负面反应，因此，需要在政府的主导下，不断评估，及时发现问题，纠正错误，长期保持一个正面走向，这是政府的职责所在，也是这些国策实施的目的和意义所在。促进全民健康事务是举国事务，难免在推进这些事务过程中，出现损害其他人、机构、部门等利益的情况，此时就需要根据公共产品的属性，由政府的相关部门协商解决，或由上级部门统一协调解决。如体育与医疗卫生两个部门在推进"健康中国"建设，促进全民健康的过程中，自然会占用一些公共资源，这在一定程度上会影响到其他部门和其他事务的开展，此时就需要地方政府或上级主管部门来以非市场化的方式协调解决，这也证明了此项事务的公共产品属性。

（三）供给制度性规定

无论是"健康中国"建设推进还是体医融合促进全民健康都需要建立一

定的规章制度，这也是公共产品或公共服务的基本属性所决定的。对于公共事务的实施，离不开相关规章制度的规范约束，这也是公共事务的基本特征。新事务实施需要建立新的规章制度，旧事务实施则需要完善相关规章制度。规章制度自然是由政府来建立，这样才能体现这些规章制度的合法性、规范性、权威性、公平公正性，才能体现全民大众的意志意愿。事实上，自提出推进"健康中国"建设国家战略以来，已经建立了大量的规章制度，这些规章制度无一例外地出自政府，完全体现的是政府行为，而非市场行为所能做到的。因此，对于推进"健康中国"建设的具体措施之一的"体医融合"促进全民健康行为，不是自由发展的市场行为，而是典型的政府行为，所做事务是典型的公共产品，即公共服务。既然"体医融合"促进全民健康是一项公共服务，那么建立相关规章制度约束和保障此项行动是必不可少的，相关规章制度的制定自然也是出自政府。

（四）缓解集体行动困局

"健康中国"建设是一项全国性的集体行动公共事务。如此庞大复杂的集体行动，不可避免地会出现各种问题，甚至会呈现出一种"困局"。"健康中国"建设所涉及的部门、系统、行业众多，统一行动面临诸多问题，此时只有在政府的主导参与下方可解决此困境。单从体育与医疗卫生协作促进全民健康此项事务的过程来看，各级地方的体育与医疗卫生都隶属于当地地方政府主管，两部门的人事任免与考核权利在地方政府，换句话说，地方政府对双方的行动具有绝对的指挥权、领导权、话语权。因此，当双方在协作促进全民健康这一集体行动的过程中，相互之间出现争议与分歧，阻碍集体行动进一步实施的情况下，地方政府的介入是主要的解决措施。当然，在二者协作促进全民健康这一过程中也难免要与其他部门产生一些矛盾与争议，同样只有当地政府的介入才能解决这些问题，这也是我国现行行政管理体制所决定的。

三、行为博弈理论

依据有关资料，首次正式提出博弈理论的是美国学者冯·诺依曼（John von Neumann）。之后冯·诺依曼与学者奥斯卡·摩根斯特恩（Oskar Morgenstern）对此理论进行了深入的研究和探讨，并将此理论引入战略和经济方面的决策。博弈论是研究具有斗争或竞争性质现象的理论和方法，博弈双方如何获得各自利益最大化均衡是该理论核心要义。体育与医疗卫生协作促进全民健康，双方必然存在一定程度上的博弈，只是这种博弈既有"合作博弈"，又有"非合作博弈"。有些地方的体育与医疗卫生协作通过一定的协议来约束双方的协作职责和权利，以及问题解决办法等，而有些地方的体医与医疗卫生协作则没有任何协议，仅是按照行政命令共同行动。

体育与医疗卫生两个部门如何进行利益最大化均衡选择是双方博弈必然要面对的现实。体育与医疗卫生协作从理论上说都存在一种博弈行为，这也是"囚徒困境"案例中的必然现象。体育与医疗卫生协作的目的是践行"健康中国"建设，促进全民健康，故而在协作过程中涉及诸多事项，包括责任担当、任务分配、资源分配、利益分红、风险担当等，这些事项都存在你多我少、你大我小的现象。因此，双方必然存在一定的博弈行为。当然，按照"囚徒困境"理论，双方合作是最佳选择，即体育和医疗卫生两个部门为了共同的目标和任务，从大局出发，不计个人得失，精诚团结，共同促进全民健康，这才是双方博弈利益最大化均衡的选择。

从宏观层面的国家行政体系来看，体育与医疗卫生分属两个不同的部门或系统，相互之间在处理共同事务中，天然存在博弈行为。"部门墙"割裂了合作的意愿，阻滞了信息的交流，加之客观存在的信息不对称和机会主义的影响，双方难以信任对方，因而导致了部门之间的博弈难以形成利益最大化的均衡。政府部门间的碎片化困境是世界各个国家普遍存在的一种现象，产生此种困境的主要原因依然是"囚徒困境"博弈理论的存在。避免体育与医疗卫生协作过程中出现"囚徒困境"中的不合作现象，首先是要相互信任，其次是责任担当，否则不合作现象难以避免，造成的危害难以估量。信任与责任担当是我国行政部门"为人民服务"宗旨下的执政基本要求，寻求共赢的博弈理念应贯穿始终，这也是双方博弈利益最大化均衡的具体体现。

作为分析和解决冲突与合作的有效工具，博弈论已在管理科学、国际政治、生态学等学科领域被广泛应用。非合作博弈研究人们在相互影响的局势中如何进行策略选择的问题，以使自己的收益最大。"囚徒困境"是非合作博弈的经典案例（见表3-1）。其主要内容是，警方逮捕甲、乙两名犯罪嫌疑人，但没有足够证据，以指控二人定罪。于是警方分开囚禁犯罪嫌疑人，分别与两人见面，并向双方提供以下相同的选择："背叛"对方，而对方保持沉默，此人将即时获释，沉默者将判10年监禁；互相"合作"，警察因缺乏证据，则二人均会被处以妨碍公务罪而各判1年监禁；互相"背叛"，则二人同样判监8年监禁。

表 3-1　囚徒困境关系一览表

选择	甲沉默（合作）	甲认罪（背叛）
乙沉默（合作）	二人同服刑 1 年	乙服刑 10 年，甲即时获释
乙认罪（背叛）	甲服刑 10 年，乙即时获释	二人同服刑 8 年

显然，在"囚徒困境"博弈中，纳什均衡并非顾及集体利益的帕累托最优方案。因为要想达到总体利益最高，则需甲和乙均保持沉默，二人各判 1 年。博弈双方共同认罪会造成最坏的结果，但这恰恰是博弈双方最容易做出的选择。受现实条件的制约，双方隔绝监禁，无法得知对方的选择，或者即使双方能够沟通，但由于信息不对称和机会主义的影响，双方理性思考之后仍旧难以相信对方，从而选择背叛。非合作博弈理论对地方政府协作的碎片化困境具有解释力。

运用行为博弈理论来指导体育与医疗的机构、人员等要素合作中，应跳出固有藩篱，摆脱囚徒困境，进行合作机制的共同编制。

四、整体性治理理论

"整体性治理"这一理论，在英国学者佩里·希克斯的《整体政府》一书中被首次提出。之后随着其他学者的进一步研究，该理论已被广泛运用于各国政府的治理理论中。整体性治理理论主要是运用整合和协调的方式处理政府治理中的"碎片化"现象。政府治理中的"碎片化"现象主要表现在中央政府管理下的各级地方政府和部门的治理"碎片化"和地方政府管理下的部门治理"碎片化"。"一江之水，多龙治理"呈现的"碎片化"治理现象在各国政府管理中屡见不鲜，如何解决这个问题，就需要政府介入的整体性治理，即从"内"协调各部门或系统之间的关系，从"外"打破合作的原有界限，从"上"负责任务落实，目标实现，从"下"探寻合作具体途径。

体育和医疗卫生从行业系统或专业系统角度出发，分别隶属于国家体育总局和国家卫生健康委员会，如果不涉及大众健康，两大系统是自上而下并行组成的行政机构。双方各管其事，几乎互不往来，但从推进"健康中国"建设国家战略以来，二者为了促进大众健康，必须要融合、协作，杜绝出现大众健康治理的"碎片化"状态。体育锻炼、运动康复、运动营养等都与大众健康有关，但从科学、效果的角度看，都离不开医疗卫生部门的评估和鉴定。医疗卫生在病后康复、慢性病防治、提高疾病抵抗力等方面都与体育密切相关。因此，二者在促进大众健康方面，单打独斗都是不科学、不合理的行政行为，而应当从整体性治理角度出发，全盘考虑，融合、协作共同促进大众健康。

在推进"健康中国"建设的战略背景下，提出"体医融合"促进大众健康策略，正是基于整体性治理理论的健康治理思路考量。大众健康素养与水平的提高，涉及各个方面，如不从整体性治理角度考量，难以取得满意成效，也难以实现"健康中国"建设战略目标。体育与医疗卫生两个部门是促进大众健康的主力军，提出二者融合、协作，正是国家从宏观角度出发，运用整体性治理理论，整合促进大众健康的有效资源与力量，协调相关部门与机构，全盘考虑，形成具有中国特色的整体合力来促进大众健康，按计划、有步骤地实现"健康中国"战略任务与目标。

运用整体性治理理论与思维，体育与医疗卫生两部门应当推倒"部门墙"，以促进大众健康为出发点，强调职责担当，服务大众，造福大众，祛除自私自利的狭隘思想，精诚团结，真诚协商，协同完成大众健康各项任务，全力达到既定目标。体育与医疗卫生在协作过程中，应当始终坚持整体性理念，基于这一理念解决协作分歧与矛盾，分配资源，分享利益，分担责任与风险，避免"碎片化"问题的出现。在整体性治理理念下，体育与医疗卫生协作促进大众健康行动以行业规划为指导，各级政府贯彻落实为主导，整合各治理层级和部门的政策、规章制度、监督措施、实施方案等，建立政府整体治理下的体医协作模式。

五、协同理论

协同理论又称"协同学"，是哈肯提出的以系统理论为逻辑起点的经典理论，它研究的是复杂系统内各子系统在相互竞争、相互合作与协同所引起的系统结构的稳定或更新，是在多学科研究基础上逐渐形成和发展起来的、跨越自然科学和社会科学的横断科学，是系统科学的重要分支理论[1]。协同导致有序是协同理论的最关键思想所在，有序是指通过系统内子系统的有机联系、相互配合使整体协同运动。

推进"健康中国"建设，是每个政府部门或系统的历史使命，每个部门都有各自不同的职责和任务，需要协同行动，通力合作，才能够真正实现"健康中国"战略目标。"协同"对于举全国之力推进事务，是必不可少的要素，否则，各干各的，一盘散沙，就无法完成举国建设目标和任务。在推进"健康中国"建设中，多部门协同推进是关键。协同推进对于跨部门合作而

---

[1]　Haken. Advanced synergetics [M]. Beijing: Science Press, 1989.

言，沟通是关键。在跨部门沟通协作中，部门行政地位是影响跨部门平等沟通的重要变量。拥有较高行政地位的部门往往具有高高在上的行政心理，不随意、不轻易地和拥有较低行政地位的部门展开平等沟通。这种"自我部门中心"的思维惯性的存在，造成跨部门协作协同行动的巨大障碍。因此，在推进"健康中国"建设行动中，若想实现全国上下，各个行政部门或系统协同行动，统一行动，凝聚成合力，就务必首先要消除"自我部门中心"思想，打破"部门墙"。

体育与医疗卫生协作促进全民健康，"协同"是二者协作的核心要义。"协同"与"协作"二者的本质含义并无差异，体育与医疗卫生协作可以被认为等同于体育与医疗卫生协同。因此，体育与医疗卫生协作促进全民健康，二者行动的核心问题是如何使各项事务"有序"推进。"有序"是二者协作的核心思想，如何才能"有序"，此恰是二者协作的全部内涵。由此也可以认为，从体育与医疗卫生二者协作的关系来看，协同理论是其主要的指导理论和思想，在此理论的指导下，开展各种合作，建立具体可行的运行机制，体现协作的"有序"性。"体医融合"是推进"健康中国"建设战略背景下，促进全民健康的措施之一，这也是协同思维下健康治理理念的表现。体育与医疗卫生两大系统协作促进全民健康的过程中，双方涉及多个单元，多个小系统，多个小环境，多个层次等，这些要素相互之间都有千丝万缕的联系，如果不能协同统一，双方协作内部就不能形成一个高效运行的整体，双方协作的目的与意义也就不会存在。

六、共生理论

德国科学家 DeBary 首次在其著作《共生现象》中首次提出"共生"概念，此后以法国科学家戴维斯为首的一些科学家不断对此概念进行研究与探索，逐渐形成"共生理论"，并被运用于多个学科领域。共生理论源于生物学，强调生物系统的和谐共生、利益共存，其核心思想是"共生关系，共同生存"。共生理论中构成共生关系主要条件是：具有内在实质性的空间联系；具有一定的共生界面；共生单元之间能够按照一定的方式进行物质、信息、能量的交换；共生环境对共生关系的持续稳定具有重要影响。由此可知，跨界区域共生关系的形成应具备条件为：应该具有一个完整统一的地域单元；各地域单元之间通过基础设施共建、区域资源共同开发等为共生合作提供基础界面；各地域单元间必须存在一定的经济、文化、政治、市场、资源要素联系；区域内存在相关的体制机制、激励机制、约束机制等维护跨界区域正常发展的环境保障。

体育与医疗卫生在促进全民健康过程中，二者存在"共生关系"。一是"全民健康"是双方具有内在实质性联系的客观现实。随着社会的发展，人们生活水平的不断提高，体育的"竞技"功能与价值逐渐被降低，而"促进健康"的功能与价值日益得到大众的认可和接收。推进"健康中国"建设背景下，体育的健康促进功能与价值被提到了前所未有的高度，因而成为促进全民健康的重要手段之一。医疗卫生原本在人们的观念中就是与大众健康密切相关，甚至曾经被认为唯一能够促进大众健康的部门、系统、机构。这样，在"健康中国"视角下，体育与医疗卫生就有了内在的实质性联系的客观现实，即"促进全民健康"。二是体育与医疗卫生存在着共生界面。越来越多的研究证明，体育在慢性病预防与治疗、保持健康身体状态、术后康复、身体的功能性康复等方面都有积极作用，而这些方面恰恰也是医疗卫生所承担的领域，因此，二者存在天然合作的共生界面。三是体育与医疗卫生有着多种要素联系。首先，推进"健康中国"建设是双方合作共生的大环境要素，无论体育还是医疗卫生的健康促进行动，都是为"健康中国"建设战略的实施服务。其次，促进全民健康的各种资源要素中不少与二者关系密切，如复合型人力资源、经费资源、政策与物质资源等。四是体育与医疗卫生具有稳定的共生环境。从健康视角看，推进"健康中国"建设是一项国家战略，全民健康是人民享有美好生活的必要前提，是国家长远发展的宏伟规划。从国家层面发布和实施的一系列健康政策与措施确保二者合作共生健康促进具有稳定性的政策环境。从国家整体发展视角看，我国国民经济、社会发展蒸蒸日上，人民生活水平日益提高，长期向好的国内大环境稳定，未来国际基本形势不会出现大的变化，即使有一些小的波动，也无法波及和撼动我国长期稳定发展的良好局面，这也是二者稳定的合作共生社会环境。

在推进"健康中国"建设背景下，体育与医疗卫生两部门在落实促进全民健康历史使命的过程中，双方"和谐共生，利益共存"。无论是体育一方，还是医疗卫生一方，都具有促进全民健康的历史使命，仅靠任何一方的力量无法完成历史使命，需要双方合作共生，只有在这样的前提下，二者才能实现"利益共存"，此处的"利益"是指历史使命的完成，各自政绩的展示，自身存在的价值和意义的体现。"协作"是二者"共生共荣"的前提，没有精诚协作的理念，就没有二者协同促进全民健康的良好局面，也就没有"利益"共享的愿望实现。换个角度考量，体育与医疗卫生在促进全民健康方面，在协作的前提下，一方的存在是另一方实现其价值和利益的必要条件，这也恰是共生理论的本质内涵。

第二节 协作要素

联邦德国斯图加特大学教授、著名物理学家哈肯（H. Haken）在其协同理论中提到构成社会环境的各个元素存既相互影响，又可协调一致，协同会使社会环境从"混沌"变为"有序"。协作是一种事物状态，维持这种状态需要各种要素来支撑。离开这些要素的支撑，协作状态将不复存在。体育与医疗卫生协作同样需要多个要素的支撑，每个要素都是支撑协作存在的单元细胞，理清这些单元细胞，有利于使二者协作长久存在。支撑体育与医疗卫生协作的要素分为基本要素和关键要素，基本要素主要是物质化性质的，关键要素主要是意识性质的，其都是构成双方协作不可或缺的"生理"单元细胞。

一、协作基本要素

协作是由不同的单元部门构成的综合体，这些不同的单元部门就是构成协作的基本要素。体育与医疗卫生协作同样要有不同的基本要素才能构成协作体，它是协作体形成的基本单元，只有这些单元要素存在，双方协作共融体才能成立。体育与医疗卫生是中国行政体系中的两个行政部门，双方协作共融体必然由行政体系中的基本要素构成（见图3-1）。

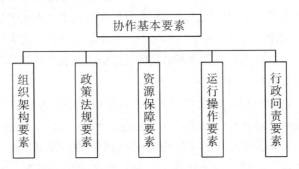

图 3-1　协作基本要素构成

（一）组织架构要素

1. 组织架构基本关系

构建组织架构基本关系是中国特色行政管理的基本模式，从以往中国政府部门协作之间产生的问题及解决措施来看，这种协调性质的行政组织架构基本关系的建立，对协调组织个体，形成合力，完成组织整体利益和实现规划发展目标具有重要意义。国家宏观制定的政策和发展目标，无一能够由某一独立个体部门和组织完成，涉及因素太多，需要统筹规划，协同推进和治理，故而由行政层面建立的协调组织架构基本关系应运而生。对推进"健康中国"建设战略实施而言，跨部门协作不是各层级的相关部门的简单拼凑，更不是管理职能的合并，需要成系统的统筹规划与协调。在现有行政体制范围内，建立自上而下的基本组织架构关系是适宜可行的，即通过国务院领导，建立独立的直属国务院控制的专门协调机构，各级地方政府依照此协调机构成立上下一致的职能与分工相同的各级协调机构，从而形成一个整体的、全局性的、可操作性的基本协调组织体系，以利于逐层落实和推动健康中国战略任务和目标。

政府跨部门之间的协作不是松散的简单个体或团体之间的协作，它是在国家基本行政机构的框架下进行适度的微调和重组，或者说对相关职能进行再分配、再分工。鉴于此，在建设"健康中国"的大背景下体育与医疗卫生之间进行跨部门协作不应当脱离国家政府的基本组织架构。在此前提下，两部门为了一个共同的目标，从施政角度出发考量，需要形成一个简单、高效的组织机构，以利于在一些矛盾或冲突问题方面进行有效的协调与沟通。体育与医疗两部门同属于国务院下属部门（见图 3-2），日常事务中本无太多瓜葛，各管其事，分别负责不同的国家事务，各有各的工作目标与任务。但在当前推进"健康中国"建设的国家战略背景下，二者之间进行协作与沟通是大环境、大政策所决定的，双方务必主动寻求协作的途径与方式。在我国现行行政体系内二者协作也必须在国家的基本政府组织架构框架内，因而上级协调与领导，下级协作与沟通的基本组织架构模式自然生成。

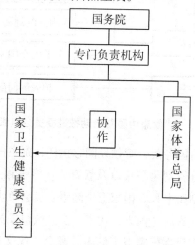

图 3-2　两部门组织架构的关系

2. 建立协调机构

体育与医疗卫生部门的上级领导机构是国务院，但国务院统管几十个部门，不可能抽出更多的时间和精力处理这两个部门所有的矛盾与问题，是否需要在国务院的领导之下单独成立一个协调组织，专门负责"健康中国"事宜，领导指挥与协调包括体育与医疗卫生部门在内的所有相关部门之间的矛盾与问题，应当仔细斟酌，权衡考量。原因之一是参照以往经验，成立这样的组织容易造成部门组织机构冗杂、繁多的问题。原因之二是成立这样的组织机构，其权威性和执行力是否能够保证存在不确定性。对此，我们认为从国家层面成立一个统筹全国健康事务的协调机构比较适宜，而不建议成立一个专门协调体育与医疗卫生两大部门事务的独立组织单元。事实上，国务院已在 2019 年 6 月发布的国办发〔2019〕32 号《国务院办公厅关于印发"健康中国"行动组织实施和考核方案的通知》中正式宣布成立专门机构"健康中国"行动推进委员会（见图 3-3）。

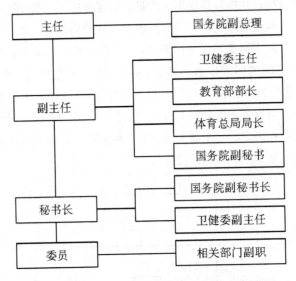

图 3-3　"健康中国"行动推进委员会组织结构

推进委员会主任由国务院分管领导同志担任，副主任由国家卫生健康委主要负责同志、国务院分管副秘书长以及教育、体育等相关部门负责同志担任，秘书长由国务院分管副秘书长、国家卫生健康委员会负责的同志担任，委员由相关部门负责同志、专家、全国人大代表、全国政协委员和社会知名人士等担任。推进委员会办公室设在国家卫生健康委员会。此文件同时要求各省（区、市）可参照国家层面的组织架构，组建或明确推进"健康中国"行动实施的议事协调机构。推进委员会的职责是负责研究确定年度工作重点，并协调推进各地区各部门工作落实，及时处理需要跨部门协调解决的问题；建立指标体系，并组织监测和考核；深入开展调查研究，对健康教育和重大疾病预防、治疗、康复、健康促进等提出指导性意见；根据疾病谱变化及医学进步等情况，研究适时调整指标、行动内容；推动成立基金会，形成"健康中国"建设资金来源多元化的保障机制；运用健康频道、网站、微信、微博、移动客户端以及短视频等媒体方式，加强健康科普和信息传播①。能够协调体育与医疗卫生两部门的国家以及省（区、市）协调机构的成立，尤其是省（区、市）协调机构的成立对二者协作的意义重大。协调机构的成立意味着体育与医疗卫生之间协作的通道，从行政体制方面已经打通，形成了一个可以协作的完整体。

（二）政策法规要素

1. 建立相关政策法规的必要性

欧盟是一个国际性的组织，在这个组织内部为了避免各个成员国之间产生不必要的利益冲突，其制定了一系列的政策法规。这一国际组织经过多年的运行，证明了这些政策法规存在的必要性，确保了各成员国在处理相互之间的矛盾冲突或利益纠纷中，有法可依，有章可循，维持了这一组织的生命力。这一事例告诉我们，一个大组织内部的各个个体协作运行，离不开完善的政策法规的保障。体育与医疗卫生两部门协作也需要从国家层面给予相关政策与法规的支持，例如《"健康中国2030"规划纲要》中提到加强体医融合，但具体的融合层面即协作层面并未建立相应的政策与法规，未明确双方的权力与义务，这样就造成了双方融合即协作完全取决于自愿，没有政策与法规方面的强制性要求，因而也就会出现有些方面双方进行了协作，有些方面根本没有协作。即使某些方面进行了协作，但因缺乏相关的政策法规的约束和制约，协作时常出现阻碍或半途而废。因此，对于体医协作而言，相关的政策法规的出台势在必行，仅有文件的要求，没有具体化的政策与法规限制，双方协作也就成为双方的"私事"，做与不做无关乎部门与个人利益，完全属于部门间的自由行为，而不是因国家使命而为之。另外，建立相关的政策与法规也在很大程度上保障协作机制的顺畅运行，避免或减少双方在协作过程涉及诸多的冲突与矛盾，能

---

① 国务院办公厅关于印发健康中国行动组织实施和考核方案的通知[EB/OL].[2020-8-30]. http://www.gov.cn/zhengce/content/2019-07/15/content_5409499.htm.

够促使双方在推进"健康中国"建设的道路上齐心协力。

2. 地方政策法规适配性

政策法规的适配性主要是指省级制定利于本行政辖区内的体育与医疗卫生两大部门协作事宜。从地方性法规、地方政府规章方面来看，类似可参照的地方法规和规章诸如《江苏省行政程序规定》以及《湖南省行政程序规定》规定：各级人民政府之间为促进经济社会发展，有效实施行政管理，可以按照合法、平等、互利的原则开展跨行政区域的合作。区域合作可以采取签订合作协议、建立行政首长联席会议制度、成立专项工作小组、推进区域经济一体化等方式进行。上级人民政府应当加强对下级人民政府之间区域合作的组织、指导、协调和监督。这样的法规与规章明确了跨部门为了某一共同目标与任务，进行协作的法规与规章方面的规范与约束，从而保障了双方协作行政、政策、法规方面的合法性、稳定性、长久性。省级体育与医疗卫生部门为了实现"健康中国"健身战略，促、保大众健康，进行长久、稳定的协作，需要省级两部门协作。从调查了解来看，体医协作的关键环节就在省级层面，因此省级地方政策法规的制定对整体层面的体医协作是不可或缺的一个重要因素。

(三) 资源保障要素

政府部门间的合作动机有多种，其中之一是上级组织下达的行政任务与本部门现有资源的不匹配。我们国家是一个单一制的国家，行政任务的下达是由上级逐层下达，直至最底层的行政部门。每项行政任务的下达都会对应一定的考核要求，下级政府或部门直接对上级相应政府或部门负责。每层级政府或部门在面对上级政府或部门考核要求时，为了赢得更大的政绩，都会对下级政府或部门提出更高的考核要求，考核要求层层加码，导致除最上层政府或部门之外的各层级政府或部门承受的考核压力越来越大，最终出现了行政任务考核要求与本级政府或部门现有资源的不匹配。在这种情况下，下层级政府或部门寻求资源优势互补的现象出现，相互之间自觉形成了一个被有些学者称为"政绩共融体"的行政协作体。由此可见看出，资源对双方协作意愿的影响比较大。体育与医疗卫生协作从某种程度上来说，正是由于双方各自掌握资源无法独自应对"健康中国"战略实施任务，双方分别掌握着对方没有的资源优势，因而才促使双方采取协作的途径，实现资源共享，优势互补，共同促进全民健康素养提高，落实"健康中国"发展战略。

单从体育与医疗卫生协作机制运行的具体需要来看，足够量的资源保障是机制运行顺畅的必要条件之一。充足、充分的资源保障是解决机制运行障碍的其中一剂良方，只有在充足、充分的资源保障情况下，机制运行才不会因客观原因运行不畅。体育与医疗卫生协作机制的运行需要充足的相关资源保障，这其中包括资金、人力、信息、技术等。资金是重要因素之一，没有充足的资金，在推进"健康中国"建设过程中，双方会因为资金的短缺而出现谁解决资金，谁多用资金，谁少用资金等一系列干扰问题。资金一定是协作双方首先要解决的问题，其次就是人力资源保障，人力资源主要是指两个部门需要单独抽调人员去完成促进大众健康的事宜，而每个部门的人力资源是有限的，在实践调查访谈中，发现不少地方的相关部门人力资源短缺，比如体育部门，促进大众健康的具体负责组织是群众体育司或群众体育处，这些执行组织不仅要促进大众健康还要举办各种赛事，监督建设各种群众体育设施，人力资源相当紧缺，如果还需要单独抽调人员与医疗卫生部门对接处理协作办事，这样的难度不小。因此对于体育与医疗卫生协作机制中的人力资源保障同样很重要，需要尽全力保障人力资源，当然最好是能够保障能力强的人力资源。信息与技术资源也是协作机制必不可少的重要因素，部门行政缝隙、"部门墙"皆因信息与技术沟通不畅而产生。信息与技术共享是打破部门壁垒的重要手段之一，在当前体育与医疗卫生共同推进"健康中国"建设的共同历史使命下，保障信息与技术共享是必要的手段之一。如在监测国民健康的过程中，需要双方对国民身体健康状况共享，没有单独一方能够给出促、保健康的最佳良方，需要双方共享信息与技术才能实现这一目标。

（四）运行操作要素

跨部门协作运行需要一系列的软要素来支撑，仅靠口头承诺无法保持协作的长久进行，也难以实现双方协作的目的和意义。这些软要素涉及范围广，故而需要建立多方面的运行协作机制，确保协作整体运行的顺畅性和有效性。现行行政协作范例提示，协作运行诸多机制的建立符合我国跨部门协作运行的现实状况，也能够更好地维护跨部门双方协作整体利益，有效避免跨部门协作运行障碍的出现，以及"部门墙"的再现。

我国现行跨部门行政协作运行操作范例为体医协作运行提供了可行的参考模式。构成协作运行的要素主要有决策机制、执行机制、监督与考核机制、利益与政策协调机制、信息交流与沟通机制、利益补偿机制（见图3-4）。

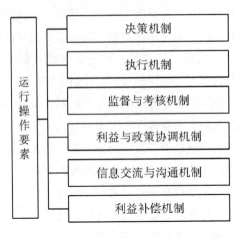

图 3-4　运行操作要素构成

决策机制是体医协作的首要因素，良好的决策机制决定着后期体医协作运行的基本方向，是体医协作的基础保障。没有良好的决策机制，体医协作的未来之路会迷失方向，失去最终协作的终极目标。执行机制是保障决策顺利实现的第二个步骤，是具体活动行为，是落实体医协作决策的起始原点，是体医协作运行的具体行为部分，对于体医协作而言是必然要经历的步骤和过程。监督与考核机制是对前两个机制的保障，保证体医协作运行不打折扣，是效果保障要素。利益与政策协调机制是体医协作运行操作过程中不可或缺的要素之一。体医协作的目标是推进"健康中国"建设，其中必然会涉及许多政策与利益，尤其是交叉部分的政策与利益，需要不断的协调来解决。因为毕竟是两个系统共同完成任务，一起共事，需要协调的政策性的东西太多，当然也会涉及不少的利益分配问题。信息与交流沟通机制是保障体医协作执行顺畅的保障要素，根据部门间协作问题的分析，信息与交流沟通的缺乏是导致"部门墙"产生的主要原因，因此信息与交流沟通机制是保障运行顺畅的必备调味剂。保障信息与交流沟通机制，需要做好两点，一是建立平等沟通平台，打破层级沟通限制。"平等沟通"非常重要，对于任何两个部门之间的沟通建立都首先需要双方抱有平等的认知思维去与对方沟通，不平等的认知思维无法建立正常沟通，这是一个通识。二是建立信任基础，实现跨部门无障碍协商。信任是沟通的前提，否则即使双方受到上级的行政要求或压制，被迫去与对方沟通，这样的沟通一定是形同虚设，无法得到有价值的信息交换。因此，双方信任是有效沟通的基础。利益补偿机制可以有效补偿部门在协作过程中产生的利益损失。处理不好体医协作过程中某一部门的合理利益损失问题，制约着协作运行效果的整体实现。保障利益补偿机制可以补偿因为部门协作造成的某一部门的正当利益损失，改善协同过程中利益不均衡格局，促进部门间的协同合作。

（五）行政问责要素

跨部门协作是一种行政行为，是参与各方通过协作形式组成的一个为了实现共同的行政目标，落实完成具体行政任务而形成的一个利益共同体。在这个利益共同体中，各方都会本能地去争夺资源优势或追求自身利益最大化，这样矛盾与争议就会产生。同样，在遇到棘手问题或困难较大问题时，各方又会出现推诿扯皮的现象。为了避免这两种情况的出现，建立一套比较完备的协作行政问责体系就显得尤为重要。事实上，在现代服务型政府的管理体制中，建立行政问责机制已是一种惯常的管理手段，在跨部门协作行政事务中同样适用，同样能够保障行政事务目标落实，有效预防行政协作事务"走空"。目前我国跨部门协作行政问责机制的建立还处于初始阶段，还在不断摸索的过程中，相关行政法规、制度方案等还不够健全，构建有效的政府协作行政问责体系尚需一定的时日。对于体医协作而言，为了推进"健康中国"建设国家战略的实现，急需建立有效的协作行政问责体系，其中几点应当是这一体系中不可或缺的，其一是建立行政协作问责的文化理念，行政协作问责不仅仅需要刚性的东西，还需要柔性的东西。不仅需要刚性的条文条例，还需要接受问责的客观态度和理念，这种态度和理念正是一种问责文化。其二是建立协作机制的责任分工机制。欲对某部门问责，须先明确该部门在协作中的职能定位，并在协作的"契约"中给予明确。换句话说在签订的协作契约中首先应当明确各方的职能定位和所要承担的相应职责。其三是健全协作机制的履行责任机制。建立协作行政问责机制的目的是"预前"而不是"善后"，"预前"就是促使责任主体能够积极主动去履责，尽可能避免失责后的追究和处罚，因此需要健全协作过程中的责任履行机制。其四是完善协作机制的责任追究机制。欧文·E. 休斯在其《公共管理导论》一书中指出：公共行政无论在总体还是在个人，都应该要把公共利益作为不可易、不可移的目标责任[①]。对于一个具有行政性质的协作共同体而言，公共利益目标是否实现，依然应当是判断是否追责的主要依据，任何一方脱离这一目标都应当承担相应的责任。因此，建立责任追究机制也是必不可少的重要手段。

对于体医协作而言，行政问责机制的建立，不仅从双方协作的行政属性考

---

① 休斯. 公共管理学导论 [M]. 张成福，马子博，译. 北京：中国人民大学出版社，2001.

量其建立的必要性，而且还能够更好地维持双方协作的稳定性和实现公共利益最大化的目的。如何建立这样的行政问责机制，从目前我国现行的行政组织结构体系来看，双方自身没有发言权，而应当由上级协作组织或机构来制定。

二、协作关键要素

协作基本要素是构成双方协作的物质化组成部分，是双方形成协作的有机组成部分。但还有一些非物质化协作要素是不可或缺的，且这些要素是阴性的，最难以捉摸，或者说最不易稳定的因素，却对体育与医疗卫生这样的跨部门协作来说是最关键的因素。威尔逊和查尔顿关于协作成功的关键要素，即共享意识要素、共同承担意识要素、信任要素、沟通要素和合同精神要素共同构成体医协作的关键要素（见图3-5）。

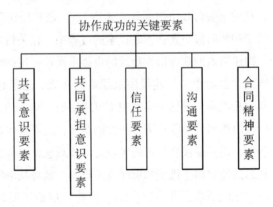

图 3-5　协作基本要素构成

（一）共享意识要素

认识到建立伙伴关系的必要性或者之前有过成功的合作实践，都可以帮助组织建立一种共享的远景，但拥有"清晰的共同感"并不意味着能够很容易实现目标，还需要与规划和监控等非常实际的过程相结合。从某种程度上来看，共享是协作的基础之一。共享意识首先可以解决部门之间协作存在的利益纠纷问题；其次共享意识可以不分彼此，有效破除"部门墙"，共同任务可作为自己的任务尽心尽力去完成；最后，共享意识展现出一种协作诚意，能够赢得彼此的信任，"共同感"更为强烈。具体来说，体育与医疗卫生两部门协作过程中的分享意识，主要体现在资源共享、信息共享、利益共享、权利共享等几个方面。

资源共享，主要体现在专业性特有资源，即影响大众健康素养方面的专业性资源。如同体育方面健身促、保健康以及康复体育专业性技术资源等相比，医疗卫生方面资源优势相对较大，有关大众健康的所有专业性资源都可以涵盖。专业性特有资源具有分享意义，而其他常备资源相对来说，对协作分享意义不是很大，但也是不可或缺的。专业性特有资源共享，在医疗卫生方面相对具有更大的话语权、主动权，处于优势地位，因此，在资源共享方面，医疗卫生更多地影响着共享的程度与效果。体育与医疗卫生在协作过程中需要信息共享，这样有利于共同任务的完成，也有利于协作效果的更好体现。信息共享对双方来说，一般不应当是障碍问题，因为这不是协作的核心利益问题，仅对协作效果产生一定的影响，但也不应当忽视它的存在。利益共享，从以往跨部门协作的经验来看，此要素对双方来说，是一个核心要素问题。许多跨部门协作最终失败的主要原因就是双方不能够实现利益分享，确切地说是有一方或双方没有利益分享意识。协作的目的是实现共赢、共获利，这是协作存在的根本。体育与医疗卫生协作实现共赢、共获利就是促、保大众健康，提高全民健康素养水平，这样的功劳或政绩需要共享，共同归功于双方。这是从宏观层面的利益共享，从微观层面的一些利益共享，则需要双方从协作意义的高度认知保持共享意识。体育与医疗卫生在协作过程中存在一定权利问题，即话语权问题，前面已经提到，从掌握的资源优势和数量方面来看，医疗卫生自然是优势方，其更具有话语权。因此，对于协作过程中的权利共享，医疗卫生首先要表现出谦让的态度。

（二）共同承担意识要素

为了确保伙伴关系在发展过程中取得进步，还必须找到决策和责任保障的有效措施，要求所有伙伴共同承担负责协作方向和活动的各种决策和集体责任。利益分享是针对协作过程中产生的成果而言的，共同承担是针对协作过程中出现的暂时性失败或是负面结果而言的，二者都是协作过程中应当共同具有的意识要素。体育与医疗卫生任何一方只考虑利益的分享，而没有共担风险和责任的意识，协作是无法长久进行的，而且也不是双方协作应有的基本态度。践行"健康中国"实施战略行动，促、保大众健康，体育与医疗卫生协作应形成一个强有力的联合统一体，既然形成"一体"则应当"有福同享，有难同当"。根据其他跨部门协作失败的经验教训，任何一方在协作过程中表现出缺乏共同承担意识，会造成对方的不信任，进而影响到协作的继续进行，随之而来的推诿扯皮现象就会出现。跨部门协作都不是一帆风顺的，协作过程甚至艰难而曲折，没有双方共同承担意识的存在，很容易半路夭折。这样的经验教训，中外例子不胜枚举，故而，体育与医疗卫生跨部门协作应当吸取经验教训，在协作之初都应当真诚地展示出自己的风雨同舟、砥砺前行的良好协作意识。"健康中国"战略实施，促、保大众健康不是一朝一夕之事，需要体育与医疗卫生部门长期协作，共同推动我国健康事业向前发展，双方在协作的道路上可能需要共同承担的风险与责任远远大于成果利益的分享，对协作的长久性而言，共同承担意识比其他意识更重要。

（三）信任要素

信任是一种预期的理念，这种预期既可能是长期交往的积累，也可能是对方表现出来的可靠性、善意或者特质反映出来的一种心理情境①。跨部门协作中的信任关系是指参与协作的各部门彼此之间的依赖程度、对共同承担风险的态度与认知，以及对对方部门的了解程度。部门间的信任受部门领导沟通了解的影响；同时，也受部门成员共同担当责任的使命感以及合作共赢的组织社群感的影响。信任是合作产生的充分条件，也是组织间合作的润滑剂。在行政事务范围内，公共利益的实现也是促进双方信任的推进剂。部门间一旦信任不足，他们之间的合作关系就难以维持，于是各自为政的现象就出现了。

一些学者通过研究大量的文献发现，越来越多的研究者关注组织间协作的信任问题。关于组织间不断出现的利益冲突和矛盾纠纷的解决，信任似乎成为一种重要的协调机制。平等组织间协作过程中产生的问题，参与方无法通过等级权力、直接监控或者详细的契约来解决，也不可能在契约中囊括所有的不确定性。体育与医疗卫生协作践行"健康中国"实施战略行动，促、保大众健康，这是一项长期而又巨大的国家工程，需要双方从国家大局出发，尤为重要的是通过彼此的信任来支撑和维护协作进行。从调查了解的情况来看，医疗卫生是大众健康促进与教育的"主力军"，在促、保大众健康方面拥有更多的资源优势，处于"俯视"地位，因此，医疗卫生在与其他行业或部门的协作中还需释放出更多的信任度，包括加强对体育部门在促、保大众健康方面的信任度，以维护双方协作的长效性。

（四）沟通要素

信任是沟通的前提。组织之间的信任是双方协作沟通的重要基础。沟通的目的是使所有受到影响的利益相关人或组织相互之间保持良好的关系。部门、组织、机构之间的协作都存在沟通问题，如何处理好相互之间的沟通问题将直接影响协作的效果、长久性和稳定性。体育与医疗卫生在我国现行行政体系内，隶属不同的行政机构，行政业务在多数情况下没有直接关系，长期以来形

---

① 王雷. 合作的演化机制研究 [D]. 杭州：浙江大学，2004：64.

成了各行其道的平行状态，缺乏交流沟通的基础和经验。在实施"健康中国"战略行动，促、保大众健康的背景下，双方必须协作配合，认真考虑协作的长久性和稳定性问题。显然，在前面谈到的信任前提下，双方需学会了解对方，运用适当的沟通技巧来推进协作，解决协作中可能遇到的各种问题。当前双协作还处于"万里长征"的第一步，许多事情的协作处理还处于摸索阶段，目前看起来沟通障碍并不多，但从调查了解的情况看，还是缺乏沟通，双方都感觉好像难以找到太多的协作切入口。

（五）合同精神要素

部门之间的协议作为我国跨部门合作过程中出现的新型公务合作形式，是跨部门相互之间彼此加强交流和合作的产物，是为了提高行政效率、减少跨部门交往成本、互利互惠。跨部门相互之间的合作有各种方式，但通过协议的形式确立业务方面的往来，说明双方合作事项的重要性。虽然此种协议与法律方面的合同看似一样，但本质上与合同还是有比较大的区别。跨部门协议主要是借用了合同中双方各自应当承担的义务和权利精神，双方部门的负责人是否具有合同精神是合作协议签订成败的关键。体育与医疗卫生协作是否应当签订协议，从双方协作的共同目的出发考量，协议更有保障性。事实上，跨部门长期合作，签订协议作为保障已是一种常见的政务合作行为，尤其是对于重大战略事项，需要长期合作的两个或多个部门之间的合作。可见，为了保障体医协作的长久性与稳定性，双方签订协议是一种必要政务行为，也是双方协作过程中的首要任务。根据访谈了解的情况看，此种具有合同精神的政务协议，在一些省级地方体育与医疗卫生的协作中已经出现，但由于这种协议本身属于政府内部行事的政务行为，因而仅仅依靠协议维持双方的协作长久性与稳定性还略显单薄，不够厚实，还需上级政府加压、监督。

第三节　协作类型

跨部门协作是以国家发展战略任务或满足公众需求为主要目的的一种协作性公共管理形式，打破传统部门与职能边界，整合相关政府部门资源再造公共管理流程，促进跨部门沟通协调和协同工作，以一体化流程界面为公众提供整体化、优质、高效的公共服务。跨部门协作性公共管理形式在不同国家应对某个具体公共领域所出现的危机或机构改革时所采用的形式不尽相同，也会因行政传统和客观环境而千差万别。但不能否认的是，其中所秉承的跨部门合作理念有相通之处。具体来看，无论跨部门协作针对的是哪些问题，都会呈现一定的表现形式或类型。一般常见的基本协作类型有互补型协作、共建型协作、分配型协作、补偿型协作，这些常见类型并不会固定单独呈现，还会根据一些具体协作事物目标与任务以及复杂程度变化，呈现多种组合选择。

一、跨部门协作公共管理

跨部门协作公共管理针对的是国家发展战略的重大议题和大众的普遍需求，更多地体现在组织层面上的相互依赖性。跨部门协作公共管理完善运作层面上的过程管理和政策工具的选择，通过协调、协同利益相关者共同处理同一任务公共事务，有效整合公共资源，实现公共服务一体化供给。

（一）跨部门协作公共管理形成动因

促成跨部门协作公共管理得以形成的基本动因有三：其一是参与协作各方之间存在资源的不对称和互补性，其二是参与协作各方具备参与协作的动机，其三是参与协作各方有共同的公共事务任务与目标。从过往的跨部门协作事例来看，协作的实质表现为部门资源的优化配置。这些资源主要有：决策制定权、行动组织权、信息控制权。跨部门协作就是将这些资源因公共利益目标的实现，再调整、再分配，以达到最优的效果。共同行政事务所涉及的不同资源往往分散在各个部门，呈现明显的不对称性，这导致这些资源没有发挥出其最大的效益，跨部门协作正是基于这样的原因才促使协作参与方分享权力资源，达到权力资源的优化配置，实现整体利益的最大化。此外，由于协作性公共管理建立在"经济人"的理论假设之上，因此对协作性公共管理目标的追求一定要兼顾各部门的部门利益的实现。因为协作方同意参与协作的行为和决策是在理性地进行成本和利益分析后做出的，其初衷也是为了在实现自身的发展的基础上追求整体效用的最大化。因此，通过协作行为同样能满足本部门的利益追求，能够引发协作方参与的动机，而且动机越强，则其合作的程度和效果也会相应增强。跨部门协作形成的另一个原因是在某一特定时期，国家制定某一方面的发展战略规划，或因人民群众的普遍需求而导致相关部门必须进行跨部门协作管理才能完成。如体育与医疗卫生跨部门协作的形成就是因为随着我国国民经济与社会的不断发展，人民群众对健康的追求越来越高，国家从长远的角度出发，提出实施推进"健康中国"建设战略，从而促使体育与医疗卫生部门不得不进行协作，共同管理健康公共事务。

（二）跨部门协作公共管理的一般过程

跨部门协作公共管理一般有几个过程阶段。一是形成共识阶段。协作形成之初，参与各方需要对协作目标、任务、阶段成果以及协作协议内容等进行统一的交流并达成共识，这不仅便于协作参与各方对协作过程各个环节和步骤进行准确的把握，同时能够对可能在协作中遇到的困境及障碍进行策略的预先安排，最大限度地降低问题带来的消极影响。二是协调沟通阶段。跨部门协作公共管理事务一般都不是短时间能够完成的事务，协作时间比较漫长，难免在协作过程中出现矛盾与纠纷，此时，就需要协商沟通。原来达成的共识在实践操作过程中可能发现并不适宜，也需要重新协商沟通，达成新的共识。这个过程百折千回，充满曲折，良好的协商沟通是这一阶段的主要协作表现。三是反思与纠正阶段。随着协作的推进，会出现阶段性成果，此时需要共同检验这些成果，通过检验不仅能够分析出目标的实现状况和协作各主体在其中所发挥的价值，更为重要的是，由于协作过程是个不断发展的过程，通过对阶段性成果与预想成果的对比可以便于对各协作方下一步的协作方案进行有效的调整。

二、协作基本类型

体育与医疗卫生协作的基本类型是基于政府部门协作的方式和模式，本书综合各级各类政府部门间协作的模式，以及一些发达国家政府部门间比较成熟、稳定的协作模式，给出当前我国推进"健康中国"建设国家战略背景下体育与医疗卫生协作的几种类型，主要有互补型协作、共建型协作、分配型协作、补偿型协作（见图3-6）。体育与医疗卫生之间的协作并不一定是单一类型的协作，而应该是综合类型的协作。综合类型是指四种类型里面的两种、三种或多种，或者说在综合类型的协作中，更加偏向某一种或某几种。

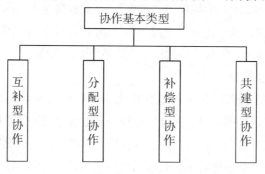

图3-6　协作基本类型

（一）互补型协作

从目前中国政府部门协作的主要类型来看，互补型的部门协作是当前部门之间协作的主要方式。此种协作方式是建立在彼此都能受益的基础之上的，通过协作或者合作实现优势互补和互利共赢，各协作方都可以从中不同程度地得到一定的利益。体育与医疗卫生两部门在践行"健康中国"建设战略，促、保大众健康的过程中，双方各有各的优势和特长，但也有各自的短处，需要通过优势互补的方式来实现整体合作效益的最大化。医疗和体育对于健康作用的方式不同，医疗机构并不能提高病人的健康水平，只能最大限度地减缓病情的恶化或者使其恢复到原来的健康水平，而体育通过科学的身体运动方式，从绝对意义上能不断提高健身者的身体健康水平，同时对慢性病与亚健康也能起到很好的预防和治疗作用。体育部门拥有丰富而又成熟的科学锻炼方式与手段，而医疗卫生部门拥有丰富而又成熟的疾病科学预防与医学诊治方法与手段，二者在大众健康促进方面，都是不可或缺的，不可替代的。随着全民健身与全民健康融合的不断推进，大众逐渐认识到运动处方的重要性，进而对运动处方的需求会大大增加，而医学界缺乏开具运动处方的能力，亟须体育方面的专业知识，在此情况下，体育专业优势能完美地进行补充，充分体现体医互补效应。

互补，是体医协作的初始意愿之一。正因为体育与医疗卫生在践行"健康中国"战略行动，促、保大众健康方面能够产生互补效应，才促使双方自发、自愿进行协作。过去，体育更多地注重竞技能力，展现体育原始魅力，随着国家发展，人们生活水平的不断提高，人们更多地开始关注健康问题，更多地关注体育如何能带给人们身体健康方面的独特魅力。医疗卫生一直以来被人们关注的是疾病救治，如何延长生命的"长度"，随着人们生活水平的改善，人们对生活质量的关注越来越高，这就要求医疗卫生考量如何促、保健康，不仅要维持生命的长度，还要考量如何拓宽生命周期的"宽度"。在此种情况下，体育与医疗卫生出现了大众共同关注的交集点——"健康"，协作的契机也同时出现，因专业的不同，自然而然产生的共同促、保健康专业优势产生了互补。

（二）共建型协作

共建型协作是指部门为了促进要素流动或争取政策资源而采取的合作行为，这种类型的合作更偏向于在合作过程中通过彼此的局域性博弈向项目本身或者国家政策来索取利益。当然，这种合作是由基础设施情况以及在治理过程中或之前制定出来的各种政策创新活动所决定的，其规模经济性决定了该种模式的发展前途，但是共建型的跨部门协作也面临着一些问题，主要是"囚徒困境"和"搭便车"。跨部门共建型协作的范例不少，最多出现的领域是环境污染与江、河、湖泊污染治理。在这些领域的跨部门协作，都源于一个目的和一个任务，需要双方或多方共同建设，缺少任何一方的积极参与都难以达到预期效果和目的。因此，共建型跨部门协作的首要动机就是目的与任务的同一性。跨部门共建型协作的第二个动机就是"共融体"，即协作双方或多方在某一特定时期需形成一个"共融体"。"共融体"，顾名思义，就是参与协作的各方融为一体，不分彼此，共同完成既定的目标与任务，"一荣俱荣，一损俱损"，共进退。促成跨部门共建协作的任务，一般都是由上级政府或部门指派下达的行政任务，这种任务具有行政命令的强制性，因而，涉及完成任务的双方或多方都不能够按照自己的意愿决定是否参与，换句话说，涉及的双方或多方都必须参与协作，形成"共融体"，共同完成任务。也正因为此种原因，导致参与协作的双方与多方容易出现"囚徒困境"与"搭便车"现象，这也是此种协作类型存在的天然弊端。

体育与医疗卫生协作是在践行"健康中国"战略，促、保大众健康的背景下，双方从各自担负的任务角度出发进行协作。从 2016 年习近平总书记在全国卫生大会上的讲话，到《"健康中国 2030"规划纲要》，都提出了全民健身与全民健康深度融合，全面建立优质高效的整合型医疗卫生服务体系和完善的全民健身公共服务体系，健康保障体系进一步完善。显然，体育与医疗卫生有共同的目标，这一共同目标决定了双方共建型协作的特征。从共同承担的任务来看，虽然没有具体的协作任务，但双方协作的任务要求是非常明显的，即全民健身与全民健康深度融合，健康保障体系进一步完善。因此，双方协作的任务要求也是共同的，需要双方共同完成，共同完善健康保障体系。在推进"健康中国"建设实施战略背景下，体育与医疗卫生首次进行协作，是从无到有的过程，需要双方在多个方面共同建设，共同推进，任何一方的缺少都会影响到"健康中国"战略的实施。体育与医疗卫生协作是一个漫长的过程，有可能也会出现失去共同建设目标或者方向的"囚徒困境"和缺乏齐心协力的决心，出工不出力，享受别人劳动成果的"搭便车"现象，这是从其他跨部门协作的经验中得出的猜测，对此，需要给体育与医疗卫生共建型协作提前发出警报信号，尽可能避免此类现象的出现。

（三）分配型协作

分配型协作主要是指在协作的大前提下，双方或多方通过协商的方式来分配涉及共有产权资源使用权分配、责任分担、任务分派等。公平、公正问题的处理是关键，如果处理得好，引发的反应效果是协作机制的高效运转；反之，引发的反应效果是推诿扯皮。从其他跨部门协作经验来看，分配的形式主要有两种，一种是上级主导分配，另一种是双方协商分配。上级主导的分配有利也有弊，利是即使出现分配不公平和不公正情况，下级也会遵照执行，但此时弊端也会随之出现，那就是"违背心意"地执行，这将会给以后的顺畅协作埋下隐患，进而威胁协作机制建立的长效性，甚至会威胁到初心目标的实现。双方协商分配相对较好，没有强迫的意志在里面，双方能够通过比较坦诚的交流沟通，最终确定双方的责、权、利，这对协作机制执行的长效性有决定性的作用。当然，任何事情都会有小小的瑕疵，这种双方协商分配的形式也可能在没有相关制度政策的约束下，出现"违约"情况。

体育与医疗卫生协作从顶层设计来看，目前体育负责全民健身，医疗卫生负责全民健康，二者的协作正是一种分配型的协作类型。从双方协作具体事务方面来看，二者协作是一项长期而又漫长的浩大工程，在协作过程中必然触及分配难题，如资源分配、权利分配、任务分配、责任分配、利益分配等。所有这些分配依然与公平公正密切相关，没有公平公正的分配，双方长期、稳定的协作面临巨大的挑战，甚至会严重影响促、保大众健康行动的顺利实施。为避免这一问题的出现，结合其他跨部门协作在这一问题得出的经验教训，体育与医疗卫生协作分配采取以沟通协商分配为主，上级协调组织或机构分配为辅的综合型分配方式。一些需与第三方、第四方、更多方协商解决的分配问题，还是由上级协调组织或机构来安排，而仅需要双方就能够完成的分配问题，则通过双方沟通协商的方法解决，这样有目的的分配在最大程度上减少分配矛盾的出现，降低了威胁协作风险。当然，此种协作方式如果能够在相关协作的规章制度的限制下，则效果更好。

（四）补偿型协作

补偿型协作所要解决的问题是外部性的内部化，所谓"外部性的内部化"是指通过内部行为来改变或者影响外部效应。当然内部性的行为有好有坏、有正有负，当内部性的行为是正方向的，这时就应当给予补偿。如果内部的破坏或者负面行为带来了外部效应的消极化，那么就需要通过合作来协调。在推进"健康中国"建设战略背景下，体育与医疗卫生的协作机制建立是一个新型事务，双方开始建立此种协作，目前还仅是双方的简单合作阶段，还没有达到协作的阶段，有些地方合作得比较好，有些地方合作得较差或根本没有合作。因此，补偿型协作可能仅适合运用于协作后期，也可以对一些已经开展好的地方进行试行，比如上海市、北京市、河北省、陕西省，这些省及以下层级的体育与医疗卫生部门已经开始了初步的协作，可试探性引进此种协作模式。

三、综合型协作类型

跨部门协作有多种形式，因目的与任务不同，协作表现形式并不一定是单一的，可能由几种形式综合呈现。有些部门之间长期有政务方面的往来，存在着一种正式或非正式的协作。但有些部门之间长期没有政务方面的往来，只因某一行政任务或完成国家层面的某一发展战略或任务，才需要开展新的联系与协作，因而跨部门之间因政务任务与目的不同，相互之间的协作呈现形式也不相同。对于体育与医疗卫生协作来说，协作形式呈现不应是单一的，而应以综合的形式呈现，且应是以带有协议保障下的综合形式呈现。

（一）综合型协作

长期以来，体育与医疗卫生两部门在现行中国政府机构的设置模式下，二者几乎没有政务交集，甚至在竞技体育崇尚时期，二者被认为是毫无瓜葛的并行政府机构。在国家实施"健康中国"战略之后，首次提出"体医融合、体医协作"共同促、保大众健康发展，双方才开始考虑如何融合、协作的问题。因而，双方没有任何的协作基础和经验，面对并不熟悉的协作对象，可参考的协作类型需在实践中摸索总结。互补型协作、共建型协作、分配型协作、补偿型协作四种常见的跨部门协作类型中的任何一种都能够呈现体育与医疗卫生之间的协作特征，但又都不能够包含二者之间的全部协作内容。故而，二者的协作类型呈现不应当是单一模式，而是几个协作类型的综合呈现。互补型协作可以在二者的资源优势互补来呈现，共建型协作可以以二者共同促、保大众健康来呈现，分配型协作可以以二者各自不同的优势能力角度出发协作分配各自应当完成的任务来呈现，补偿型协作可以在二者后期的协作推进中呈现，所有这四种类型对二者的长期协作都有经验可借鉴。

体育与医疗卫生当下的协作是多层次的、全方位的，这样的现状决定了双方协作必然是综合型的。在调查访谈中了解到，已有实质性协作行动的省级地方，两部门协作所呈现出来的形式正是综合型的。这种综合型协作并不是双方自行主张进行协作产生的，而是在省政府的健康任务要求下，所呈现出来的。因此，目前来看，在当前中国现行行政框架体系内，各级地方政府主导，双方以协议形式为主的多种协作形式是体育与医疗卫生协作的主要特征。

（二）协议保障下的综合型协作

跨部门协作协议是对于跨部门合作整体架构的共识和行动规则，能够对部门间合作的主导或从属关系、合作的具体内容和各项合作细则在共同一致的前提下予以明确。规范的跨部门协议内容应当包括合作的共同目标、参与方所扮演的角色、参与方所能分享的资源、参与方明确的权力、参与方应当完成的任务和承担的责任以及纠纷解决办法等。体育与医疗卫生协作是一种协议保障下的综合型协作形式，这种形式是借鉴其他跨部门协作中的经验而来的，能够保证双方协作的长久性和稳定性。从跨部门协作协议的内容来看，综合型协作能够将协作过程中所涉及的主要协作问题都通过协议的形式进行明确，确保协作中各项任务完成过程中遇到的障碍问题，如补偿问题、共建责任分担问题、利益分配问题等时都能够有一个明确可见的处理依据和办法，避免协议流于形式，或者说丧失协作的功能与价值。协议对于体育与医疗卫生协作而言的重要性是不言而喻的，事实上，从调研访谈中看到，双方协作能够顺利、高效，必须要有协议做保障。尽管，目前我国还没有行政立法规范跨部门协议的相关法规和制度，在实践中还存在对违背协议的一方，难以找到法律层面的处罚措施，但跨部门协作协议已经证明其对参与协作的各方具有很高的约束性，在保障协作双方的权利与义务方面发挥着特殊的作用。

第四章　发达国家体医融合、协作经验与启示

国外发达国家体育与医疗卫生融合、协作的多年实践经验证明，体育与医疗卫生二者的体育和医疗手段结合能够有效地促进全民健康①②。以美国和日本为代表的发达国家通过体医协作战略，构建了相对完善的协作体制和机制。因此，可以通过对国外发达国家体育与医疗卫生协作的成果经验分析，从中获得对我国体育与医疗卫生协作方面的启示。

第一节　美国体医融合、协作经验与启示

在20世纪60~70年代，美国的医疗费用不断上涨，但对慢性病的治疗效果不理想，且发病率达到了历史高峰。针对这一异常现象，美国政府及相关研究人员与机构开始探寻其中缘由，发现"健康教育"才是解决问题的关键，遂将公民"健康教育"作为医疗卫生发展的重点任务和目标，并制定了详细的健康公民战略发展规划。

一、发展历程概述

了解美国的体医融合、协作，首先需要了解美国实施的健康公民战略发展历程。美国健康公民战略发展截至目前大致经历了五个阶段：第一个阶段是1979年的《健康促进与疾病预防报告》；第二个阶段是《健康公民1990：健康促进与疾病预防的国家目标》；第三个阶段是《健康公民2000：国家健康促进和疾病预防目标》；第四个阶段是《健康公民2010：健康促进目标》；第五

---

① 曹振波，陈佩杰，庄洁，等. 发达国家体育健康政策发展及对健康中国的启示 [J]. 体育科学，2017，37（5）：11-23，31.

② 段子才，庄洁. 通过基本医疗服务促进身体活动国外研究进展 [J]. 中国公共卫生管理，2017，33（1）：47-52.

个阶段是《健康公民 2020：健康促进目标》。

（一）1979 年《健康促进与疾病预防报告》

1979 年美国实施的首个健康发展战略计划就是《健康促进与疾病预防报告》，提出这份报告的依据是相关专家对美国人健康状况研究后的结论，即认为美国人的健康状况整体偏差，生活方式对健康有直接且重要的影响。提出这份健康发展报告的目的是降低美国人的死亡率，因而在这份报告中还没有明确提出通过体力活动和建立良好生活方式改善大众健康和降低死亡率。但此报告是美国健康公民战略的起点，对后来健康公民各阶段计划的制定具有重要意义①。

（二）《健康公民 1990：健康促进与疾病预防的国家目标》

《健康公民 1990：健康促进与疾病预防的国家目标》（以下简称《健康公民 1990》）是在对《健康促进与疾病预防报告》评估的基础上，提出的新的健康发展计划。在这份健康发展计划中提出了更为翔实、细致的健康发展目标，主要涉及 15 个优先健康发展领域，同时也制定了更为详细的，可量化实现的 226 个健康发展目标②。与之前提出的《健康促进与疾病预防报告》相比较，《健康公民 1990》的最大不同之处在于体力活动促进健康的作用得到了明显的重视，认为科学、合理的体力活动也是一种健康生活方式。通过评估，《健康公民 1990》在对美国大众的健康促进方面取得了较大成就，尤其是在慢性病预防与改善方面成效显著。但也存在一些不足，如在本健康促进计划实施中，忽略了不同群体之间的个体差异化健康促进策略。这些不足也为制定下一阶段的健康发展计划提供了修正参考，于是美国《健康公民 2000：国家健康促进和疾病预防目标》出台。

（三）《健康公民 2000：国家健康促进和疾病预防目标》

《健康公民 2000：国家健康促进与疾病预防目标》（以下简称《健康公民 2000》）是在前面健康发展计划的基础上，通过严格的评估之后出台的，因而其针对健康促进的范围与目标更为详细和具体。延长寿命、缩小健康差异、健康服务全覆盖是此健康发展计划的三大目标，在此三大目标的引领下，确定了健康促进优先领域 22 个，细化了健康促进具体目标 319 个。值得关注的是，在 22 个优先健康促进领域中，将"体力活动与健康"确定为第一优先发展领

---

① 徐士韦，肖焕禹，谭小勇. 体力活动：美国国家健康政策之要素：基于美国健康公民战略的考察［J］. 上海体育学院学报，2014，38（1）：26.

② Department of Health and Human Services. Promoting health/preventing disease：objectives for the nation［R］. Washington：Public Health Service，1980：12.

域，并在这一领域根据不同的健康类别，分别提出了13个非常具体的次级目标。同样，这一计划获得了美国社会各方面的高度评价，有学者认为其对美国大众健康促进影响巨大，也被世界卫生组织称赞为"全球健康战略计划的标杆"①。

（四）《健康公民2010：健康促进目标》

《健康公民2010：健康促进目标》（以下简称《健康公民2010》）作为前面几个阶段美国健康促进计划的延续，同样也是在不断修正和调整的基础上出台的，保持了美国健康发展战略实施的延续性。这个健康促进计划的总体目标与之前实施的健康促进计划总体目标没有区别，只是在实现这些总体目标的过程中，有所侧重区别，且健康促进的优先领域也有所扩大，达到28个，具体目标达到467个。此健康促进计划的亮点是首次加入了主要健康指标，其中"体力活动"促进健康指标被排在首位，且在"体力活动"指标下面又分列了15个次级目标。显然，相对于之前的健康促进计划，《健康公民2010》更为详细，目标制定更为完善，实施操作更为具体，总体实施效果良好。

（五）《健康公民2020：健康促进目标》

《健康公民2020：健康促进目标》（以下简称《健康公民2020》）继续延续前几次健康公民战略计划，同样是在科学评估的基础上，不断修正、完善。此次出台的健康促进计划，总体目标比上一次计划多了两个，即构建适宜的健康社会物质环境和改善不同年龄段人群的健康行为。涉及的健康领域、健康目标、实施路线与途径以及主要健康指标都比原来的健康计划丰富、具体。体力活动健康促进指标依然是主要亮点，共列出了15项次级目标，另外此次健康促进计划还规划了长期计划与短期计划，更为契合实际情况，更有利于执行和推动。

在实施健康公民战略期间，于2010年，美国还颁布了首个《国民体力活动计划》，并得到社会大众的认可。从美国的健康公民战略的发展历程看出，体育与医疗卫生的融合、协作，促进大众健康，是在健康促进战略计划的分阶段实施过程中，逐渐被认知，并被大众所接受和认同的。这其中最大的推手就是美国的运动医学学会，其提出的"运动是良医"理念是促进体育与医疗卫生融合、协作，促进健康的重要手段之一，倡导将"体力活动"纳入医生的问诊体系，是体医融合、协作最为直观、明了的体现。该医学学会还利用自身的全球影响力，将此种理念向全球传播，影响深远。

① Department of Health Education and Welfare. Healthy people：the surgeon general's report on health promotion and disease prevention［R］. Washington：Public Health Service. U. S. Government Printing Office，1979：10-41.

二、特点与启示

（一）顶层设计，多元主体协同

美国的健康公民战略计划的顶层设计者是美国政府，在美国政府的主导下，下辖各个部门和机构协同配合，共同制订计划，落实具体计划，以及对每一阶段的计划完成情况进行评估等，充分展现了相互依赖、协调一致的整体性特征。对于如此漫长和庞大的健康战略实施，除了有政府属性的部门与机构参与外，还有大量非政府机构与组织的参与，尤其是大量相关研究机构的参与，是美国健康公民战略实施的显著特征。最为显著的表现是美国运动医学学会的积极参与推广。在这一点上我国的"健康中国"建设战略值得借鉴，可以积极引导和鼓励大量的相关研究机构和非政府属性的机构和组织参与。在落实具体计划的行动方面，美国还是以医疗卫生为牵头部门，与体育部门协同共同推进大众健康各项事务。另外一个协同特征是美国的各项相关法律、政策法规都在制定过程中充分考虑了纵向的协调性和横向的协调性，形成一个完整的法律与政策法规协同结构整体。

（二）构建多元主体的体医融合、协作服务平台

美国实施的健康公民战略计划，经过多年的实践，积累了丰富的经验，其中构建多元主体参与的体医融合、协作平台是其中之一。这一平台充分体现了多元主体参与的协作性和形成合力共建、共享的意义。多元主体参与的体医融合、协作平台是在政府主导下，多个参与主体共建、共享平台服务，其中有5个参与主体不可或缺（见表4-1）。从这5个参与主体的类型可以看出非政府组织机构占多数，且参与主体具有明显的多元特征，每个主体担负着不同的服务功能，这能够满足健康公民计划实施的现实需要，有利于计划的顺利实施。这样的协作服务平台能够整合、利用有效资源形成合力，对于目前我国的体育与医疗卫生协作促进大众健康而言，具有重要的参考价值。

表4-1　体医融合健康服务平台的多元主体

主体	主体名称	主体类型	服务功能
1	美国卫生与公共服务部	行政类管理机构	发挥政府主导作用
2	美国国立卫生研究院	研究类服务机构	提供医学科学研究
3	美国运动医学会	社团类服务组织	倡导"运动是良药"
4	美国国家卫生统计中心	信息类服务机构	提供体质健康信息
5	体力活动指南咨询委员会	咨询类服务机构	提供体质活动指导

资料来源：冯振伟的《体医融合的多元协同治理研究》。

（三）健全体医融合、协作多元主体参与责任分担机制

多元主体之间的责任分担是跨界合作治理的应有之义，是合作治理有效执行的前提①。美国健康公民战略顺利实施，体医融合、协作顺利推进，与明确各参与主体的任务与责任密不可分。美国健康公民战略的制定与实施是由代表美国政府的美国卫生与公共服务部负责，其他政府部门和相关机构、组织提供相应的支持和帮助，具体落实和实施行动实际上还是由参与的组织和机构在负责，并同时承担相应的责任和义务。事实上，美国在落实每一阶段的健康促进计划时都明确了参与各方的责任和义务，甚至于具体到各行各业中的具体人群。

（四）注重健康促进计划的延续性

截至目前，美国的健康公民战略大致分五个阶段推进，每一个阶段的新的健康促进计划都是在对前一阶段科学评估的基础之上制定的，是对前一阶段健康促进计划的完善，充分体现了健康战略的延续性。对健康促进计划实施以来的总体评价来看，分阶段的健康促进计划实施，得到了社会的普遍认可，美国的人均寿命明显延长，不同人群和不同年龄段之间的健康差异明显缩小，国家整体健康状况也得到了明显改善，也得到了国际社会的普遍认可，这些都是健康促进计划延续性的正面反应。

第二节　日本体医融合、协作经验与启示

在亚洲较早制定并实施国民健康战略的国家中，日本是比较成功的国家，且积累了丰富的经验。了解日本的体医融合、协作对同为亚洲国家的我国更具有借鉴意义。截至目前，日本的国民健康促进战略发展历程大致经历了四个阶段，分别是《第一次国民健康促进对策》、《第二次国民健康促进对策》、"健康日本 21"第一期、"健康日本 21"第二期。

一、发展历程概述

（一）《第一次国民健康促进对策》（1978—1988 年）

在 1978 年之前，日本健康战略的关注点是如何预防疾病的发生，而在这

---

① 徐金燕. 社区公共服务治理机制创新：西方国家改革的经验借鉴 [J]. 当代教育理论与实践，2013, 5 (7)：182-184.

一年由日本厚生劳动省颁布了为期10年的《第一次国民健康促进对策》，标志着日本的健康战略关注点发生了转变，由单纯的"疾病预防"转向"健康促进"，同时提出了一个重要的健康促进理念，即"健康一生"，这是日本健康促进战略的重要转折点。日本实施的第一个健康促进计划，与美国实施的第一个健康促进计划相似，这个时期的健康促进计划的关注点是通过营养改善来促进健康，还没有意识到体育运动促进健康的重要性。不过，为了推动这一时期健康促进计划的实施，日本将相关组织与机构进行了整合，成立了第一个民间团体——"健康/体质增进事业财团"，负责落实具体事务，这对落实此次健康战略计划至关重要，对当下我国推进"健康中国"建设具有借鉴意义。

（二）《第二次国民健康促进对策》（1989—1999年）

与《第一次国民健康促进对策》相比较，《第二次国民健康促进对策》最大的区别是开始重视体育运动对健康促进的重要作用，并将此作为首要健康促进措施给予重视。在继续倡导"健康一生"理念的同时，形成运动、营养、休闲"三位一体"联动的整体性国民健康促进体系。针对体育运动促进健康计划，提出许多针对性极强，且易于执行的具体措施，诸如普及体育运动，养成良好锻炼习惯；建立运动促进健康的复合型专业指导人才队伍；制定更加细化和更为实用的运动锻炼指南等。总的来说，这一时期的日本国民健康促进计划的着重点就是大力推动运动促进健康计划。

（三）"健康日本21"第一期（2000—2010年）

在对前两次的国民健康促进计划的评估后，日本政府于2000年启动了第三次国民健康促进计划，并称之为"健康日本21"第一期。此次国民健康促进计划的最大特点是从基本预防管理健康的角度提出通过改善生活方式，建立良好的生活习惯来促进和保障国民健康。为了能够顺利完成"健康日本21"第一期计划，日本政府还颁布了相关的配套法律来保障，如《健康增进法2002》。相较于之前的国民健康促进计划，此次国民健康促进计划的健康促进领域与具体目标更为明确，共涉及了9个领域和80个具体目标[①]。日本厚生省对这一期"健康日本21"实施效果评价后，发现男性与女性的平均寿命分别延长了1.92岁和1.79岁，实施效果显著。

（四）"健康日本21"第二期（2011—2022年）

在对第一期"健康日本21"实施效果评估和总结经验的基础上，日本政

---

① 王继伟，徐望红，付朝伟，等.日本生活方式疾病防治策略及启示 [J].中国健康教育，2012，28（9）：789-791.

府推出了第二期"健康日本 21"国民健康促进计划。显然，这一期的国民健康促进计划是针对前一期国民健康促进计划存在问题进行的修正版本，故而针对前一期体力活动指导力度不足问题，明确提出"运动第一，饮食第二，坚决禁烟，最后才是药物"的健康促进口号，并同时推出修正后的"运动基准 2013"及"运动指南 2013"，强化国民科学健身的自我指导和自我监督能力。第二期的"健康日本 21"健康促进计划，明显体现了体医融合、协作的健康管理模式，国民健身与医学科学监控紧密结合，大力倡导"健康运动指导员"指导下的健身运动，积极推动"健康运动指导员"队伍建设。此外，日本政府通过各种方式呼吁社会各界积极参与科学健身，养成良好的锻炼习惯，全民积极支持国民健康促进计划推进。

二、特点与启示

（一）大力推行医学监护下的科学健身

日本在实施国民健康促进计划中，逐渐总结出了"体医结合"的运动健身模式，大力提倡和推行医学监护下的运动健身。在此种模式下推行的两条路径是大力兴建"体医结合"的健康中心和健身场所配以医务室，对健身群体进行医学监控。鼓励和引导健身中心对参与健身的各类群体先进行身体常规健康检查，然后根据检查结果给出科学的运动处方。同时，日本政府也积极鼓励和引导各种企业、政府部门、机构实行健康监督与健身监督工作制度，即"健康才能上岗，上岗必需保持健康"。日本大力推行医学监护下的科学健身国民健康促进模式值得我国当下体育与医疗卫生协作双方借鉴学习。

（二）大力推进"体医结合"复合型人才队伍建设

对于"体医结合"复合型人才，日本称之为"健康运动指导员"，是指既能懂得医学常识，又能够指导体育锻炼的人员。这一群体对于大众科学健身至关重要，在日本实施的国民健康促进计划中扮演了非常重要的角色。这些人员在日本国民健康促进进程中，分布在各行各业指导着大众运动健身，对特殊群体能够开出具有针对性的运动处方，指导各类慢性病和常见病人科学健身，促进国民健康。日本政府还专门颁布了《关于健康运动指导员知识和技能审定机构的认证规定》来严格规范和保护这一群体。由此可见，这一群体队伍在日本国民健康促进进程中的重要作用。这一点也是我国目前"体医结合"促进健康进程中缺失的重要一环。

（三）政府主导下的多方协同参与健康促进模式

日本厚生劳动省代表日本政府，主导制定日本不同阶段的国民健康促进计划。在厚生劳动省的主导下，日本政府还通过各种措施积极调动各级地方政府机关和部门，以及其他社会群体和组织共同参与国民健康促进计划的实施，形成全社会协同行动的共融体。在国民健康促进计划实施期间，日本政府鼓励和引导各级政府和社会各单元根据自身实际情况，制定相应的健康促进计划、措施、办法等。这也是目前我国推进"健康中国"建设，大众健康促进进程中欠缺的一环。

（四）发布能够自我监督和评估的体力活动指南

日本政府在大力建设"体医结合"的复合型人才队伍的同时，考虑到能够接受专业运动健身指导的大众毕竟有限，还需培养大众自我监督和评估的能力，这就需要政府制定和发布统一、规范的体力活动指南。日本将体力活动分为生活活动和体育运动两部分，并配以相应的运动基准和运动指南，这对大众日常体力活动和运动健身提供了具体翔实的指导方法和参照标准，更具有操作性和实践意义。针对这一点，我国也出台了《全民健身指南》，但宣传和推广力度不够，大众知晓率较低。

第三节　其他发达国家体医融合、协作特点与启示

"健康国家"建设已是世界各国共同奋斗的国家发展目标，联合国也将健康指标纳入 21 世纪的千年发展计划中。除了美国和日本实施"健康国家"战略比较成功之外，还有其他一些发达国家也在推进"健康国家"战略，尤其是澳大利亚、芬兰、丹麦、德国这些传统发达国家的"健康国家"战略相对比较成熟，更具特色，尤其是在实施过程中的体医融合、协作特点比较鲜明，具有一定的启示意义。

一、澳大利亚体医融合、协作特点与启示

澳大利亚国民健康促进战略计划以其发布的《运动促进健康蓝皮书（2014—2017）》为代表。这份蓝皮书发布的国民健康促进计划是以澳大利亚一贯遵从的循证健康干预理念为基础的，所提出的健康干预措施都寻求有证可循，充分体现了本国国民健康促进计划实施的科学性。澳大利亚的运动促进健康计划，除了蓝皮书，还发布了《身体活动指导手册》，这样就形成了澳大利亚体医融合、协作促进国民健康的完整性纲领文件与政策。国民健康促进计划涉及多个方面，重点是如何督促大众坚持"体力活动"。

（一）运动促进健康路径与措施

澳大利亚的"运动促进国民健康"计划，涉及多个方面，主要体现在以下七个方面：其一是改善公共交通环境和生活设施，增加人们体力活动机会，大量修建步行道路和自行车道路，鼓励人们步行或骑车上班，尽量减少开车上班，增加体力活动；其二是改变人们久坐工作的习惯，鼓励企业为员工提供各种健身设施和健康医护监督，增加员工体力活动；其三是增加基础医疗配备，包括基础医疗设施、人员、经费等，尤其是增加家庭医生数量和能够指导大众科学健身的体医结合复合型人才，减免健康检查费用，鼓励在医学监护下进行体力活动；其四是加大投入，鼓励和引导大众积极参与体育锻炼，同时大力增加休闲体育设施和场所，大力培养体育锻炼教练或指导人员，从小培养儿童和青少年坚持锻炼的习惯，政府大量投入健康保险，避免或减轻运动伤害和健身费用投入造成的大众负担等；其五是依照公平参与原则，引导和鼓励特殊人群积极进行量力而行的体力活动，减轻老年人体力活动产生的费用，帮助老年人建立适宜、便捷的体力活动场所，加强青少年校内外体育锻炼活动，帮助贫困或残障人员积极参与相适应的体力活动等；其六是加大媒体与网络的宣传力度，运用媒体与网络的影响力引导和鼓励大众积极进行体力活动；其七是建立多方位、多层次的评价、监控机制，严格按照有证可循的理念推行各项健康促进政策与措施，确保计划的科学性和有效性。

（二）特点和启示

1. 建立立体化的运动促进健康体系

澳大利亚的"运动促进国民健康"战略的实施是一个全方位的、多层级的、多维度的立体化促进体系模式。为了让大众积极参与体力活动，澳大利亚政府首先从大众日常所涉及的各个领域入手。如增加基础设施建设，大力整顿规划交通，提高医疗保障资源供给，加大各种媒体、网络宣传等全领域协同推进，保障和督促大众积极投身于各种体力活动中，确保"运动促进国民健康"战略目标的实现。澳大利亚为了确保"运动促进国民健康"计划的顺利实施，减少阻碍，政府组织从上至下分工明确，责任落实到位，甚至于社区、学校、家庭都规定了一定的健康促进任务与目标，并且注重从下至上反馈通道的疏通，确保各项政策与措施的科学性和有效性。澳大利亚政府还从公共政策服务的公平性角度出发考量，对不同阶层和不同特殊群体的健康促进需求给予关怀，确保"运动促进国民健康"战略的全覆盖。我国的"体医融合"促进健康类似于澳大利亚的"运动促进国民健康"计划，但目前为止，我国的"体医融合"远没有形成立体化体系，涉及范围仅仅局限在体育与医疗卫生协作促进健康的专业技术层面，因而无论在广度层面，还是在深度层面，都与澳大利亚的"运动促进国民健康"计划相差甚远，还需各级政府动员和引导社会各层面、各领域、各群体积极参与推动。

2. 遵从科学性原则

澳大利亚政府遵循的循证健康干预理念充分体现其"运动促进国民健康"战略的科学性。"运动促进国民健康"各项政策与措施的制定与落实都遵从科学循证的原则，既保证政策与措施不脱离现实，又能够保证在实施过程中的可控性、可预测性。在这一点上，我国当前推进的"健康中国"建设背景下的体育与医疗卫生协作促进健康值得借鉴，目前来看，体育与医疗卫生协作促进健康的各项政策与措施，缺乏一些科学循证依据，更多的是一种行政命令和倡导性文件要求，这也是目前"体医融合"促进健康深入推进的障碍之一。

二、芬兰体医融合、协作特点与启示

芬兰也是一个发达国家，其对体育在大众健康和社会和谐发展中的重要地位有较高的认知。芬兰国民健康促进战略计划中，具有代表性的是《身体活动促进健康和幸福的国家战略 2020》和《在行动——对身体活动促进健康和幸福 2020》。

（一）国民健康促进战略计划

2012 年芬兰政府从长远的角度出发，推出了《身体活动促进健康和幸福的国家战略 2020》，该战略主要是针对芬兰学校中的学龄儿童的健康成长[1]。该战略要求在校学龄儿童应当增加体力活动时间，避免久坐，并提出"身体活动是学习的一个媒介"身体活动既是一项运动，也是一种生物媒介。2013年，芬兰政府又推出了另外一个国民健康促进战略计划，即《在行动——对身体活动促进健康和幸福 2020》的国家战略[2]。该战略计划从四个方面提出指导意见：一是多进行身体活动，尽可能减少久坐时间；二是提倡以积极的心态多进行身体活动，身体活动组织机构应创造适宜环境，吸引人们积极进行身体活动，鼓励大众步行和骑自行车出行；三是倡导运动即健康、幸福，鼓励和支

---

① LIKKUVA KOULU. Increasing physical activity and decreasing sedentary time among school-aged children [EB/OL].(2016-9-12)[2020-6-30].https://liikkuvakoulu.fi /english.

② MINISTRY OF SOCIAL AFFAIRS AND HEALTH. On the move—National Strategy for Physical Activity Promoting Health and Wellbeing 2020[EB/OL].(2016-9-12)[2020-6-30].http://www.sport-science.fi/featured-articles/articles/move-national-strategy-physical-activity-promoting-health-and-wellbeing-2.

持身体活动专业指导服务；四是倡导积极参与运动是国民健康生活的重要组成部分。

（二）特点和启示

（1）国民健康促进战略计划中的政策与措施具有地方特色，各地根据实际情况执行，没有强制性色彩，更多的是一种建议和意见，自由选择度较大。

（2）国民健康促进战略计划考虑较长远，首先从学龄儿童的培养开始。

（3）将身体活动与社会和谐发展联系起来，倡导大众认知身体活动是健康、幸福生活的重要组成部分。

三、丹麦体医融合、协作特点与启示

丹麦已经推出三轮国民健康促进战略计划，丹麦政府也相应地颁布了一系列的政策法规，督促和引导大众积极参与健身运动，并希望将健身运动作为日常生活的一部分。丹麦的国民健康促进计划中具有代表性的是 KRAM 指南和《"好、更好、最好"——哥本哈根市自行车运动发展策略（2011—2025）》

（一）国民健康促进战略计划

由丹麦卫生部发布的 KRAM 指南是丹麦人民进行日常运动锻炼的指南。其主要目的是倡导运动锻炼的积极作用，无论对自身体质，还是对精神状态，甚至幸福、美好生活都有益处，希望该指南能够引导大众积极参与运动锻炼，未来哥本哈根能够成为一座"运动中的城市"。具体的建议是鼓励市民改变出行方式，尽量以步行或自行车代步出行，大力建造人行通道和自行车通道以及健身基础设施并增加绿化面积，专门建立无机动车区域和城市计步器项目，建议市民每日徒步 1 万步等。丹麦政府推出的《"好、更好、最好"——哥本哈根市自行车运动发展策略（2011—2025）》明显是依托本国传统运动项目，积极引导大众进行运动锻炼。这项策略的具体内容就是引导和鼓励大众骑自行车出行，增加大众骑自行车人数，进而增加大众运动锻炼人数。

（二）特点和启示

（1）提倡适宜不同人群运动健身的大众健身指南，满足大众运动健身需求，确保大众运动健身科学、有效。

（2）为了推行国民健康促进计划，在丹麦政府的主导下，协同其他系统和部门共同推进相应政策与措施的落实。

（3）为了落实国民健康促进计划，大力建立相适应的支持性环境。

四、德国体医融合、协作特点与启示

德国的"健康国家"建设是依托"俱乐部"的形成推进的。德国有完善

的医疗体系，包括体育锻炼在内的所有活动，都能够得到完善医疗体系的支撑。如德国与2004年启动的"红利政策"，即当投保人定期做身体健康检查，完整地参与包括运动和营养课程在内的预防课程时则可以享受保险费用的优惠。德国为了推动群众体育发展，促进大众健康，相关政策涵盖范围非常广泛，涉及医疗保险、交通运输、环境卫生等。

德国体医融合主要发展的特点表现为：

一是从政府主体主导向社会主体主导转变。在东、西德统一后，德国促进大众健康的方式由政府主导转向由协会和俱乐部主导推进，政府仅负责建设提供大众健身的各种场所和设施，以及必要的医疗保障，其他具体运动促进健康事务交由各个俱乐部和协会来负责。

二是注重多部门协调，各级政府和部门分工明确。在大众健康促进进程中，德国政府、联邦各州、各体育协会、俱乐部以及医疗机构相互协同，共同促进大众健康。

三是将运动健身纳入医疗保险中，鼓励大众积极参与运动健身。

第五章 目前存在的主要协作障碍

经课题组调查了解，自"健康中国"建设战略实施以来，除了少数几个省、市的体育与医疗卫生协作推进比较理想之外，其他地方都存在不同程度的问题。造成这种局面的原因错综复杂。但归纳起来不外乎两个大的方面：一是无论国外还是国内都存在的政府部门间的天然障碍问题，二是体育与医疗卫生两大协作部门之间存在的具体障碍问题。

第一节 现行行政体系造成的障碍

体育与医疗卫生是政府行政机构体系中的两大部门，政府部门间协作中存在的常见问题也会在体育与医疗卫生两大部门的协作中出现。这些常见的主要问题有"职责同构，上下对齐"的纵向权责结构、"各司其职，分割管理"的行政分工体系、"制度失范，权力膨胀"的部门权力现状、"身份归属，自给自足"的单位部门体制。

一、"职责同构，上下对齐"的纵向权责结构

"职责同构"是中国当前政府纵向间权责配置的主要特点，是"在政府间关系中，不同层级的政府在纵向间职能、职责和机构设置上的高度统一、一致"①。这种纵向间的权责配置强调机构设置与权责配置的"上下对齐"，实行的是资源自上而下的垂直分配方式，形成了中国特殊的"条型结构"。各级政府中的职能部门都在上一级政府有相应的业务领导。从权责归属的角度上看，地方政府各职能部门的权责安排是根据中央各部门的权责分配而定的，地方政府内的职责部门实际上是中央各部门的权责在地方的延伸。这种制度安排导致了由中央到地方的"条条专政"，这种"条条专政"阻碍了政府横向的部门协

---

① 朱光磊，杨智雄.职责序构：中国政府职责体系的一种演进形态［J］.学术界，2020（5）：14-23.

调与整合，在横向权责配置上直接表现为部门之间的"碎片化"。

二、"各司其职，分割管理"的行政分工体系

当前政府各部门之间的行政分工体系是建立在计划经济时代的传统体制之上的。这种分工体系以专业分工、等级制与非人格化为主要特征，目的是适应计划经济的要求。它以计划经济生产的部类为标准划分政府机构，或界定行政部门的职责范围，形成以部门为主导的"各司其职，分割管理"的行政分工体系，即各部门各有自己的权责和管理范围，并且互不干涉权责。但是，随着计划经济向市场经济转型，社会与市场的力量日益成长，应对自下而上的社会需要与市场需要逐渐替代政府全面管理社会的逻辑，成为政府职责分工的基本准则。在这种背景下，"各司其职，分割管理"的行政分工体系越来越难以适应社会经济的发展要求，其对社会变化与市场发展反应的迟滞性日益凸显，它与"职责同构"的纵向结构一样，成为阻滞部门之间协调与合作的横向的结构性障碍。

三、"制度失范，权力膨胀"的部门权力现状

从计划经济向市场经济转型的过程中，政府各部门的权力呈现出明显的膨胀趋势。这种权力膨胀主要由两方面的因素驱动：一方面，为了调动地方政府及各部门推动经济发展的积极性，中央政府曾经对各部门实行一定的放权，这种放权意味着地方政府部门在各自的规制领域中拥有一定自由裁量权，而这种自由裁量权很自然通过各行政部门的权力机制体现出来；另一方面，在当前中国，计划经济体制关于政治权力的制度规范在改革进程中或消失或失去合法性基础，然而在新的市场经济体制中，关于政治权力的制度规范还未形成，这种制度失范的环境给部门权力扩张提供了空间。

制度失范与权力膨胀的共同作用，造成了当前政府内各部门权力的失范性扩张。缺乏约束的部门权力很自然地偏离公共利益诉求，而以自身利益为本位，从而直接表现为部门本位主义，即从部门利益角度认识问题，将部门利益置于公共利益之上，不顾及部门协作，缺乏大局观念。在这种观念的驱动下，部门领导从本部门利益的角度扩大部门的势力范围，这就在部门与部门之间形成了无形的利益壁垒与权力壁垒。

四、"身份归属，自给自足"的单位部门体制

单位是中国特殊的一种组织形式，它是中国社会经济和政治生活的基层组

织。在中国的社会生活中，单位表现出两个方面的特点：第一，单位与其成员之间的关系不是简单的契约式工作关系，而是一种全方位的身份隶属关系。第二，单位在财务、人事、法定地位、行政级别上都具有较强的独立性，在一定程度上带有"自给自足"的特点。这个特点意味着，在中国，单位是作为一个独立的社会个体而存在的。在政府中，一个部门往往就是一个单位。因此，中国政府部门之间的关系反映的不仅是职责配置上的关系，在更深层次的意义上反映的还是单位与单位之间的关系。这使中国政府部门之间的横向关系更为复杂化。

一方面，政府工作人员与其所在部门存在着深刻的归属关系，因此，部门不仅是一个反映公共利益的政府职能部门，更是争取单位成员利益的集中机构，而政府部门的权力资源则成为实现单位利益的工具，获取更多单位利益的需求刺激了政府各部门的权力扩张。

另一方面，单位作为独立的社会个体，具有相对的自足性，"小部门内的大社会"是政府部门单位属性的集中表现。单位属性使某个部门可以不依赖于其他部门的合作而存在。"各单位之间自发和自愿的横向联系，除非是政府所制定的，一般是禁止的。"① 这使部门之间的合作的必要性被单位的独立性取代，在缺乏合作必要性的情况下，部门之间的协调与整合就缺少内在激励。这种情况也为"碎片化"的形成提供了环境，使原本因"各管一摊，互不干涉"的行政分工引起的部门间的"壁垒"更加难以突破。

第二节　体育与医疗卫生协作自身存在的障碍

体育与医疗卫生双方协作没有过往经历，没有经验可借鉴，对于双方来说，协作是一种新的尝试和挑战。这种状况必然会导致双方之间的协作遇到多种障碍，主要体现在以下几个方面：职责分工差异；长期分割管理思维障碍；协作建设初期的摸索"陷阱"；协作载体单一；内部客观困难因素干扰；受相关多个部门决策影响。

一、职责分工差异

职能部门职责分工的差异是客观存在的，但对于体育与医疗卫生两部门来

① 周黎安. 转型中的地方政府：官员激励与治理 [M]. 上海：上海人民出版社，2008：76-76.

说，此种差异更多体现在专业化差异方面。这种状况造成了双方长期以来的双线并行，几无交集。

1. 国家体育总局职能

国家体育总局由国家体委改组而成。为了规范国务院行政机构的设置，加强编制管理，提高行政效率，1998 年 3 月 24 日，国务院第一次全体会议讨论通过了《国务院机构设置和调整国务院议事协调机构方案》，将国务院体育行政部门的名称确定为"国家体育总局"，由国家体委改组而成，列入国务院行政机构的第三序列——国务院直属机构（原来的国家体委属国务院行政机构第二序列）。2008 年《国务院关于机构设置的通知》。

国家体育总局的主要职能：

一是研究体育发展战略，协调区域性体育发展，负责推动多元化体育服务体系建设，推进体育公共服务和体育体制改革。

二是拟订体育事业发展规划和政策，起草有关法律法规草案并督促实施。

三是统筹规划群众体育发展，负责推行全民健身计划，监督实施国家体育锻炼标准，推动国民体质监测和社会体育指导工作队伍制度建设，指导公共体育设施的建设，负责对公共体育设施的监督管理。

四是统筹规划竞技体育发展，设置体育运动项目，指导协调体育训练和体育竞赛，指导运动队伍建设，协调运动员社会保障工作。

五是统筹规划青少年体育发展，指导和推进青少年体育工作。

六是拟订体育产业发展规划、政策，规范体育服务管理，推动体育标准化建设，负责体育彩票发行管理。

七是指导、管理体育外事有关工作，组织开展国家与国家之间，以及与港澳台地区的体育交流与合作。

八是组织开展体育领域重大科技研究、技术攻关和成果推广。

九是负责组织、协调、监督体育运动中的反兴奋剂工作。

十是承办国务院交办的其他事项。

2. 国家卫生健康委员会职能

人民健康是民族昌盛和国家富强的重要标志。为推动实施"健康中国"战略，树立大卫生、大健康理念，要把以治病为中心转变到以人民健康为中心，预防控制重大疾病，积极应对人口老龄化，加快老龄事业和产业发展，为人民群众提供全方位全周期健康服务。2018 年 3 月，根据第十三届全国人民代表大会第一次会议批准的国务院机构改革方案，设立中华人民共和国国家卫生健康委员会。

国家卫生健康委员会的主要职能：

一是组织拟订国民健康政策，拟订卫生健康事业发展法律法规草案、政策、规划，制定部门规章和标准并组织实施。统筹规划卫生健康资源配置，指导区域卫生健康规划的编制和实施。制定并组织实施推进卫生健康基本公共服务均等化、普惠化、便捷化和公共资源向基层延伸等政策措施。

二是协调推进深化医药卫生体制改革，研究提出深化医药卫生体制改革重大方针、政策、措施的建议。组织深化公立医院综合改革，推进管办分离，健全现代医院管理制度，制定并组织实施推动卫生健康公共服务提供主体多元化、提供方式多样化的政策措施，提出医疗服务和药品价格政策的建议。

三是制定并组织落实疾病预防控制规划、国家免疫规划以及严重危害人民健康公共卫生问题的干预措施，制定检疫传染病和监测传染病目录。负责卫生应急工作，组织指导突发公共卫生事件的预防控制和各类突发公共事件的医疗卫生救援。

四是组织拟订并协调落实应对人口老龄化的政策措施，负责推进老年健康服务体系建设和医养结合工作。

五是组织制定国家药物政策和国家基本药物制度，开展药品使用监测、临床综合评价和短缺药品预警，提出国家基本药物价格政策的建议，参与制定国家药典。组织开展食品安全风险监测评估，依法制定并公布食品安全标准。

六是负责职责范围内的职业卫生、放射卫生、环境卫生、学校卫生、公共场所卫生、饮用水卫生等公共卫生的监督管理，负责传染病防治监督，健全卫生健康综合监督体系。牵头《世界卫生组织烟草控制框架公约》履约工作。

七是制定医疗机构、医疗服务行业管理办法并监督实施，建立医疗服务评价和监督管理体系。会同有关部门制定并实施卫生健康专业技术人员资格标准。制定并组织实施医疗服务规范、标准和卫生健康专业技术人员执业规则、服务规范。

八是负责计划生育管理和服务工作，开展人口监测预警，研究提出人口与家庭发展相关政策建议，完善计划生育政策。

九是指导地方卫生健康工作，指导基层医疗卫生、妇幼健康服务体系和全科医生队伍建设。推进卫生健康科技创新发展。

十是负责中央保健对象的医疗保健工作，负责党和国家重要会议与重大活动的医疗卫生保障工作。

十一是管理国家中医药管理局，代管中国老龄协会，指导中国计划生育协会的业务工作。

十二是完成党中央、国务院交办的其他任务。

十三是职能转变。国家卫生健康委员会应当牢固树立大卫生、大健康理念，推动实施"健康中国"战略，以改革创新为动力，以促健康、转模式、强基层、重保障为着力点，把以治病为中心转变到以人民健康为中心，为人民群众提供全方位全周期健康服务。①更加注重预防为主和健康促进，加强预防控制重大疾病工作，积极应对人口老龄化，健全健康服务体系。②更加注重工作重心下移和资源下沉，推进卫生健康公共资源向基层延伸、向农村覆盖、向边远地区和生活困难群众倾斜。③更加注重提高服务质量和水平，推进卫生健康基本公共服务均等化、普惠化、便捷化。④协调推进深化医药卫生体制改革，加大公立医院改革力度，推进管办分离，推动卫生健康公共服务提供主体多元化、提供方式多样化。

十四是有关职责分工。

（1）与国家发展和改革委员会的有关职责分工。国家卫生健康委员会负责开展人口监测预警工作，拟订生育政策，研究提出与生育相关的人口数量、素质、结构、分布方面的政策建议，促进生育政策和相关经济社会政策配套衔接，参与制定人口发展规划和政策，落实国家人口发展规划中的有关任务。国家发展和改革委员会负责组织监测和评估人口变动情况及趋势影响，建立人口预测预报制度，开展重大决策人口影响评估，完善重大人口政策咨询机制，研究提出国家人口发展战略，拟订人口发展规划和人口政策，研究提出人口与经济、社会、资源、环境协调可持续发展，以及统筹促进人口长期均衡发展的政策建议。

（2）与民政部的有关职责分工。国家卫生健康委员会负责拟订应对人口老龄化、医养结合政策措施，综合协调、督促指导、组织推进老龄事业发展，承担老年疾病防治、老年人医疗照护、老年人心理健康与关怀服务等老年健康工作。民政部负责统筹推进、督促指导、监督管理养老服务工作，拟订养老服务体系建设规划、法规、政策、标准并组织实施，承担老年人福利和特殊困难老年人救助工作。

（3）与海关总署的有关职责分工。国家卫生健康委员会负责传染病总体防治和突发公共卫生事件应急工作，编制国境卫生检疫监测传染病目录。国家卫生健康委员会与海关总署建立健全应对口岸传染病疫情和公共卫生事件合作机制、传染病疫情和公共卫生事件通报交流机制、口岸输入性疫情通报和协作处理机制。

（4）与国家市场监督管理总局的有关职责分工。国家卫生健康委员会负责食品安全风险评估工作，会同国家市场监督管理总局等部门制定、实施食品安全风险监测计划。国家卫生健康委员会对通过食品安全风险监测或者接到举报发现食品可能存在安全隐患的，应当立即组织进行检验和食品安全风险评估，并及时向国家市场监督管理总局等部门通报食品安全风险评估结果，对得出不安全结论的食品，国家市场监督管理总局等部门应当立即采取措施。国家市场监督管理总局等部门在监督管理工作中发现需要进行食品安全风险评估的，应当及时向国家卫生健康委员会提出建议。

（5）与国家医疗保障局的有关职责分工。国家卫生健康委员会、国家医疗保障局等部门在医疗、医保、医药等方面加强制度、政策衔接，建立沟通协商机制，协同推进改革，提高医疗资源使用效率和医疗保障水平。

（6）与国家药品监督管理局的有关职责分工。国家药品监督管理局会同国家卫生健康委员会组织国家药典委员会并制定国家药典，建立重大药品不良反应和医疗器械不良事件相互通报机制和联合处置机制。

从国家体育总局和国家卫生健康委员会的职责分工来看，二者唯一有交集的地方就是改善普通大众的健康状况，即全民健身与全民健康。这一交集也是伴随国家卫生健康委员会成立，新的国家健康战略实施而产生的。对于这一共同的职责，从专业性的角度出发，双方采取的方法与手段也各有不同。体育所采取的是引导民众积极参与体育活动，通过养成科学健身行为、提高科学健身水平来增强体质，提高对疾病的抵抗力；而医疗卫生则是通过医疗干预、健康教育和行为干预、健康环境创造等方面来预防疾病发生或恢复患者健康。从双方专业性的职能分工来看，二者之间有共同目标，但达到这一目标的方式、方法还是不同，由此可以看出，这种职能上的差异，造成双方之间的协作客观上存在着隐形障碍。不过，这种障碍的存在也恰恰是双方协作的需要所在。事实上，在此之前，双方的职能分工更为明确，在体育方面关于大众健康的群众体育工作仅是国家体育总局的一部分工作，同样，国家卫生健康委员会（原国家计划生育委员会）的大众健康，主要针对的是疾病治疗，而未将预防疾病发生的健康观放在首位，因此，二者长期在职能方面没有交集，形成了职能定位的天然障碍。

二、长期分割管理思维障碍

体育与医疗卫生两个部门长期以来都各行其道，各自为政，在行政过程中并没有过多交集，这是在"健康中国"提出之前的一个长期状态。长期的行政状态自然就会形成一个惯性，那就是"各人自扫门前雪，莫管他人瓦上霜"

的工作思维、方式、方法。这种思维，最明显的表现就是遇到任何事务，无论是部门领导还是普通工作人员头脑中首先想到的都是自己部门如何独立完成好，而不会想到是否可以与其他部门合作。这种长期养成的工作思维，对于行政人员，特别是部门负责人来说，在短期内改变比较困难。在对六个省（市）的体育局和卫生健康委员会调查访谈的过程中，可以从目前还没有推进体医协作的省级体育与医疗卫生负责人对于是否考虑与其他部门协作的回答中也可以看出这种思维定式根深蒂固（见表5-1），即使在当前要求推进"健康中国"建设的大趋势下，依然看出他们对于协作的"陌生""迷茫""不知所措"。

表5-1 与其他部门合作意愿调查结果统计表

	首先考虑	其次考虑	不考虑
人数/个	1	4	7
比例/%	8.3	33.3	58.3

在体医协作建设初期，这样的思维定式造成的障碍很大，随着合作建设的进行，到中、后期这种思维定式就会逐渐消除，合作才会是真正意义上的协作。建设初期遇到的这种情况不同层级的体育和医疗卫生部门出现，从上到下，上级部门能够较快地适应此种变化，较快地消除分割管理的思维障碍，但下级部门可能适应时间就会变长，消除此种障碍的时间就会变长，这就是当前造成体医协作障碍的主观因素。

三、协作建设初期的摸索"陷阱"

任何一项事务在建设初期都存在摸索的过程，随之也都或多或少存在"走弯路"、走"回头路"、"不断修正方向"的问题。体育与医疗卫生两个部门在协作初期，自然也会在摸索中前进，在这个时期会出现协作进程缓慢、停滞、"回头修正"等问题，这些问题造成了协作初期的重重障碍。

在对六个省级地方的体育和医疗卫生部门调查访谈过程中了解到，已经开始合作的部分省份，体育与医疗卫生两部门的合作就出现了不少"不协调"现象，如在能够开具运动处方人才培养方面，双方就出现了不一致现象，体育部门的主要目标是培养社会体育指导员，而医疗卫生部门的主要目标则是培养基层医疗人员。双方在这件事情上明显有一定分歧，对于将什么样的人员作为培养对象，双方做法还不"协调"，还需要再次协同相关专家来重新确定人才培养方案，类似这样的事情在协作初期会出现不少，客观上造成了协作建设初期摸索过程中的障碍。当然，体育与医疗卫生最终形成协调的合作，也恰恰是在这样的不断摸索中形成的。从事物的两面性看出，从体育与医疗卫生的"合作"到"协作"，需要在摸索中不断产生的障碍来促进形成，从某种意义上来说障碍的产生是协调促成的必然因素，二者在某种意义上具有相辅相成的关系，这需要从事体育与医疗卫生工作的相关人员的智慧和信任来化解、转变。

体育与医疗卫生协作是一项新鲜事物，无论从顶层设计者来说，还是对于底层具体执行者来说，都将经历一个摸索的过程。在这个过程中，双方即使全力投入寻找协作的契合点，全力配合对方推行"健康中国"建设事务，也总会有预想不到的障碍出现，如从最初的寻找双方契合点与协作载体到全面性的、多方位的融合，还需要经历许多困难，克服这些困难的关键是双方能够抱有"协作共赢"信念，以及落实国家战略大计的历史使命感。

四、协作载体单一

无论是普通的合作还是更为紧密的协作都需要一定的载体来进行。对于体育与医疗卫生二者来说，双方虽有共同的目标，且双方也有协作的意愿，但同样还需要载体来具体体现，付诸实践。协作载体是单一的，还是多样的，取决于共同事务具有单一性还是多样性，同时也取决于双方智慧的开发和热情的投入。

从对六省份的体育与医疗卫生部门调查访谈来看，受访的省级体育与医疗卫生部门大多数认为双方协作载体难找，尤其是未开始合作的省份两部门更是如此认为。而已经开始合作的省份（除 2016 年之前已有合作的极少数省份外），其载体主要集中在体医复合型人才的培养方面，主要是能够开具运动处方的人才培养方面，而更加多样化的协作载体形式还没有出现，这显得有些单一，协作的深度和广度不够。对于还没有开展合作的省级体育与医疗卫生两部门来说，双方从国家利益的角度都愿意进行协作，共同推进"健康中国"建设国家战略的实施，但通过对双方负责人的调查了解，大多数被调查者认为合作载体难找（见表 5-2），或者感觉没有真正需要双方大力合作的载体。事实上，双方所谓的载体难找，主要原因是双方对这个新鲜事物不知如何下手，从何开始，毕竟从国家层面传达的体医协作任务和目标是宏观性的、全局性的，没有具体路径和措施，需要省级层面的体育和医疗卫生部门来规划、制定具体的路径和措施，所以大家在合作起步阶段感觉难以找到适当的载体。另外，还有一个原因是目前还在摸索阶段，找不到具体的切入点，纵然知道需要在某一方面合作，但对于怎么合作却难以下手，这也是当前双方协作难以展开的一个主要障碍因素。

表 5-2　双方寻求协作载体难易度认知调查结果统计表

	难	一般	易
人数/个	8	3	1
比例/%	66.7	25	8.3

当然，这应该是建设初期出现的问题，随着合作的继续推进，双方应该能够找到更加多样的协作载体，真正达到"协作""融合"的高度。因此从目前来看，这种单一载体的合作现状，是造成双方走向"协作"的一大障碍，还是需要双方共同努力，积极、热情投入，带着崇高的建设"健康中国"的历史使命感来发掘更多的合作载体，形成一种多方交融、形式多样的协作局面。

五、内部客观困难因素干扰

从体育与医疗卫生两部门的职能工作来看，两部门所要处理的事物相当繁多，尤其是医疗卫生部门事务更为繁杂，涉及与多个部门协作的事务也较多，鉴于此，双方内部调整、整合资源也是影响双方协作的一个障碍因素。内部客观困难因素大多是协作保障要素，主要有人力资源保障要素、资金保障要素、信息技术保障要素等。人力资源保障要素是双方协作的第一要素，换句话说，双方需要抽调专门人员负责协作事物，这一看似简单的客观保障要素，对两部门协作而言，却可能并不简单。通过对六省份体育与医疗卫生部门的调查访谈了解到，具体负责的两个处级行政机构，实际在职行政人员短缺，以省体育局下属的群众体育处而言，一般最多仅有 5～6 人，而实际要处理的工作事务可谓纷繁复杂，大多数工作都需要周末加班处理，因此从其中抽调人员专门处理与医疗卫生协作事务，着实挑战不小。而且由于内部人员工作角色的再调整，如何合理分工，都将是一个不小的人力资源再分配的挑战难题。同样，省卫生健康委员会的行政负责机构也同样存在这样的问题。看似一个专人负责协调的问题，却对于具体实施组织机构挑战不小，主要原因是人员的短缺。此种状况将有可能会导致双方未来协作事务疲于奔命，久而久之会出现工作倦怠的协作现象，严重影响协作机制的长久性。资金要素也是双方面对的一个挑战因素，在当前国家对于公务资金使用严格控制的情况下，双方在协作过程中所需资金的来源、使用对双方协作来说也是一个需要认真思考的问题，在资金方面一旦出现问题，将会影响双方协作事务的持续开展。信息技术要素，是双方协作未来交流沟通的重要保障要素，也是"健康中国"建设中关于健康信息共享的关键要素，但这一要素的保障对双方来说，需要较大的资金投入和高级管理技术人才的投入以及日常维护，这对于双方来说，无论哪一方承接都将是一个不小的挑战。以上三种内部资源的整合，仅是涉及双方协作的主要内部资源，事实上，双方协作涉及双方多方面的内部资源整合，整体的整合是一个内部系统的大调整。如何整合，整合效果如何，都会对双方的协作产生积极的或消极的影响，因此，对于双方而言，有针对性的、合理的整合调整关系到双方协作的顺畅度和持久性，因此，双方内部资源再整合也是一个巨大的挑战性障碍。

内部客观困难因素本身随时都会存在，只是某一时期对事情进展的影响或大或小。对于体育与医疗卫生协作而言，目前正处于推进"健康中国"建设国家战略开始实施时期，对此新鲜事物，各方都会感到陌生，都会面临内部资源的重新整合和适应。这些变化或调整都会导致双方合作初期合作不对等、不协调、不顺畅现象的出现，当然这些现象也会反馈给双方，促使双方不断再调整、再改进，如此反复，逐渐使双方的协作达到协调、默契，协同推进"健康中国"建设。

六、受相关多个部门决策影响

推进"健康中国"建设国家战略，是需要多个部门系统联合行动来落实，其中医疗卫生部门为牵头者，医疗卫生与体育部门为主要承担者，其他部门为协助者。从这一组织分工中看出，体育与医疗卫生两部门的协作行动无疑会受到其他部门决策行动的影响。例如，建设不同人群运动处方库，需要财政部门单独划拨资金；再例如建设群众健身设施以及建设社区特殊人群锻炼设施等都要建设、发展规划等部门的参与；再如有些地方将社保基金的部分可划分用于体育健身开支费用，这需要人社部门的参与协调。诸如此类的体医协作问题不是体育与医疗卫生单独两个部门系统的简单协作，而是需要其他部门共同参与的大协作体。因此，体育与医疗卫生两个部门的协作受到相关其他部门决策的影响，这使双方协作在一定程度上增加了协作的复杂性，也在某种程度上间接影响着协作的稳定性和长久性。由此可以看出，体育与医疗卫生两个部门的协作，实际上是以体育与医疗卫生协作为主的，其他相关部门共同参与的国家行动协作体，协作需要考虑其他相关部门的直接或间接影响，避免这些因素影响主体协作机制的顺畅运行。

鉴于推进"健康中国"建设需要包括体育与医疗在内的多部门协作，国务院办公厅于2019年6月24日成立"健康中国行动推进委员会"，成员包括体育、卫生、规划、住房、交通、国土、文化、教育、旅游、财政、园林、农业、民政、老龄办、妇联、残联、团委、工会、各省市相关领导。其主要职能是从全局上对全民健身与全民健康的深度融合进行统筹、协调及信息互通，实施有力的组织领导；将部门间分散的资源和力量进行整合，制订操作性强的顶层设计方案，明确融合的路线图和时间表；商讨和制定操作性强的"全民健身与全民健康深度融合"的相关政策法规；监督评价不同层级的"全民健身与全民健康深度融合"进度。要建立委员会的联席会议制度，定期召开会议，根据《"健康中国 2030"规划纲要》的目标和相关规定，商讨"全民健身与全民健康深度融合"涉及的重大问题，多方面听取融合涉及相关主体的意见，出台有利于"全民健身与全民健康深度融合"的相关管理政策、措施，提高政策制定的科学性；推广经验、考评执行、表彰先进。并要求各省（区、市）可参照国家层面的组织架构，组建或明确推进《健康中国行动（2019—2030年）》实施的议事协调机构，根据《健康中国行动（2019—2030年）》要求和本地实际情况研究制定具体行动方案并组织实施。

第六章 建立和完善体育与医疗卫生协作机制

体育与医疗卫生协作机制的建立和完善是多层次、全方位的，其中涵盖诸多要素，最主要的要素有组织体系、规章制度、文化氛围、信息共享机制、复合型人才队伍建设、协作协议、内部资源与职能调整、协作运行模式、特殊时期协作等。

第一节 建立协作组织体系

组织体系是行政部门间协作必要的组成部分，也是双方协作的最基本组织架构。体育与医疗卫生部门都是政府行政部门，因此，二者的协作自然也不能脱离行政组织这一最基本的属性，依然是在政府行政机构基本框架下进行的个体行为。协作组织机构的建立，奠定了协作的整体基本架构，将最终体系的形成和协作的细节化，以及协作的具体行动执行都圈定在框架边际之内。

一、现行政府行政组织体系

现行的政府行政组织体系为政府间的纵向行政关系和职能部门间的纵向行政关系，这种关系相互交叉（见图6-1）。

例如，A部门或B部门既属于本级政府管辖，同时又受同职能上级部门的指导与专业性管理。对于职能部门而言，除特殊职能部门之外，其在整个中国行政组织体系中处于双向制约的交叉点位置。一般来说，除特殊职能部门外，人事管辖权属于当地政府，专业指导权属于同职能的上级部门。如国家体育总局属于国务院管辖的A上部门，省（区、市）体育局属于省（区、市）政府管辖的A下部门，省（区、市）体育局专业指导权属于国家体育总局，同样，国家卫生健康委员会属于国务院管辖的A上部门，省（区、市）卫生健康委员会属于省（区、市）政府管辖的A下部门，省（区、市）卫生健康委员会

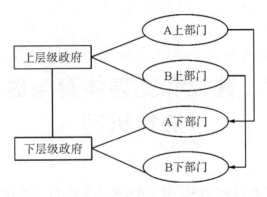

图 6-1　职能部门关系图

的专业指导权属于国家卫生健康委员会。因此，结合行政执行力考量，真正能够推动体育与医疗卫生协作的是省（区、市）政府。无论从政府的纵向关系看，还是从职能部门的纵向关系看，只有抓住省级体育与医疗卫生协作环节，才是解决体育与医疗卫生协作的关键。在实地的调查访谈中也发现，如果省（区、市）政府在全省发展规划中重视大众健康工作，就会明确指示或行政命令本省体育局和本省健康委员会协作推进本省大众健康促进工作。各省（区、市）政府如果重视体育与医疗卫生在推进"健康中国"建设中的重要地位，那么本地方的体育与医疗卫生的协作就能开展，也能落实到实践工作中去，反之，亦然。国家体育总局和国家卫生健康委员会仅能够对省级体育局和卫生健康委员会起到专业与职业性的指导作用，对于双方是否合作，起不到决定性作用，主要还是取决于省（区、市）政府的行政决定。按照现行中国行政组织结构体系，省级之下的地方体育与医疗卫生协作进展，取决于本地方政府是否执行上级政府下达的行政命令来推动本地方的体医协作。总而言之，体育与医疗卫生协作的关键在于省级政府是否执行"体医融合"促进全民健康行动，是否下令让省体育局与省卫生健康委员会进行协作，共同完成"健康中国"行动。

二、建立体医协作协调机构

（一）部门协作协调一般组织机构

建立组织架构体系是部门协作的首要任务，从前面中国行政组织体系可以看出，无论是国务院下辖的职能部门还是各省级政府下辖的省级职能部门都属于并列平行的关系。因而，两个并列平行的部门进行协作，完全依靠自身的协调能力，在现行的行政体系中，很难维系和保持稳定、顺畅、持久协作的状态，需要上一级的协调处理，这也是目前行政体系中的普遍做法。现行行政体系下常见的协调组织机构（见表6-1）有领导小组、议事协调机构、部际联席会议、行动导向型协调组织机构，不同的协调组织机构其协调形式、行政规格、协调问题的层次也有所不同。显然，领导小组行政规格最高，协调处理的问题也是国家战略宏观层面的重、特大事关国家民生事务的问题，一般性的行政事务协调处理不会设立这样的协调组织机构。议事协调机构与部际联席会议行政规格处于中等位置，协调处理的问题是事关全局政府政策实施的问题，这一类协调组织机构在各个行政事务协调处理中比较常见。行动导向型协调组织机构行政规格最低，协调处理的问题一般是政府政策实施问题，是相对比较微观的、非全局性的问题。体育与医疗卫生协作的目的是推动"健康中国"建设战略实施，促、保大众健康，事务性质属于宏观性的、全局性的，行政规格应当建立"领导小组"级别协调组织机构。

表6-1　政府部门协调组织机构一览表

协调模式	协调形式	行政规格	协调问题的层次
领导小组	会议、发文、一般有实体办事机构	最高规格（一般由副总理或以上级别担任组长或负责召集）	事关全局的战略性、宏观性的政治、社会经济发展问题
议事协调机构	会议、发文、一般有实体办事机构	中等规格（一般由部级首长召集）	事关全局的政府政策的决策与实施
部际联席会议	会议、一般不发文、部分有实体办事机构	中等规格（一般由部级首长召集）	针对具体的政府政策的实施
行动导向型协调组织机构	无严格的会议形式、不发文、没有实体办事机构	低规格（一般由两部门副职协调与召集）	针对微观的、具体的某项行动

资料来源：张翔著《改革进程中的政府部门间协调机制》。

（二）建立体育与医疗卫生协作协调组织机构

从实地调查访谈了解来看，体育与医疗卫生协作协调组织机构的建立需要分两个层级分别建立全国性与省级协作协调组织机构。无论是国家性的协作协调组织机构还是省级协作协调组织机构都不是单独针对体育与医疗卫生两部门专门设立，而是围绕"健康中国"建设战略实施建立的多部门协作协调组织机构。

全国性的协作协调组织机构应当是"领导小组"级别。目前建立的全国性的协作协调组织机构就是"健康中国行动促进委员会",负责协调包括体育与医疗卫生部门在内的所有有关"健康中国"建设战略实施的相关部门和省级政府,主任由国务院分管领导同志担任,副主任由国家卫生健康委主要负责同志、国务院分管副秘书长以及教育、体育等相关部门负责同志担任,秘书长由国务院分管副秘书长、国家卫生健康委负责同志担任,委员由相关部门负责同志、专家、全国人大代表、全国政协委员和社会知名人士等担任。推进委员会办公室设在国家卫生健康委。省级协作协调组织机构的建立应当对照"健康中国行动促进委员会"进行设置,省级议事协调组织机构,一般为省政府办公厅牵头的协调领导小组,主任由省政府分管领导担任,副主任为包括体育与医疗卫生部门在内的各职能部门负责人。至此,两层级协调组织机构(见图6-2)就已形成。

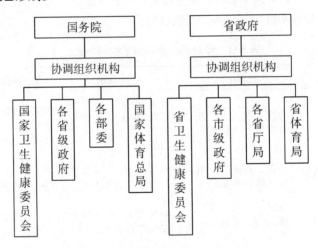

图6-2　国家与省级政府部门组织机构图

从图6-2中可以看出,体育与医疗卫生协作协调组织架构为两层级协调组织机构体系,一层级为国家级层面的协调组织机构体系,统筹全国的"健康中国"事宜,统筹协调包括体育与医疗卫生部门在内的各职能部门与组织机构。二层级为省级层面的协调组织机构体系,统筹全省包括体育与医疗卫生部门在内的各职能部门与组织机构。这两层级协调组织机构体系对于推进"健康中国"建设战略都至关重要,缺一不可。两个组织体系相互之间的关系应当是上下级的层级关系,一个是从国家层面规划、设计、推行"健康中国"建设战略,另一个是具体落实实施"健康中国"建设战略具体行动,从而构成纵向与横向相互协调的全方位"健康中国"建设协调组织机构体系。

第二节　建立协作法规制度

推进"健康中国"建设，是全面建成小康社会、实现社会主义现代化的重要基础[1]，法规制度是保障体育与医疗卫生协作机制运行的首要条件。法规制度的建立才是保障体育与医疗卫生协作机制稳定、顺畅、持久运行的关键，才能确保推进"健康中国"建设国家战略顺利实施。法规制度的建立，是常见协作事务的一贯做法，也是现行中国行政事务的常规操作。没有法规制度保障下的体育与医疗卫生协作机制不能够从根本上保证协作存在的意义和价值，也无法形成系统的、完整的协作体系。

一、协作法规制度

制度的功能就是为实现合作创造条件，保证合作的顺利进行。尤其是在复杂的非个人的交换中，制度更加重要。政府跨部门的合作也需要在一定的环境中，按照既定的规则才能促进协调的有效性。部门间合作的制度规则是内生的，是各行动主体通过互动而产生的，存在于各参与人的意识中，并且是可以自我实施的规则。从一定意义上来说，制度是共有信念的自我维系系统，其实质是博弈均衡的概要表征（信息浓缩），它作为许多可能的表征形式之一起着协调参与人信念的作用[2]。法规制度对于协作双方来说，也是一种正式规则。正式规则是人们有意识创造的、由某种外在权威或组织来实施和控制的。正式规则是协调复杂行为的一种有效手段，为了把协调成本降低到一个可以控制的范围，需要建立正式的规则对经常性的行为进行管理。正式规则的广泛使用也是官僚制的主要特征之一[3]。通过正式规则的制定，可以界定双方在分工中的"责任"规则，界定某一方可以干什么、不可以干什么的规则，界定惩罚的规则和"度量衡"规则[4]。

在部门间合作领域中，由于政策和法律模糊地带的客观存在，部门间合作

---

① 彭国强，舒盛芳. 美国运动健康促进服务体系及其对"健康中国"的启示 [J]. 体育与科学，2016，(5)：112-120.

② 青木昌彦. 比较政治制度 [M]. 周黎安，译. 上海：上海远东出版社，2006：11.

③ 安东尼唐斯. 官僚制内幕 [M]. 郭小聪，等译. 北京：中国人民大学出版社，2006：63-65.

④ 卢现祥. 西方新制度经济学 [M]. 北京：中国发展出版社，1996：24-25.

只存在基本的制度规范，在合作过程中，更多是遵循彼此之间都认可的一些非正式的规范，"两人划船，不是靠相互承诺，而是凭着双方的默契或惯例"①。这就是另一种被称为"内在制度"的非正式规则。"内在制度"是从人类经验中演化出来的，它体现着过去曾经最有益于人类的各种解决办法。非正式的规则也被称为非正式制度，是"人们在长期交往中无意识形成的，具有持久的生命力，并构成代代相传的文化的一部分②"。非正式规则是对正式规则的扩展、细化和限制，在正式规则设立之前，都是通过非正式规则来约束人们之间的关系，并且在整个规则体系中，正式规则只占到很小的一部分。由此可以看出，建立协作法规制度既要包括正式的外在法规制度，也要建立非正式的内在法规制度。

二、建设地方法规制度

体育与医疗卫生两部门的行政隶属关系在省级政府，因此作为双方协作的上级直管省级政府，对双方协作的影响是决定性的。换句话说，没有省级政府的法规制度的保障，双方的协作可以说几乎不存在，纵然有，也仅是表面性的，没有实质性的行动和存在意义。建立省级政府对体育与医疗卫生协作的相关保障法规制度是保障双方协作"健康"、稳定运行的关键所在。保障协作的地方法规制度的建立应当体现在四个方面，一是从宏观层面保障双方协作活动的开展，给予双方协作在政策层面的支持；二是从法规制度的硬性角度出发，要求或命令双方必需协作推进"健康中国"建设相关事宜；三是从法规制度的层面下达双方协作完成的任务和目标；四是用法规制度的形式约束双方的协作活动。

三、建立双方协作法规制度

体育与医疗卫生协作机制的建立需要相关的法规制度来保障，从目前来看，当前有关体育与医疗卫生协作机制的法规和制度比较少，主要有国务院发布的《全民健身条例》《"健康中国2030"规划纲要》《全民健身计划2016—2020年》以及2019年6月25日发布的《国务院关于实施"健康中国"行动的意见》《"健康中国"行动（2019—2030年）》《"健康中国"行动组织实施和考核方案》，另外，还有国家卫生健康委员会发布由包括体育部门在内的相

---

① 休谟. 人性论 [M]. 石碧球，译. 北京：中国社会科学出版社，2009.

② 段晓峰. 非正式制度对中国经济制度变迁方式的影响 [M]. 北京：经济科学出版社，1998：25.

关部门共同制定的《全民健康生活方式行动方案（2017—2025）》。这些法规都是保障体育与医疗卫生部门协作的基础，或者协作依据。但这些法规性文件仅是一些双方需要协作的要求和双方需要共同完成的目标和任务，还需要建立相关的规章制度，尤其是协作的规章制度。

协作规章制度的建立，保障了双方在协作过程中的权、责、利，确保机制运行的顺畅、长久。制度内容主要应当包含五个方面，一是明确双方完成共同目标所要承担的任务，明确分工；二是明确双方的责任，失职或导致目标和任务没有完成应当承担的责任；三是明确协作过程中发生意见不一致情况下的双方协商机制；四是明确双方完成任务后，根据绩效，无论是政绩表扬还是物质奖励都应当明确；五是明确在紧急情况下或特殊情况下，双方各自应当采取的行动和措施。

四、建立与相关部门协作的法规制度

仅有体育与医疗卫生双方协作法规制度的建立还不够，还需要从国家层面和省级政府层面建立推进"健康中国"建设国家战略相关部门协作法规制度。原因在于，推进"健康中国"建设国家战略实施不是体育与医疗卫生两部门所能够完成的任务，而是需要多个部门协同行动才能完成的国家事务，因此，从表面看是体育与医疗卫生两部门的协作，实则在协作过程中会与其他相关部门的行政事务发生交集，如加强群众体育活动场所建设，自然需要建设部门和财政部门的支持，宣传大众积极参与科学健身和健康生活方式教育，需要宣传部门的配合，因此为了保障体育与医疗卫生两部门的协作顺畅、持久，同样要有与相关部门协同处理政务的法规制度的建立。

第三节　构建协作文化氛围

组织文化是影响政府部门开展公共管理活动的外部"软环境"，潜移默化地塑造着政府实施的任何公共管理行为。积极的组织文化可以促进部门协作活动有效开展，消极的组织文化从根本上制约着部门协作活动的实施。协作文化氛围的建立，从环境学的角度来影响协作主体的主观认知，培养其积极的协作意识和良好的协作精神，有利于创造协作的正能量环境。

一、合作意识培养

合作意识的培养也是一种文化概念的建立，这正是当下体育与医疗卫生跨

部门协作所缺乏的一种文化氛围。长期以来中国行政系统形成的纵向认同，上下隶属的行政理念，导致各组织部门内部缺乏合作的意识与观念，缺失了合作的文化氛围浸润。由此也造成"行政裂缝""部门墙"的存在。因此，对于两个部门协作建立而言，培养本部门成员的协作意识，建立协作文化氛围，对于双方协作良好状态的外围隐性影响不可小视，这种"软环境"塑造的良好氛围，其作用和意义不亚于制度建立的"硬环境"。对于双方长期协作来说应当是必然要考虑的一个因素。如何培养合作意识，建议从四个方面进行，一是从国家利益和公共利益角度出发，培养本部门人员的集体利益观念，杜绝狭隘的自私自利思想；二是摒弃狭隘的"部门墙"意识，树立公职人员以"天下为公"的意识；三是依托本部门文化，培养开放办事思维；四是鼓励本部门人员与其他部门合作办理公共事务，并可建立相应的激励制度。

二、合作组织文化氛围建设

每一个组织都有其独特的组织文化，有些组织文化可以有效促进组织之间开展协作，有些组织文化则可能成为组织协作的障碍和挑战。合作型的组织文化为部门协作提供了柔性的制度支持。良好的合作型组织文化可以在部门之间、部门工作人员之间建立信任，使其开诚布公地就公共性问题交换意见，促进有效沟通。

合作组织文化氛围的建设首先需要体育与医疗卫生两部门在自己的内部文化建设中，多以团结、沟通、合作、协作等词语作为本部门文化建设的重点主题，其次是双方对接沟通的组织机构人员集中培养"团队"概念，形成一个"协作团队"概念，消除跨部门成员身份生疏感，建立"一家亲"的情感认同观，再次是两部门经常性地开展业务工作经验交流，加强感情沟通，最后是两部门负责人经常共同交流、商讨共同事务问题，虚心听取对方的意见和建议。协作文化氛围的形成需要长期的建设，不可一蹴而就，既需要双方的坚持与耐心，也需要上级行政部门的支持与帮助，一旦这样的文化氛围形成，将对双方的协作活动产生不可估量的积极效应。

第四节　建立信息共享机制

信息共享是跨部门协作建立的必要条件之一。体育与医疗卫生协作是一项庞杂的、全面的、长久的复杂系统工程，因而必须强化交流合作，促进信息资源共享，不断完善协作信息共享机制。信息共享不仅指双方部门横向之间，还指上级部门与下级部门纵向之间。纵向政府部门间的信息共享是指上级政府部门有效获取和利用下级政府部门的汇报信息，以及下级政府部门充分利用和获取上级政府部门发布的信息。这样的共享机制不仅有利于上级政府的科学决策，还可以促进上下级政府部门间的沟通。横向部门间的信息资源共享是整个信息共享网络中最为薄弱的链条部分。横向部门间的信息资源都是各个职能部门根据各自的职能分工和权责分配收集的，所以不可避免地出现了信息寻租现象。为实现有效的信息共享，横向跨部门协作双方应当本着信任的原则，秉持信息共享意识，同时还要注意降低部门分割信息寻租影响，避免信息平台结构性破碎，建立信息对称性核查机制。

一、秉持共享意识

跨部门合作的形成并不是依赖于不同组织之间的权力层级，而是通过一致的跨部门合作目标将不存在隶属关系的部门整合起来。事实上，这种没有行政隶属关系和法律规范等刚性约束条件的组织关系能够一起合作，形成一个共融体，起到桥梁和纽带作用的就是一种基于共同目标的信任意识。信息共享能否顺利实现，其本质性障碍并不在于信息的共享手段和技术等外部因素，而是在于是否有基于相互信任的信息共享意识。信息共享不是给予对方的恩赐或奖赏，更不是分给对方的获得利益，而应当是对双方都有利的便利共享，对共同任务和目标完成的便利措施。体育与医疗卫生协作是为了完成共同任务，达到同一目的而组成的共融体，因此，双方应当首先建立的是信任，没有对彼此的信任，协作是不存在的，也没有"共享"之说。基于此，二者的"共享"意识应该是具备的，但随着漫长的协作进程推进，还需不断强化这种意识，坚定秉持这种共享意识。信息共享是众多资源共享中的一部分，但其份量不可忽视，从其他跨部门协作经验来看，协作进展不顺利的多数原因是信息缺乏共享。体育与医疗卫生协作方面的信息资源是多方面的，但总体可归为一类，即大众健康信息，如体育方面掌握着大众健身方面的基本信息，而医疗卫生方面则掌握着大众亚健康、慢性病、康复等方面的信息，对于这些信息双方都应当"共享"，否则对促、保大众健康而言双方都会受到掣肘。信息共享也是一种信息交换，交换、共享的地点应当是双方协商建立的信息平台，这也应当是双方进行信息交换、共享的唯一渠道或途径，这样能避免信息混乱、失真。

二、降低部门分割信息寻租影响

部门分割信息寻租是传统政务体制里的弊端，即政府公共权力部门化、部门权力利益化。显然，这些政务弊端是阻碍部门间信息共享的障碍，建立部门间信息共享机制，就必然要减少这些政务弊端的影响。部门作为政府的组织机构，掌握着大量的公共权力，部门权力如何使用是本部门的自由，这也恰恰导致了公共权力部门化、私有化，进而引发出的问题是缺乏共享意识，公共信息部门化、私有化。这造成公共信息流通与共享障碍，对于参与协作一方失去掌握信息的机会，从而导致双方信息不对称，协作事务不协调，障碍重重。部门权力私有化后，就会导致部门权力利益化。公共信息部门化后，一些部门将公共信息作为获得利益的交换或谈判资本，这进一步阻碍了部门间的合作。对于政府部门的体育与医疗卫生来说，同样会存在这种天然的弊端，因此，双方在协作之初，就应当意识到这个问题的存在，引起足够的重视。只要双方能够在协作之初就意识到这种天然弊端的存在，就能够在协作之初，首先明确公共信息的共享办法与相关措施保障，诸如大众健康信息平台建设办法与维护措施，大众常规健康信息的收集以及健身信息的收集办法与途径，联合成立信息小组，负责信息收集、筛查、标准制定、维护措施以及相关工作。从实地调查访谈情况看，目前造成公共信息部门化、无法共享的主要原因是没有建立信息共享平台，也没有专人负责。因此，当前实现信息共享的首要任务是双方协商建立信息共享平台，包括国家体育总局与国家卫生健康委员会共建信息平台和省级体育与医疗卫生部门共建信息平台。需要注意的是这两个信息平台的建立，还应当制定统一的信息标准、收集与发布基本规范等，否则双方各自用自认为的有效信息入库会导致信息辨识成本增加，信息的不对称性增加，信息整合难度加大，极易形成信息"孤岛"。

三、避免信息平台结构性破碎

信息平台结构性破碎源于不同的行政地方政府间缺乏畅通的信息交流渠道，使得地方政府的思维局限于本辖区内，只能按照自身资源信息做出决策，无法从区域全局思考问题，这导致管理成本提高和管理效率低下，形成管理决策的数据信息平台的结构性破碎。信息平台结构性破碎的本质还是信息没有共享。如果体育部门只收集大众健身信息，没有得到大众健康基本状况的相关信息，那就会造成制定的《全民健身指南》缺乏科学性，反之，如果医疗卫生部门只收集到大众健康基本状况，没有得到大众健身方面的身体各机能能力方面的信息，同样会对本部门出台的中国人健康生活指导、慢性病防控以及康复方面的指导意见缺乏科学性。因此，双方掌握信息的平台共享，才是避免信息平台结构性破碎的关键。

信息共享一般依据参与信息共享的机构扮演角色的不同而共享模式不同，常见模式有"参与—参与"型和"主导—配合"型①。这种分类方式能够有针对性地指导不同合作方式下的信息共享平台的建设。"参与—参与"型中的各个参与部门之间地位相当，一般通过统一的协调机构实现既定目标，是最为常见的一种跨部门信息共享模式。"主导—配合"型往往通过行政权威予以维系，以一个（或者几个）部门为主导，其他机构配合。两种模式各有运行的优势和局限性，前者的主要优势在于各信息共享机构地位平等，因而自主性较大，但是其劣势在于其约束性较弱，内发动力不足。后者则是通过法律和行政命令等方式对信息共享进行规定，因此协调阻力较小，但同时合作层级的存在会导致沟通障碍的产生。选择何种信息共享平台建设模式，根据客观情况来确定，例如由税务、海关、质检、公安等国家行政执法部门广泛参与、联合建设的综合网站平台——口岸电子执法系统的建设就需要采用"参与—参与"型信息共享模式；而城市应急联动系统建设则需要由公安部门作为主导部门，要求交通、城建等部门予以辅助，建设保障联动系统，以实现紧急情况或公共安全事件发生时迅速、有效的联动处理，因此需要采用"主导—配合"型信息共享模式。对于体育与医疗卫生合作构建信息共享平台来说，无法用单一模式来确定，应当分层级来确定。从宏观层面考量，即从"健康中国"建设实施战略角度出发考量，从双方掌握有关健康信息资源多少角度出发考量，体育与医疗卫生协作的信息共享平台建设模式应当选择"主导—配合"型，即以国家卫生健康委员会为主导部门，体育以及其他部门予以配合的信息共享平台，以实现紧急卫生事件或突发重大公共卫生事件发生时，能够及时、有效地联动处理。从微观层面考量，即从省级体育与医疗卫生协作具体落实"健康中国"行动考量，二者协作信息共享平台的建立采用"参与—参与"型较为适当。

四、建立信息对称性核查机制

协作信息共享，在缺乏有效监管机制的情况下，会出现彼此信息的不对称性，从而导致协调中机会主义行为的可能性增加，进一步提高了信息的成本和合作成本。信息时代在给人们带来诸多便利的同时，也会因信息的不对称性以及信息虚假等问题严重困扰着人们的日常生活。在体育与医疗卫生协作的进程中，不可避免地需要进行信息共享，但众多的信息中，会出现诸多不对称性，

---

① 王丽琼. 电子政务中跨部门信息共享的模式及保障机制研究 [J]. 科技情报开发与经济，2009，19（1）：83.

如针对某一亚健康群体的健身指导，体育方面会给出一个运动处方，而医疗卫生方面也会给出一个运动处方，这两个运动处方可能会区别很大，造成这一现象的原因，正是双方掌握该名亚健康大众的基础信息不对称。因此，对于双方提供给信息平台的信息，不仅需要核查入库，还需定期更新修正，对于两部门提供的相关信息，有交集的部分务必进行消融、修正，建立统一的目录与标准。从其他跨部门协作信息的共享经验来看，产生矛盾与摩擦多数情况下归咎于没有建立信息对称性核查机制，想当然地认为只要双方愿意进行信息共享就已经足够了，显然这是一种错误的判断。事实上，要建立信息对称性核查机制，在双方协作之初就应当协商首先成立信息管理小组，专人负责，这样信息对称性核查机制才能落到实处。

第五节　建立医体结合复合型人才队伍

　　医体结合复合型人才队伍是体育与医疗卫生协作不可或缺的重要资源之一，更是二者协作行为落地的显效展示。医体结合复合型人才队伍建设主要基于两个思路考虑，一是对现有人员进行培养，二是从输出人才源头进行相应改革。对现有人员进行培养，已有学者进行过这方面探讨，主要观点分为两个方向：一个方向是从体育方向出发考量，将体育社会指导员作为培养对象；另一个方向是从医疗卫生方向出发考量，将一般医疗卫生人员及后备人才和特定医务人员作为培养对象。这两种考量从理论层面上来看，没有什么问题，但从实践应用与培养选拔的基础条件角度出发，我们认为从医疗卫生这个方向进行培养更切合实际，实用价值更高。做出这样的推断结论，理由有三点：一是从社会大众信任度角度出发考量，医疗卫生人员与特定医务人员在促、保大众健康方面的社会大众信任度更高；二是从培养能够促、保大众健康人才的知识与能力需求的角度出发考量，医疗卫生人员及后备人才与特殊医务人员的健康知识基础和能力比一般健康促、保医疗卫生人员的基础和能力更胜一筹；三是从调查访谈了解的情况来看，培养体育社会指导员成为"医体结合"复合型人才是不成功的，不成功的主要原因还是基于前面两点。因此，将医疗卫生人员后备人才和特定医务人员作为"医体结合"复合型人才队伍更切合实际需要，更有实用价值。如何将医疗卫生人员及后备人才与特定医务人员培养成为"医体结合"复合型人才，主要还是从培养他们的科学健身素养入手，补齐他们在促、保大众健康能力方面的"短板"，全面提高他们促、保大众健康的综合能力。针对医体结合复合型人才队伍建设的第二个思路，即从输出人才源头进行相应改革，是对医学院校体医协作人才培养进行相应的改革。

一、医疗卫生行业中心转变

（一）行业整体中心转移

1. 国际医疗卫生行业中心转移

人类为了维护自己的健康，需要改变现状，需要对现代医学重新定位，跳出疾病为中心的窠臼，促使医学回归其本来目的，即从以疾病为中心走向以健康为中心。近些年，从发达国家到发展中国家，都出现了医疗费用越来越高、疾病越治越多的现象，"以疾病为中心"导致的临床上对医疗技术过度依赖，使得医学目的不断窄化，由此引起了各国医学界和医学哲学界的重视，使他们重新审视"医学的目的"到底是什么。以"医学的目的"为主题的国际研究组织经过多年多次的讨论，于 1996 年 11 月召开新闻发布会宣布推动医学从以治疗和高科技治疗技术为中心转移至以照料关爱为中心——以健康为中心。医学的重点转向公共卫生和疾病预防。同时，该组织提出警告，照目前医疗的发展趋势，在全世界范围内，医疗将成为供应不起、不可持续且不公正的医疗。随后该组织于 1999 年出版成果集《医学的目的：设定新的优先性》（The Goals of Medicine：Setting New Priorities）。该书观点鲜明地认为，当前全球面临的医疗危机正是由现代医学依赖高科技治疗疾病的战略所导致的，并明确指出医学的目的有四个：预防疾病和损伤，促进和维护健康；解除病灾造成的精神及肉体痛苦；照料和治愈患者，为无法治愈者提供照料和帮助；避免过早死亡和寻求安详死亡之道[①]。事实上，早在 1993 年编辑完成的国际疾病分类（ICD）-10 中，分类名称将前八版一直使用的"国际疾病分类"改为"疾病和有关健康问题的国际统计分类"，虽然出于使用方便的考虑，简称仍沿用"国际疾病分类（ICD）"，但这一改动扩大了 ICD 的应用范围，更是世界卫生组织提倡的将关注重心从"疾病"向"健康"转移的具体体现。

2. 我国医疗卫生行业中心转移

随着国际医学中心的转移，我国也将关口前移，以预防为主的健康发展观逐渐提到议事日程上来。2016 年 10 月《"健康中国 2030"规划纲要》的出台，标志着我国健康管理重心从"疾病"向"健康"转移的国家战略实施正

---

① DANIEL CALLAHAN. The goals of medicine：setting new priorities ［M］. Washington：Georgetown University Press，1999.

式开始。2016 年 11 月以国家卫生计生委牵头联合体育总局在内的其他 9 个部门发布《关于加强健康促进与教育的指导意见》。从该指导意见中可以得出三个重要信息：一是未来健康促进与教育的重要阵地是"各级各类医疗卫生机构"；二是今后医疗卫生行业将从"以治病为中心"向"以健康为中心"转变；三是大力开展健康促进与教育，需要医疗卫生行业发挥专业优势。从这三点信息明显可以看出，我国医疗卫生行业未来顺应国际医疗卫生行业发展趋势，也顺应国家整体发展需要，不仅担当治病角色更要担当健康促进与教育角色，且将后者作为中心，这无疑对这一行业来说是重大的挑战，需要重新审视推动行业发展的个体角色转变，急需储备和提升大众健康促进与教育综合能力，补齐除专业能力外的其他"短板"。

（二）个体角色转变

1. 疾病救治兼备大众健康促进与教育

随着整体行业中心的转变，医务人员的角色也应当随之转变，以适应整体行业发展需求，适应国家发展战略需求，服务人民大众。2017 年 1 月，国家卫生计生委发布国卫宣传发 2017〔2〕号文件《国家卫生计生委关于印发"十三五"全国健康促进与教育工作规划的通知》，在此通知中第四条"重点任务"第三点"不断提高居民健康素养水平"中提及"充分发挥医疗卫生机构和医务人员主力军作用，特别要发挥社区卫生服务机构、乡镇卫生院、计划生育服务机构等基层卫生计生机构主阵地作用"①。2019 年国务院办公厅发布的《"健康中国"行动组织实施和考核方案》中提出"建立医疗机构和医务人员开展健康教育和健康促进的绩效考核机制"，将健康促进与教育任务作为医疗卫生机构和医务人员的一种绩效考核。由此可以看出，医疗卫生人员无论从职业使命考量，还是从自身利益获得考量，角色转换都将成为必然。医疗卫生人员应从一名单纯的疾病救治者转向疾病救治兼备大众健康的促进与教育者。这种角色的转变，是时代发展需要，是国家战略实施的需要，是普通大众对健康的需要。医疗卫生人员必须及时适应角色的转变，尽管这样的转变具有很大的挑战性，但在各方面的大力支持和自我的努力下，医疗卫生人员也能够较快地适应这样的角色转变。如何适应转变？要对应健康促进与教育所需能力素养，补齐、补全其他能力素养，尤其是与专业相差较远的其他能力素养，补齐这块"短板"。

---

① 国家卫生健康委员会。

2. 科学健身素养是必备能力之一

医疗卫生人员在健康促进与教育方面的综合能力中除了专业能力之外，还应当具备体育健身、饮食营养、健康生活三个主要方面的能力。这几个方面的能力是对应大众健康促进与教育任务而来的。2016 年 11 月，国家卫生计生委联合九个部门发布的《关于加强健康促进与教育的指导意见》中提出"实施医疗卫生、体育健身、食品药品安全、心理干预等综合治理，有效应对各类健康影响因素"①。从这份重要的指导意见中可以清晰地看到，"体育健身"是促进大众健康与教育的重要因素之一。既然体育健身是促进大众健康与教育的重要因素之一，那么医疗卫生人员在角色转变，提高大众健康促进与教育综合能力中，就应当储备和提高科学健身素养。体育科学健身对健康促进与教育具有重要性，这一点可以从另外两个重要文件中得到印证：一个是 2016 年 10 月发布的《"健康中国 2030"规划纲要》，该纲要中提出加强体医融合和非医疗健康干预，推动形成体医结合的疾病管理与健康服务模式，发挥全民科学健身在健康促进、慢性病预防和康复等方面的积极作用②；另一个是 2016 年 11 月以国家卫生计生委牵头联合包括体育部门在内的九个部门发布的《关于加强健康促进与教育的指导意见》，该意见"积极推进全民健身"中提出"推动全民健身和全民健康深度融合，创新全民健身体制机制③"。结合医疗卫生人员在大众健康促进与教育中具有的主力军与示范引领双重身份，科学健身素养储备与提高是其必备能力之一。

二、医疗卫生人员及后备人才科学健身素养培养

（一）医疗卫生人员及后备人才科学健身素养现状

1. 对科学健身知识的了解程度

医疗卫生人员对科学健身知识的了解程度，关乎其在行医过程中是否具备给患者提出祛除疾病，恢复与促进健康的科学健身建议方面的能力。因此对医疗卫生人员、实习和规培临床医学专业医疗卫生人员以及在校临床医学生进行此方面的调查了解具有必要性，调查结果见表6-2。

---

① 国家卫生健康委员会。
② 中共中央国务院印发《"健康中国 2030"规划纲要》[N]. 新华社，2016-10-25.
③ 国家卫生健康委员会。

表 6-2　对科学健身基本知识知晓度调查结果统计表

选项内容	总体结果 （n=693）		各群体结果					
			在职医疗 卫生人员 （n=33）		实习与 规培人员 （n=220）		在校医学生 （n=440）	
	人数 /个	占比 /%	人数 /个	占比 /%	人数 /个	占比 /%	人数 /个	占比 /%
全部了解	155	22.4	6	18.2	44	20.0	105	23.9
部分了解	354	51.1	17	51.5	101	45.9	236	53.6
不了解	184	26.6	10	30.3	75	34.1	99	22.5

从调查总体结果来看，被调查的 693 人中，"全部了解"的有 155 人，约占被调查总人数的 22.4%，"部分了解"的有 354 人，约占被调查总人数的 51.1%，"不了解"的有 184 人，约占被调查总人数的 26.6%。显然，在所有被调查者中，半数以上被调查者"部分了解"科学健身基本知识，"全部了解"科学健身基本知识的被调查者仅占总人数的四分之一左右。在调查实践过程中通过访谈了解到被调查者中表示对科学健身基本知识"全部了解"或"部分了解"的群体，事实上对科学健身基本知识的了解并不专业，部分被调查者仅是从其他人口述中了解所谓的专业科学健身基本知识。经统计学分析，三类群体相互之间的认知差异不具有统计学意义（ $P>0.05$ ）。由此可以看出，三类群体普遍对科学健身基本知识的知晓度较低。

2. 对掌握科学健身知识重要性的认知

在当前促、保全民健康，推进"健康中国"建设的大背景下，确保医体融合顺畅、有效进行，践行医疗行业"预防"为主的健康工作方针，确保医疗卫生人员能够给患者或亚健康人群提出合理、科学的体育锻炼方式、方法，有必要对医疗卫生人员掌握科学健身知识重要性的认知度进行了解。调查结果见表 6-3。

表 6-3　对掌握科学健身基本知识重要性的认知调查结果统计表

选项内容	总体结果 （n=509）		各群体结果					
			在职医疗 卫生人员 （n=23）		实习与 规培人员 （n=145）		在校医学生 （n=341）	
	人数 /个	占比 /%	人数 /个	占比 /%	人数 /个	占比 /%	人数 /个	占比 /%
重要	236	46.4	18	78.3	69	47.6	149	43.7

表6-3(续)

选项内容	总体结果 ($n=509$)		各群体结果					
			在职医疗 卫生人员 ($n=23$)		实习与 规培人员 ($n=145$)		在校医学生 ($n=341$)	
	人数 /个	占比 /%	人数 /个	占比 /%	人数 /个	占比 /%	人数 /个	占比 /%
一般	209	41.1	3	13	67	46.2	139	40.8
不重要	64	12.6	2	8.7	9	6.2	53	15.5

从被调查的"全部了解"和"部分了解"科学健身基本知识的509人来看，有236人认为"重要"，约占被调查总人数的46.4%；有209人认为"一般"，约占被调查总人数的41.1%；有64人认为"不重要"，约占被调查总人数的12.6%。在调查实践过程中通过访谈了解到被调查者中表示认为掌握科学健身基本知识"重要"的群体，事实上大多数未将此种"重要性"与全民健康促进与教育中的重要历史使命关联起来，仅是从自身身体锻炼价值或其他人口述认知。由此可见，被调查者对掌握科学健身基本知识重要性的总体认知度相对较低。

在被调查的三类群体中，在职医疗卫生人员的认知度最高，认为"重要"的人数达到本类人群被调查总数的约78.3%，其他两类群体的认知度相对较低，均不及本群体被调查人数的50%。通过统计学分析，医疗卫生人员与另外两类群体之间的认知差异分别具有统计学意义（$P<0.05$），另外两类群体相互之间的认知差异不具有统计学意义（$P>0.05$）。

3. 目前获得科学健身基本知识的主要途径

了解医疗卫生人员科学健身基本知识获得的主要途径，有助于对未来提高医疗卫生人员的科学健身素养提供更加有效和便捷的途径。调查结果见表6-4。

表6-4　目前获得科学健身基本知识的主要途径调查结果统计表

选项内容	总体结果 ($n=509$)		各群体结果					
			在职医疗 卫生人员 ($n=23$)		实习与 规培人员 ($n=145$)		在校医学生 ($n=341$)	
	人数 /个	占比 /%	人数 /个	占比 /%	人数 /个	占比 /%	人数 /个	占比 /%
体育课	287	56.4	4	17.4	61	42.1	222	65.1

表6-4(续)

选项内容	总体结果 ($n=509$)		各群体结果					
			在职医疗 卫生人员 ($n=23$)		实习与 规培人员 ($n=145$)		在校医学生 ($n=341$)	
	人数 /个	占比 /%	人数 /个	占比 /%	人数 /个	占比 /%	人数 /个	占比 /%
媒介、网络	80	15.7	8	34.8	32	22.1	40	11.7
自主学习与培训	20	3.9	1	4.3	10	6.9	9	2.6
周围锻炼人群	25	4.9	6	26.1	10	6.9	9	2.6
俱乐部与社团	87	17.1	3	13	29	20	55	16.1
其他方面	10	2.0	1	4.3	3	2.1	6	1.8

通过对科学健身基本知识"全部了解"或"部分了解"的509人的调查了解，调查结果显示，获得主要途径首先为"体育课"，约占被调查总人数的56.4%，其次是"俱乐部与社团"，约占被调查总人数的17.1%，最后是"媒介、网络"，约占被调查总人数的15.7%。由此看出，"体育课"依然是大家获得科学健身基本知识的最原始、最简单、最传统途径。同时也应看到其他几条获得途径所占比例均不到20%，获得途径相对单一。

三类群体中，在职医疗卫生人员获得科学健身基本知识的三个主要途径首先是"媒介、网络"，约占被调查人数的34.8%，其次是"周围锻炼人群"，约占被调查人数的26.1%，最后是"体育课"，约占被调查人数的17.4%。实习和规培临床医疗卫生人员获得科学健身基本知识的三个主要途径首先是"体育课"，约占被调查人数的42.1%，其次是"媒介、网络"，约占被调查人数的22.1%，最后是"俱乐部与社团"，约占被调查人数的20%。在校医学生获得科学健身基本知识的三个主要途径首先是"体育课"，约占被调查人数的65.1%，其次是"俱乐部与社团"，约占被调查人数的16.1%，最后是"媒介、网络"，约占被调查人数的11.7%。从这三个群体获得知识的三条主要途径相比较来看，由于社会身份的不同，三个群体获取科学健身知识的途径也明显有所不同。

4. 获得科学健身基本知识的主要干扰因素

了解干扰医疗卫生人员获得科学健身基本知识的主要因素，有助于医疗卫生人员未来在提高科学健身素养过程中，尽可能降低或避免这些因素的不良干扰，寻找或创造新的、有效的、可行的因素或途径，不断提高医疗卫生人员的科学健身素养水平。调查结果见表6-5。

表6-5 获得科学健身基本知识的主要干扰因素调查结果统计表

选项内容	总体结果 (n=693)		各群体结果					
			在职医疗卫生人员 (n=33)		实习与规培人员 (n=220)		在校医学生 (n=440)	
	人数/个	占比/%	人数/个	占比/%	人数/个	占比/%	人数/个	占比/%
认知程度不高	151	21.8	2	6.1	30	13.6	119	27.0
学习精力和时间不足	201	29	18	54.5	80	36.4	103	23.4
体育课讲授深度不够	181	26.1	2	6.1	4	1.8	175	39.8
缺乏专业获得渠道	160	23.1	11	33.3	106	48.2	43	9.8

总体调查结果显示，影响三类人群获得科学健身基本知识的主要干扰因素首先是"学习精力和时间不足"，约占被调查总人数的29%；其次是"体育课讲授深度不够"，约占被调查总人数的26.1%；最后是"缺乏专业获得渠道"，约占被调查总人数的23.1%。由此可以看出，尽管"学习精力和时间不足"是所有干扰因素里面排在第一位的，但与其他几个干扰因素差别不大，主次并不明显，换句话说，四个主要干扰因素都对获得科学健身基本知识产生不可忽略的影响。

各群体调查结果显示，影响在职医疗卫生人员获得科学健身基本知识的首要干扰因素是"学习精力和时间不足"，约占被调查人数的54.5%；影响实习和规培临床医疗卫生人员获得科学健身基本知识的首要干扰因素是"缺乏专业获得渠道"，约占被调查人数的48.2%；影响在校医学生获得科学健身基本知识的首要干扰因素是"体育课讲授深度不够"，约占被调查人数的39.8%。

（二）医疗卫生人员及后备人才科学健身素养现状分析

通过对四个方面问题的调查发现，所呈现的问题成因因三类群体所处的不同身份而有所不同。

在职医疗卫生人员在当今社会大力提倡"大健康"的背景下，对体育健身的功能与作用的基本认识在不断改变，并且经过临床实践工作，其也认识到掌握科学健身知识对自身行医的重要性，尤其是在自身从医过程中，在病人救治、防治、康复、康养过程中需要体育科学健身的基本知识。但在访谈了解中，在职医疗卫生人员并没有将其上升到作为全民健康促进与教育主力军的高度，没有将其上升到全民健康促进与教育所赋予的历史使命高度，还需加强认知度的提高。另外，在调查结果中看到，有相当部分的被调查者并不是"全部了解"科学健身基本知识，这将会影响其在全民健康促进与教育中所发挥的作用，不可小视。体育健身与医疗卫生从纵向来说分别属于不同的两个系统，长期以来双方没有过多的交集，因此造成体医互不了解，彼此了解对方都是通过间接的方式，这也可从医疗卫生人员通过"媒介、网络"方式了解体育科学健身基本知识这一现象中看出。医疗卫生人员由于职业的特殊性，工作繁忙，压力大，除了工作之外，还要处理一些家庭事务，因此他们属于自己的自由时间很少，所以几乎没有足够的时间和精力进行再学习，再次提高自身的科学健身素养水平，这对大多数医疗卫生人员来说是一个客观现实的因素。据了解，很多医院也组织医疗卫生人员进行继续教育培训，但几乎没有一家医疗卫生机构聘请专业的体育科学健身专家讲授这方面的内容，因为相对于他们的本专业水平和能力的提高而言，这部分知识显得并不重要，因此，从全民健康促进与教育的角度出发考虑，提高医疗卫生人员科学健身素养应当重新认识继续教育的能力提高方向，对增加科学健身基本知识应当引起必要的关注。

实习与规培人员作为医疗卫生未来的后备人才由于接触或从事医疗卫生职业时间较短，无论是对科学健身基本知识的了解，还是对掌握科学健身基本知识重要性的认知都不及在职医疗卫生人员。访谈了解到，在自认为掌握科学健身基本知识重要的被调查群体中也有相当一部分被调查者并没有真正理解重要性的真正含义，多数是出于是对体育的喜爱，抑或是对健美体魄的迷恋而认为重要，并没有从自身在全民健康促进与教育中的角色担当和肩负使命角度出发考量。因此，还需从全民健康促进与教育的角度出发，加强对掌握科学健身基本知识重要性的认知。同样也是由于接触或从事医疗卫生职业时间较短，或者说刚脱离学校，实习与规培人员关于科学健身基本知识获得的主要专业渠道还是体育课。从访谈中了解到部分被调查者除体育课之外，还会从其他渠道获得科学健身基本知识，但这部分群体人数极少，大多数是从体育课获得之外，再没有其他可靠途径获得，获取途径并没有随着身份或角色的转变而变多。在访谈了解中发现被调查者自身作为医疗卫生后备人才，未来将要在全民健康促进与教育中担负重要角色，其认为影响其科学健身素养提高的不利因素主要是缺乏专业渠道获得相关知识，当然也有一部分被调查者由于在医疗卫生职业岗位上属于骨干或因加班比较多，认为影响其科学健身素养提高的不利影响因素是没有太多自由时间。无论哪一种不利影响因素，都应当引起相关医疗卫生机构的重视，采取相应的改善措施。

在校医学生同样是未来潜在的医疗卫生后备人才。由于单纯的学生身份，这一群体对科学健身基本知识"部分了解"的人数能够达到被调查者总数的一半不难理解，毕竟从体育课中获得的知识或多或少还留有记忆。不难理解，这一群体获得科学健身知识的主要途径主要来自体育课，影响其科学健身素养提高的不利影响因素也是体育课教授深度。因此，对于这一群体来说，只要抓住"体育课"这一关键抓手，科学健身素养的提高定会事半功倍。

（三）医疗卫生人员及后备人才科学健身素养培养路径

1. 在职医疗卫生人员科学健身素养培养

（1）提高认知度

部分医疗卫生人员对掌握科学健身基本知识重要性的认知还不到位，还需继续加强这方面的认知度。尤其是对投身社区医务和家庭医生角色的医疗卫生人员，更应当引起医疗卫生管理者的重视，将体力活动水平作为基本生命体征，纳入问诊的内容体系中[①]，从行业要求的高度提高医疗卫生人员的认知度。如果这些医疗卫生人员自身不清楚，不重视科学健身，就会使这些医疗卫生人员失去其担任的角色功能与作用。因此，首先要提高医疗卫生人员对掌握科学健身知识重要性的认知，对此医疗卫生机构应当每年组织一次科学健身素养讲座或宣教活动，帮助医疗卫生人员了解掌握科学健身知识的重要性。医疗卫生机构也可以每年组织一次相关知识测试，结合一些惩罚与奖励措施手段来促进其认知度提高。

（2）医疗卫生机构与体育科研机构协作培养

专业体育科研机构长期从事儿童与成年人训练的相关研究，并且对不同的运动项目锻炼对身体产生的不同影响方面进行了大量的研究。这些都对健身和临床方面具有重要参考价值。体育科研机构所研究的运动医学、运动康复学很好地将运动和医学结合起来，在指导临床患者方面有独特的效果。体育科研机构长期研究的对象是竞技体育，竞技体育科技涉及诸多医学问题，是最能满足医学需求的，能够提供最为科学的训练、健身手段与方法。因此，提出通过体育科研机构来提升医疗卫生人员的科学健身素养是最好、最为专业的有效渠道。医疗卫生机构与体育科研机构协作，技术上体医双方扬长避短，各自发挥各自的技术优势亲密协作，这应当是推进"健康中国"建设背景下，体医融合的重要协作途径之一。故而医疗卫生机构与体育科研机构协作既能够践行国

---

① 卢文云，陈佩杰. 全民健身与全民健康深度融合的内涵、路径与体制机制研究 [J]. 体育科学，2018，38（5）：33.

家战略的实际行动，又能够为医疗卫生人员提供最为有效、科学的健身手段与方法，两全其美，何乐而不为呢？仅从"协作"角度来讲，主动权在医疗卫生机构，是否愿意协作，关键是看医疗卫生机构的意愿，如果医疗卫生机构能够充分信任体育科研机构，那二者的合作既广泛又深远，二者也各取所需，医疗卫生人员在提高自身科学健身素养的同时也在一定程度上提高自身的辅助诊治水平，为我国健康教育做出医学界应有的贡献。对于二者的具体协作，可采用横向部门间协作协议的形式具体到协作内容、协作形式以及每年双方约定固定时间进行专门的探讨和沟通等。这样确保双方的协作既能够不至于因为领导层的变动而"破产"，也有利于形成一种长效的协作机制。

（3）继续教育增加科学健身培训内容

医疗卫生人员的培训机会相对比较多，因此可以利用大量的培训机会来提高医疗卫生人员的科学健身素养。在当前推进"健康中国"建设，大力完善我国健康教育体系，以及深度医体融合的背景下，医疗卫生机构应当认识到未来医疗卫生人员所发挥的重要作用。尤其是中青年医疗卫生人员担负着全民健康促进与教育的重任，因此在继续教育中，既要注意培养提高其专业能力，还应当提高其在全民健康促进与教育方面的其他能力。继续教育是一种再教育方式，目的是提高受教育者能力不足的地方或培养其新的能力，因此，利用继续教育来提高在职医疗卫生人员的科学健身素养是一种经济实用的"搭便车"方式。继续教育中增加科学健身基本知识的培训，需要注意的是应当聘请体育学相关专家讲授，确保讲授内容的专业性，同时培训结业测试成绩也应当占一定的比例分数，避免培训流于形式。类似这样的继续教育，各级医疗卫生机构可制定相关的规章制度，在政府组织的相关继续教育培训中率先执行，起到引领示范作用。

（4）线下结合线上定期集中组织培养

医疗卫生人员由于工作的特殊性，一般都比较繁忙，如果没有统一要求集中学习培训，那么其依靠自觉性提升科学健身素养的可能性较小。因此，应当由医疗卫生机构统一安排，每年集中组织一次提高科学健身素养的专门培训，要求所有中青年医疗卫生人员必须参加，从某种强制性的角度确保本地区、本机构中青年医疗卫生人员科学健身素养得到普遍性提高。

当然，这种培养手段，最好同期分批次进行，如每年分两期进行，上下半年各一期，每期分几个时间段进行，这样就尽可能地降低了对医院正常运行造成的影响，使医疗卫生人员自行合理安排参与培训的时间。另外，可同时开展线上科学健身培训，这将更加便于日常工作繁忙的医疗卫生工作者合理、自由安排自己的培训时间。但无论是线上培训还是线下培训都需要注意两点：一是规定在一定时间范围完成，二是要对培训结果进行测试考核，最大限度保证培训的质量和效果。这种培养途径，需在一定程度上体现强迫性，以保障培养的质量和效果，同时彰显掌握培训知识的重要性，一定程度上也在提高医疗卫生人员对这些知识重要性的认知。

2. 实习与规培医学专业人员科学健身素养培养

（1）加强重要性认知

实习和规培医疗卫生人员虽然已开始接触医疗卫生实践工作，但对自身科学健身素养的提高和全民健康促进与教育中的关联性还不够清楚，更没有意识到作为医疗卫生后备人才未来将要在全民健康促进与教育中扮演重要角色。同样也没有切身的实践运用体会，如如何结合科学健身知识指导大众健康生活方式、亚健康大众的生活与饮食以及锻炼、特殊慢性病患者的日常生活以及康复等。对此，需要加强其对掌握科学健身基本知识重要性的认知。具体形式可以通过带习或主管医疗卫生人员宣教，同时医疗卫生机构和学校还需以联合开展相关知识竞赛之类的形式进行宣教。当然，最好的形式是带习或主管医疗卫生人员通过一些具体的案例详细讲授，这样才能够使实习和规培医疗卫生人员在直观上感知到掌握科学健身知识的重要性。

（2）定期强制性培养

仅依靠鼓励与引导并不能实现科学健身素养提高的全面性与整体性，因此还应当配以一定的强制性培养，以达到软硬两手抓的良好效果。实习和规培医疗卫生人员，相对于在职医疗卫生人员工作的自由度比较大，所承受的压力相对较小，也能够抽出相对空闲的时间组织专门性的学习。针对实习和规培医疗卫生人员这一特点，医疗卫生机构和学校可联合组织安排半年一次科学健身素养培养。对于这种培养方式，医疗卫生机构和学校应当联合一致，形成一种强制性的培养措施，可规定每次培训结果考评作为合格和优秀评判的必要条件之一，以及向用人单位推荐和留用的必备条件之一。这种强制性措施如能落到实处，能够在很大程度上保证实习和规培医疗卫生人员的科学健身素养水平得到整体、全面的提高。

（3）积极创造多样性培养渠道

对于实习和规培医疗卫生人员，主要是通过学校和医疗卫生机构共同培养。双方应当根据这一群体的各种特征，积极创造多种途径来培养。实习与规培医疗卫生人员是年轻的一代，思想活跃，思维开阔，医疗卫生机构和学校只需提供多样性的渠道即可。对于这些年轻的医疗卫生人员可提供给他们大量的网络在线平台，供他们自主学习，可以在实习和规培期间邀请相关体育学专家进行专题讲座，也可安排实习和规培医疗卫生人员到一些体育科研机构或全民健身指导机构进行一至七天的见习，类似这样的安排可一年进行多次。无论使用哪一种途径培养，都应当规定一定的任务要求，避免流于形式，确保每一种途径都能够使其科学健身素养得到一定的提高。对于实习和规培医疗卫生人员最好采取的方式是提供机会，积极鼓励和引导其自主学习。鼓励与引导可以配以一定奖励措施，如给予优秀奖金和其他荣誉称号等，这些奖励可作为实习或规培的最终合格和优秀的评定要求之一。总之，根据实习和规培医疗卫生人员的特点，积极创造多种途径提高他们的科学健身素养水平是一种不错的培养思路。

3. 在校医学生科学健身素养培养

（1）开设运动医学选修课

在"健康中国"建设背景下，推进我国全民健康促进与教育，医学教育也需进行适当改革，对医学生进行培养、考核、评价应以"大健康"观念为导向①。因此，是时候考虑将同为大健康范畴内的体医结合教育内容列入医学教育改革之中。对在校医学生开设运动医学选修课，正是这一观念下的医学教育改革尝试。开设运动医学选修课能够使在校医学生全面、系统地了解体育与医学结合的基本知识，从人才培养的源头奠定对体育在医疗实践中功能和价值的正确认识，比后期培训提高更为扎实，更加具有长远发展眼光，现实针对性更强。运动医学课程的开设需要规范化的教材，有关《运动医学》教材根据培养对象不同，有不同的版本，从在校医学生的医学背景和服务大众的角度出发考虑，建议使用人民卫生出版社出版的《运动医学（康复治疗）》第2版。

尽管目前绝大部分医学院校还没有开设这门课程，但从培养更加全面、符合现时代社会大众健康需要的角度出发远眺，这是现时代培养医疗卫生人员的一种缺憾。鉴于此，医学院校首先针对临床医学生开设此门课程，作为一种试验或范例，先期进行，如若成功，则可再向其他相关专业推广。显而易见，从培养未来能够担当全民健康促进与教育重任的角度出发，从现时代国家推进"健康中国"的角度出发，对在校医学生开设运动医学课程是客观现实需要，也是未来在健全和完善我国国民健康促进与教育大背景下，培养合格、全面的医疗卫生人员的一种必然选择或趋向。

---

① 金琳雅，尹梅. 浅议"大健康"观：从疾病到健康［J］. 中国医学伦理学，2017，30（7）：12.

（2）组织相关专题讲座

组织相关专题讲座对在校医学生而言，是另外一种科学健身素养培养手段。在校医学生在校期间经常参加各种专题讲座，只不过大多是与专业密切相关的知识讲座。对于这种传授知识的形式，他们相当熟知，且愿意接受，因此可以利用这些专题讲座，培养他们的科学健身素养。学校可以根据学期或学年开设讲座计划，每学期开展一次科学健身素养专题讲座，或在有关健康专题讲座中要求加入科学健身与健康关系的相关内容。尤其是在当下学校还没有普及开设体育医学与运动医学这些专业选修课程的情况下，通过这种方式对在校医学生科学健身素养的培养，无疑是一种切实可行的有效措施。需要注意的是，讲授此类主题的专家一定是对科学健身相当有研究的专家。

（3）加强体育课中"科学健身"授课内容

体育课是在校医学生要学习的一门必修课，是具有强制性学习的一门课程，按教育部2014年印发的教体艺〔2014〕4号文件《高等学校体育工作基本标准》的要求，高等学校体育应"牢固树立健康第一的指导思想"，但在具体实施中，绝大多数学校和教师授课的主要目标是提高学生体能水平，忽略了教授与"健康"有关的内容。[1] 造成此种状况的原因是多方面的，原因之一是长期以来我国学校体育受到西方竞技体育思想的影响，竞技运动项目始终占据着体育课程内容的主体地位[2]，这造成在校学生科学健身方法和手段不多，大多领会的是体育竞技的方法与手段。在当前推进"健康中国"建设，提高全民健康素养的大背景下，医学院校所开设的体育课需适当调整教学大纲，增加科学健身知识的讲授，让在校医学生除了增强身体素质外，还能够提高自身的科学健身素养水平，这样他们在将来走向工作岗位后不仅能够胜任或担当专业角色，还具有承担全民健康促进与教育的综合能力。

（4）作为体育课考核内容之一

医学院校体育课教学大纲增加科学健身素养课程授课内容比例之后，就可以将科学健身素养作为体育课考核的内容之一，这对在校医学生而言是一项强制性的措施，也是带有强迫性的学习。目的是通过这种强制性的手段迫使在校医学生认识到掌握科学健身知识的重要性，不断提高他们自身的科学健身素养水平。对于当下在校学生的教育，考核是最好的督学手段，因此，对在校医学

---

① 孙通，罗敦雄，等."体医融合"背景下医学院校体育教学改革的研究 [J]. 福建医科大学学报（社会科学版），2018，19（2）：18.

② 向宇宏，李承伟."体医融合"下我国学校体育的发展 [J]. 体育学刊，2017，24（5）：20.

生采取这一手段对于提高他们自身的科学健身素养水平也是切实可行的、最为有效的督促手段。

三、特定医务人员科学健身素养培养

特定医务人员是指具体治疗高血压、冠心病、慢性梗阻性肺病、哮喘、糖尿病、骨质疏松、肥胖症等的医务人员。

（一）科学健身素养现状

了解特定医务人员的科学健身素养现状，能够提出更为有效的科学健身素养培养措施与办法。笔者按照中华人民共和国卫生部于1989年11月29日发布的《医院分级管理办法》，分别对四川省三个不同等级的医院共计426名特定医务人员进行科学健身基本知识知晓度和获得途径进行调查了解。

1. 科学健身基本知识知晓度较低

对科学健身基本知识的了解程度，关系到医务人员运用科学健身在大众健康促进与教育中所发挥的作用，因此有必要对此进行调查了解，调查结果见表6-6。

表6-6　对科学健身基本知识知晓度调查结果统计表

选项内容	总体调查 （$n=426$）		各群体结果					
			三级医院人员 （$n=106$）		二级医院人员 （$n=110$）		一级医院人员 （$n=210$）	
	人数 /个	占比 /%	人数 /个	占比 /%	人数 /个	占比 /%	人数 /个	占比 /%
全部了解	74	17.4	32	30.2	21	19.1	21	10
部分了解	151	35.4	39	36.8	43	39.1	69	32.9
不了解	201	47.2	35	33	46	41.8	120	57.1

Pearson Chi-Square　$X^2_{1,2}=3.889\ p=0.142>0.05$；$X^2_{1,3}=25.795\ p=0.000<0.05$；$X^2_{2,3}=8.615$ $p=0.013<0.05$

注：1. X^2下标中的两个数字分别代表两个不同的群体；

　　2. 下标1、2、3分别代表一级医院医务人员群体、二级医院医务人员群体、三级医院医务人员群体。

从总体调查结果来看，"全部了解"的有74人，约占被调查总人数的17.4%，"部分了解"的有151人，约占被调查总人数的35.4%，"不了解"的有201人，约占被调查总人数的47.2%。显然，在所有被调查者中，接近半数被调查者"不了解"科学健身基本知识，而"全部了解"科学健身基本知

识的人数比例偏低。由此认为，特定医务人员总体对科学健身基本知识的知晓度较低。在三类群体人员中，三级与二级医院医务人员对科学健身基本知识知晓度高于一级医院医务人员。经统计学分析（见表6-6），三级医院医务人员与二级医院医务人员认知差异不具有统计学意义（$P>0.05$），三级医院医务人员与一级医院医务人员认知差异具有统计学意义（$P<0.05$），二级医院医务人员与一级医院医务人员认知差异不具有统计学意义（$P>0.05$）。

医务人员对科学健身知识的了解程度，决定其在大众健康促进与教育任务中是否能给相关人群提出科学健身建议。以上调查统计结果表明，特定医务人员对科学健身认知总体情况并不理想，被调查的三类群体对科学健身基本知识知晓度较低，对科学健身运动的常识内容没有足够的了解。这说明目前大多数特定医务人员，尤其是一级医院医务人员的科学健身素养水平在大众健康促进与教育中所发挥的作用严重受限，能力"短板"明显，还无法运用科学健身方法与手段结合病症特征进行预防与治疗，缺乏健康"防"与"治"的全周期指导。

从三类群体统计分析来看，三类群体认知有明显的差异，三级医院医务人员了解程度最高，其次是二级医院医务人员，最后是一级医院医务人员。造成这种现象的原因，通过现场访谈了解，主要归结于地域差异，了解接触外界信息量的差异，造成双方对这一问题的看法不同。三、二级医院都地处中大城市，信息交流与知识的获得都比较方便，而一级医院地处社区、城乡地区，地域局限造成其对外信息交流与知识获得都不方便，且相对比较落后。

2. 对掌握科学健身基本知识重要性的认知度较低

健康教育中的"知、信、行"理论模式认为：知识是行为转变的基础，信念和态度是动力，行为是目标，而态度是知识转换成行为的重要纽带。为了确保医务人员能够在健康促进与教育中结合患者或亚健康人群提出针对性强、实施效果良好的科学健身方式、方法，有必要对医务人员掌握科学健身知识的态度进行了解，调查结果见表6-7。

表6-7 对掌握科学健身基本知识重要性的认知调查结果统计表

选项内容	总体结果 ($n=225$)		各群体结果					
			三级医院人员 ($n=71$)		二级医院人员 ($n=64$)		一级医院人员 ($n=90$)	
	人数 /个	占比 /%	人数 /个	占比 /%	人数 /个	占比 /%	人数 /个	占比 /%
重要	87	38.7	42	59.2	24	37.5	21	23.3

表6-7（续）

选项内容	总体结果 （$n=225$）		各群体结果					
			三级医院人员 （$n=71$）		二级医院人员 （$n=64$）		一级医院人员 （$n=90$）	
	人数 /个	占比 /%	人数 /个	占比 /%	人数 /个	占比 /%	人数 /个	占比 /%
一般	68	30.2	15	21.1	23	35.9	30	33.3
不重要	70	31.1	14	19.7	17	26.6	39	43.3

Pearson Chi-Square $X_{1,2}^2=6.538$ $p=0.038<0.05$；$X_{1,3}^2=29.173$ $p=0.000<0.05$；$X_{2,3}^2=5.536$ $p=0.063>0.05$

注：1. X^2下标中的两个数字分别代表两个不同的群体；

2. 下标1、2、3分别代表一级医院医务人员群体、二级医院医务人员群体、三级医院医务人员群体。

调查总体结果显示，在"全部了解"和"部分了解"的225名被调查者中有87人认为"重要"，约占被调查总人数的38.7%，有68人认为"一般"，约占被调查总人数的30.2%，有70人认为"不重要"，约占被调查总人数的31.1%。可见，被调查者对掌握科学健身基本知识重要性的认知不及三分之一，总体认知度相对较低。从被调查的三类群体来看，三级医院医务人员认知度明显高于另外两个级别医院医务人员的认知度，其中一级医院的认知度最低。经统计学分析（表6-7），三级医院医务人员与二级医院医务人员认知差异不具有统计学意义（P>0.05），三级医院医务人员与一级医院医务人员认知差异具有统计学意义（P<0.05），二级医院医务人员与一级医院医务人员认知差异具有统计学意义（P<0.05）。对于此种现象，究其原因主要是三级医院医务人员对现代医学中心变化的了解要多于其他级别医院医务人员，能够较快接受现代医学行业新的"健康"观念，对影响健康的各种因素都比较关注和重视，也能够及时更新对"健康"的看法与认识，所以对大众健康产生影响的科学健身也会客观、公正地关注和重视。另外，从访谈中了解到，三级医院院医务人员经常与国际同行交流，对"健康"的理解和认识更全面、更深刻，在实践行医中也逐渐从健康的角度给亚健康人员和病患提出预防、保健、诊治、康复比较完整的促、保健康方案，因此对影响健康的科学健身素养因素的现实感受更深刻。

3. 获得科学健身基本知识途径不专业

调查了解医务人员获得科学健身基本知识途径，有助于针对性提出高效、便捷的科学健身素养培养途径，调查结果见表6-8。

表6-8 目前获得科学健身基本知识主要途径调查结果统计表

选项内容	总体结果 ($n=225$)		各群体结果					
			三级医院人员 ($n=71$)		二级医院人员 ($n=64$)		一级医院人员 ($n=90$)	
	人数 /个	占比 /%	人数 /个	占比 /%	人数 /个	占比 /%	人数 /个	占比 /%
在校体育课学习	47	20.9	14	19.7	13	20.3	20	22.2
网络与媒介	72	32	30	42.2	21	32.8	21	23.3
健身俱乐部	20	8.9	5	7	10	15.6	5	5.6
周围锻炼人群	65	28.9	10	14.1	14	21.9	41	45.6
科学健身专业 培训与教育	18	8	11	15.5	5	7.8	2	2.2
其他方面	3	1.3	1	1.4	1	1.6	1	1.1

总体调查结果显示，特定医务人员获得科学健身基本知识的主要途径排名前三的依次为"网络与媒介"（32%），"周围锻炼人群"（28.9%），"在校体育课学习"（20.9%）。由此看出，"科学健身专业培训与教育"并不是医务人员获得基本知识的主要途径，主要获得途径并不专业。造成此种现象的原因是多方面的，但最主要的原因是整体行业不重视，主管部门轻视。

从被调查的三类群体来看，三级医院医务人员获得基本知识的前三个主要途径依次是"网络与媒介""在校体育课学习""科学健身专业培训与教育"；二级医院医务人员获得基本知识的前三个主要途径是"网络与媒介""周围锻炼人群""在校体育课学习"；一级医院医务人员获得基本知识的前三个主要途径是"周围锻炼人群""网络与媒介""在校体育课学习"。显然，三类群体获得科学健身基本知识的主要途径没有区别，依然处在业余或自发获得状态，既不主动也不专业。通过对三类群体获得科学健身知识专业性途径的比较看，三级医院明显好于另外两级医院，但相对而言，所占比例人员都比较少，获得途径并没有排在第一位。根据实地访谈了解，很多医院也组织医务人员进行继续教育培训，但几乎没有一家医院聘请专业的体育科学健身专家讲授科学健身与健康方面的内容，因为相对于他们的诊断水平和救治能力提高而言，科学健身并不会引起足够的关注。因此，各种继续教育和职业培训绝大多数是医学专业知识和疾病救治能力的培训，几乎没有涉及科学健身知识与健康方面的培训，这样一种客观现实极大地影响了科学健身基本知识获得途径的专业化。

（二）科学健身素养培养途径

1. 加强相关群体认知

（1）加强行业群体认知

行业群体主要是指各级医院、医疗卫生机构、康养机构等行业性质相近的机构和组织。从过往的现实情况看，行业群体对科学健身是否具有一定认知度本无关紧要，但从环境与氛围影响个体看法的角度出发考量，加强行业群体的认知能够形成一个大的行业氛围，对提高医务人员个体的认知度具有积极影响。据此，行业性质相近的机构和组织从大众健康促进与教育的角度出发，加强影响大众健康的相关因素重要性认知，能够在行业的时空范围内形成一种共同认识，促进行业范围内的个体认知度提高。如何增强行业群体对大众健康促进与教育中的"短板"能力——科学健身素养的认知，主要还需要从两个方面入手。一是与国际同行业接轨，从国际同行业了解运动促进健康的重要性，以及其他国家如何提高大众对运动促进健康的重要性认知，医务人员如何理解和实际运用"运动是良医"的理念。二是从国家层面引导或指导相关行业加强对包括科学健身在内的影响大众健康的相关因素认知。虽然行业并不是政府行政机构，并不按行政命令行事，但政府可以从国家健康发展战略层面引导行业对影响健康的相关因素认知度提高，也可以从提高国民健康的相关政策与制度制定，来指导行业对影响健康的相关因素认知度提高。

（2）加强领导群体认知

领导群体是指各级医院的领导。加强这部分群体对科学健身在大众健康促进与教育中的重要性认知对提高医务人员科学健身素养重要性的认知至关重要。任何一个组织机构或部门机关，领导的认知对事情发展走向的影响很大，甚至起决定性作用。因此，要想提高医院领导的科学健身素养，如果不重视加强领导群体的认知，那么就会使事情进展缓慢，甚至受到阻碍。在 2019 年国务院办公厅发布的《"健康中国"行动组织实施和考核方案》中提出"建立医疗机构和医务人员开展健康教育和健康促进的绩效考核机制"之后，医院领导对提高医务人员对大众健康促进与教育中主力军的认知度的重视程度会比以往任何时候都要高，自然也会对影响医务人员在大众健康促进与教育中的"短板"能力——科学健身素养提高重视程度。从目前了解的情况看，各级医院领导群体对实施这项机制的认知和实际行动进展缓慢，还需要上级主管部门进一步督促、施压。从医院自身实施这项措施本身有一定的难度，且各级医院并没有采取医务人员如何在健康促进与教育中更好地发挥主力军作用的相关措施，更没有具体到如何培养医务人员的科学健身素养这一具体问题中来，因此，还需国家健康行动促进委员会进一步的措施和医院上级主管部门加大力度推进。

（3）加强特定医务人员群体认知

提高医务群体的科学健身素养认知度是基于现状提出的对应建议与对策。从调查了解的情况可以看出特定医务人员群体对科学健身素养认知度较低，尤其是一级医院医务人员对科学健身素养的认知度更低。显然，这种现状与特定医务人员在大众健康促进与教育中的"主力军"定位和"示范带头"作用严重不符。如何加强特定医务人员群体的科学健身素养认知？一是医院在宣教医务人员在大众健康促进与教育中的"主力军"作用的同时，还需加大提高科学健身素养重要性的宣教力度。二是医院每年定期举行一次科学健身相关知识讲座与培训，对慢性病与亚健康相关的科室医务人员要求其务必参与听讲与培训，必要时可以配以一定的奖惩激励机制。三是医院每年举行一次科学健身基本知识竞赛活动，这类活动可结合医院工会活动展开，寓教于乐，事半功倍。四是医院采取一定的激励措施，鼓励和引导医务人员积极参与体育专业部门举办的科学健身相关讲座和培训，以及与体育科学健身相关专业人员进行交流与沟通，并形成多种形式的合作。

2. 联合形成闭环培养体，激发内生动力

（1）以一级医院为立足点，"知、信、行"加强基层培养

科学健身应从了解科学健身的基本知识开始，并深刻理解和掌握健身的科学基础知识。科学健身知识体系涵盖多个学科的内容，如解剖生理知识、卫生知识、心理知识、健身方法知识、营养知识和保健知识等，需按照体育健身规律，依据运动项目、运动强度、运动频率和运动时间，了解有氧运动、力量练习、柔韧性练习、灵敏练习等运动形式，内容较为繁杂。笔者探索、理解和检视一级医院医务人员的科学健身素养是希望能够超越医疗的范围来思考健康问题，医务人员在实践工作中需要坚持体育锻炼，保持自身健康，如果医务人员对科学健身素养理论及相关知识不清楚、不重视，就会使这些医务人员失去其担任的健康促进与教育的角色功能与作用，此为"知"。从一级医院所担负的健康促进与教育重任的角度出发，引导大众转变科学健身态度，加强"运动是良药"观念，从"重治轻防"，转变为"以防治病"；从"厚医轻体"转变为"医体共进"；从"机械性重复"到"身心愉悦"，此为"信"。把健康促进和科学健身素养融入医疗保健各项辅助中，贯穿到一级医院医务人员的日常医疗救治与保健活动中，使其能够给予患者人群、亚健康人群、普通大众健康

管理与健康教育，体现为健康生活方式、健康需求管理等具体方式，此为"行"。因此，要在一级医院医疗与健康整合中构建"上医治未病"，将先进理念、扎实理论和多方技术手段支持引入科学健身素养培养中，加强基层医务人员科学健身素养培养。

（2）以二级医院为链接点，整合构建"医—体"结合中层培养平台

以二级医院为建设平台，促进从医到体的健康体系整合。其一，以二级医院为例，可以对医务人员进行全面的体质健康相关知识测评，督促医务人员了解科学健身相关知识，了解运动卫生知识，加强从"医"到"体"的学科融合。其二，从"运动缺乏""亚健康""健康状态""运动是营养"等视角重新审视科学健身运动的锻炼知识，遵从循序渐进的健身计划与饮食，将体力活动水平作为基本生命体征，纳入二级医院医生问诊的内容体系中①，加强从"医"到"体"的指导融合。其三，结合保健与康复知识，进一步从"治疗"转向"预防"，对健康人群、亚健康人群以及有症人群，了解适宜的运动项目、运动形式、运动损伤、开具运动处方的知识，加强从"医"到"体"的实践融合。其四，还应结合不同对象的生理、心理与偏好，制定个性化运动处方或运动指南，搭建"治疗—干预—保健—康复"的全周期整合，链接一级与三级医院的科学健身素养的培养桥梁。

（3）以三级医院为示范点，引领协同提高

根据调查了解，三级医院对科学健身素养的认知度最高，且通过访谈了解到三级医院对其在大众健康促进与教育中担当的重要角色认知度较高，而且在一些省（区、市）的三级甲等医院已经开始强化医务人员在工作中注意健康教育能力的运用。因此，将三级医院作为培养医务人员科学健身素养的示范点，具有一定的基础，也具有一定说服力和权威性，能够引领其他医院学习与效仿。利用三级医院对健康促进与教育的较高认知度，可全面推进医务人员在健康促进与教育中所需各种能力的提升，尤其是"短板"能力——科学健身素养方面能力的提升，并形成一整套体系，包括实践运用案例以及效果反馈等。在三级医院形成具有示范效应的模式或经验后，可以在本行政区划范围内，通过上级行政指导或命令让其他各级医院参照学习其经验与模式，其他医院可借此机会督促本院医务人员提高自身科学健身素养水平，并学习三级医院医务人员在实践工作中如何运用。通过这一系列措施，可以在一定行政区划范

① 卢文云，陈佩杰. 全民健身与全民健康深度融合的内涵、路径与体制机制研究［J］. 体育科学，2018，38（5）：31.

围内形成各级医院医务人员科学健身素养水平协同提高的良好氛围和局面。

3. 专业化多元协作培养，促成外围合力

（1）改革医学院校体育课程

首先，高等医学院校所开设的体育课，需适当调整教学大纲，增加科学健身知识内容，将其纳入医学课程必修课，或在体育课中增加医学基础知识内容，认定学分与考核内容。定期组织专题讲座，扩展学生的科学健身视野，补充常规课程内容，更加全面地、系统地培养其科学健身素养，使其掌握更为扎实、更为基础、更具有实践操作的内容。应学科的交叉性，在高等医学院校中注重院系间的合作，从培养更加全面、符合现时代社会促、保大众健康需要的医务人员角度考量，从培养能够承担大众健康促进与教育国家重任的医务人员大局出发，对在校医学生开设体育医学和运动医学课程。医学院校体育课改革应秉持的基本原则是"体医结合"，将体育与医学有机地结合起来，结合枢纽点还是归结于"健康"这一共同点。当然双方都需要调整各自的关注重点，体育需要将重心由竞技转向健康，医学需要将疾病救治转向预防，"关口前移"，促、保健康，这样二者才会出现结合的交集点。这正是医学院校体育课改革的基本出发点和关注点，也是从原始出发点进行科学健身素养培养的基本思路。

（2）继续教育协同助力素养提高

继续教育协同助力素养提高主要通过两种途径实现。一是通过"搭便车"方式，借用医务人员院外各种形式的继续教育与培训途径来提高医务人员的科学健身素养。继续教育机构在制定或安排继续教育计划时，就应当适当安排部分科学健身与健康关系的相关内容。二是医院内部在对医务人员进行相关培训与继续教育时增加科学健身与健康关系的相关内容。通过这两种方式的协同助力，既能够更加有力地促进医务人员科学健身素养水平的提高，也能够更快地将科学健身素养转换成实践能力，在大众健康促进与教育中发挥出应有的作用。通过医院内部继续教育与培训途径增加科学健身的内容，一般来说，比较容易实现，但对于培训与继续教育机构而言，由于机构所属管辖权的私有性，不一定配合医院让其"搭便车"，增加科学健身与健康关系的相关内容，此时需要相关监管部门配合"健康中国行动促进委员会"协调或指导培训与继续教育机构配合医院要求，增加相关内容，实现医务人员科学健身素养培养。

（3）体育专业机构协助推进

体育专业机构对不同运动项目锻炼对身体产生不同的影响方面进行了大量的研究，对健身项目的选择、锻炼时间、锻炼强度以及锻炼注意事项等科学健身基本常识都有可靠的理论指导与实践经验。事实上，科学健身基本知识也会涉及诸多医学问题，从这一点可以看出体育机构与医务人员在基本知识储备方面有交集，在相互交流与沟通方面更加便利，更容易促使医务人员接受体育机构方面的协助。体育科研机构的协助推进，也是体医融合的重要体现①。当下正是推进"健康中国"建设时期，医院借助体育科研机构培养医务人员科学健身素养，正可搭乘体医融合的便车，双方只需要进行细节方面的协商，如培训内容深度、培训形式、培训时间等。这一培养途径是医务人员科学健身素养培养的最为专业化的途径，应当引起足够的重视。根据调查访谈了解的情况看，体育机构非常乐意与医院开展多方面的协作，但医院一方的回应似乎不够积极，主要原因在于现在各医院的工作量很大，尤其是一级、二级医院，没有过多时间和精力单独接受这样的协助培养。另外，医务人员的健康观念还没有完全转变过来，更多还是关注疾病救治，至于预防与康复两个阶段的健康保障并没有引起过多的关注。因此，医院要想通过体育机构来协助提高医务人员科学健身素养水平，首先需要解决对健康维护的几个阶段的重要性认识问题。

四、医学院校体医协作人才培养改革

前面已经提到对在校医学生体育课进行改革以适应体医结合的复合型人才培养，但从长远来看，还需从人才输出源头进行适当的改革，保障后备人才供应链的连续性。

从体育与医疗卫生角度看，医学院校学生的培养，主要接受医学专业教师的教授和体育教师的教授，医学专业教师的医学专业知识与技能都很扎实，但体育基本理论知识和技能是其陌生领域，无法将二者知识结合起来传授。同样，体育教授对体育专业基本理论知识和技能熟悉，但对医学理论及技能相关知识是陌生的，无法将二者结合起来教授学生。这正是造成当前医学院校培养体医结合复合型人才的障碍所在，学校忽视了跨学科特征与综合化培养的标准化发展，因此需要做出必要的改革。

（一）内部结构性调整，创造多维度培养环境

为了解决"体医"联动中的管理壁垒，在医学院校中明确医学主体管理、体医协作管理，以实现主体与协作分工下的示范点合作机构、多部门协调统一管理的一体化模式（见图6-3）。

---

① 郭建军，郑富强. 体医融合给体育和医疗带来的机遇与展望 [J]. 慢性病学杂志，2017，18 (10)：1071-1073.

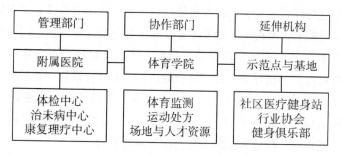

图 6-3　医学院校"体医"管理模式

第一，医学院校附属医院为健康管理的主要部门，在医学院校附属医院内成立跨部门管理中心，如治未病中心、康复理疗中心与体检中心下设运动康复治疗、运动处方指导、"体医"监测管理与运动疗法服务，在医学系统中构建系统化"体医"临床服务。建立筛查、诊疗、保健与康复为一体的综合体医管理服务体系。充分运用医学院校技术与资源优势，促进直属管理领域下复合型人才队伍建设。第二，体育学院或体育部作为协作部门，提供体育监测服务，制定运动处方，提供体育场馆设施资源、体育协会活动平台以及体育指导人员，上服务于健康，下服务于健身，协同开展"体医"健康锻炼管理模式。第三，设立医学院校"体医融合"示范点与基地作为延伸机构，如社区医疗健身站、相关行业协会以及体育俱乐部，在高校外搭建"体医"管理联络服务站点，延展合作机构。如美国的运动医学学会与美国心脏学会合作研究，针对患者开展系统而先进的运动干预治疗，以及具体病症的运动康复指导，值得我国医学院校借鉴。因此，在医学院校一体化管理模式构建下，可以通过医学干预健康的核心功能，协助体育健康服务，积极平台社会服务资源，实现体医搭桥。

（二）促进学科交叉与跨专业合作，培育复合型师资队伍

在"健康中国"战略、全民健身计划目标以及"体医"相关产业的发展下，摸索与构建跨学科人才体系是未来"体医"融合发展的关键。2017 年，我国体育部门率先开启了运动处方师的培养，北京体育大学也先后开设了运动测试及运动处方资质证书培训课程，为医学院校的"体医"专业资质培养提供可行策略。为了解决"体医"人才壁垒，首先，从加强师资队伍建设入手，组织附属医院的医生与体育学者联合开展科学研究，沟通专业领域突出问题，传授体育与医学基本技能，主动分享专业研究成果与现实发展案例，促进高校专业教师之间的优势互补，加强交流与科研合作，逐步建设一支结构合理、素质高的医体兼通的师资队伍。其次，把握交叉学科的发展，构建专业课程体系，将"体医"健康课程纳入医学基础教育中，不断规范行业人才的培养体

系、专业设置与课程建设，积极促进体育与医学行业协会合作，多方位培养专业人才的应用能力，明确运动康复专业及相关专业的就业方向与行业资质，达到"体医"复合型人才培养的目的。最后，运用跨院校师资合作，跨专业技能展示与跨机构实习指导等手段，结合健康人群的体育锻炼、亚健康人群的恢复锻炼以及常见疾病的防治手段开设专题交流，以校为本，加强师生对"体医"的了解与应用，培养会开运动处方的医疗卫生人员、会指导传统保健体育运动的康复人员，搭建跨学科人才交流学习的平台。

（三）推广运动处方的学习与运用，培养实用型人才

美国运动医学学会与其他社会组织共同开启了医生开具运动处方的研究与实践，并在43个国家启动实施"运动是良医"的健康促进项目[①]，该模式成为国际上认可并推行的"体医"联动模式。为突破我国"体医"的认识壁垒，以国外发展为蓝本，应从思想本源上进行深层次的认识与理解，在医学院校内积极倡导"运动是良医""运动促进健康""治未病"等健康理念，将常见运动疗法的锻炼功效纳入具体病症的运动指南，能够进一步加强体育在医学行业的融通力，促进二者在现实发展中的权威性与可行性。可运用现代信息化资源，推介体医融合行业书籍、开设网络公开课与在线课程，通过在线学习、定期讲座、健康指导、社区宣传、合作交流等手段逐步转变阻碍体医融合发展中的认识与偏见。为突破科学研究壁垒，改善我国医学院校"体医"联动实施效果，在遵循运动处方"理法方药"诊疗原理的基础上，应系统、科学、规范地逐步构建运动处方库与实施程序。

在实践教学中，引导学生学会在病理筛查、临床分诊、治疗方案、遵循运动指南的基础上，结合需要体育服务的患者的年龄、运动偏好、运动基础、运动功能与禁忌证等，选择适当的运动疗法。教会学生如何将运动处方量化，对运动强度、运动时间进行具体确定，如何结合医学中的药物干预、康复与理疗手段，实施运动处方。由医学教师牵头，成立研究团队梳理医学运动处方的基础理论研究，在体质类型与"辨体施练"的指导下，对"有病有证"状态的治疗性运动处方、"无病有证"的康复性运动处方、"无病无证"的保健性运动处方和"隐病无证"的预防性运动处方进行分类构建。鼓励和引导学生参与实践将医学运动处方数据库分为若干模块，进行"外包"建设，整合体育专家、运动医学专家、康复治疗专家，设计、研究、收集、整合、改良优质的

---

① 王正珍，冯炜权，任弘. Exercise is Medicine：健身新理念 [J]. 北京体育大学学报，2010（11）：1-4.

临床运动案例；对各传统保健体育功效与运动疗法的实施要点进行研究和设计，寻找和制定安全性更高的非药物方法，协同制定适应各证候的运动疗法。如气虚体质可练八段锦强身益气及六字诀中的"吹"字功；阳虚体质可选择五禽戏中的虎戏益肾阳强腰骨①。通过实践参与，能够使学生明白从诊断、分类、选取、量化、指导等建立完善医学运动处方的实施程序。通过这些实践性操作，实现"体医"学科与临床稳步合作的应用实践目的，并能够契合未来实用型人才输出需求。

第六节　签订协作协议

互不隶属的两个行政职能部门，为了实现共同的目标，在需要双方共同完成任务的层面形成一个协议，这样能打破行政职能范围限制和资源占有限制下的壁垒，明确双方职责、权限、利益分配和补偿等问题，有利于合作问题的解决，提高行政效率。

一、协议的性质和规范性

跨部门协作行政协议是一项新型的公务合作保障方式，也是现代行政合作广泛采用的保障方式之一。行政协议与商业协议是有很大区别的，判定是否为行政协议可依据以下三点：一是合作协议的主体是政府行政职能部门；二是签订合作协议的主体履行行政职务行为；三是合作协作的内容是公务合作。依据这三点判定标准，跨部门合作协议的性质应当是一种行政行为②。体育与医疗卫生分别隶属于不同的行政职能部门，二者之间并无隶属或从属关系，是一种平等、平级的关系，二者为了推进"健康中国"建设国家战略目标的实现，共同承担了提高全民健康水平的行政任务，因此，二者之间为了保障共同行政任务顺利完成，所签订的合作协作自然符合上述三方面的条件，其性质自然应当属于一种行政行为。任何协作都应当规范，才有存在的意义，体育与医疗卫生所签订的合作协议自然也应当具有规范性。这种规范不是协议文本的规范，而是合作协商程序规范，合作内容规范。合作协商程序规范，主要是指双方合作协商是在行政范围框架之内进行，需要在上级主管部门或协调机构监督下进

---

① 王琦. 中医体质学 [M]. 北京：人民卫生出版社，2005.

② 王菁. 区域政府合作协议研究 [M]. 北京：首都经济贸易大学出版社，2017：86-87.

行。合作内容规范，主要是指合作的内容仅与"健康中国"有关，不能超越职责权限，也不能滥用职责权限。同时合作内容还要具备常规的协议基本要素。

二、协议主要内容

依据不同的协议形式和类型，协议内容也各不相同。体育与医疗卫生合作协议根据自身特点，其内容应当包括三个基本要素：一是执行落实机构或部门；二是经费保障；三是合作计划和进程。

（一）执行落实机构或部门

从前期调查发现，省级体育与医疗卫生合作协议的主体并非具体落实履行主体，而为了保障合作协议顺利履行，就需要设置具体的合作执行机构、人员组成和安排等。一般来说，既可以设立一个新的具体的执行机构来保障合作协议的履行，也可以指定现有行政机构或职能部门来负责合作协议的履行。内容上包括机构名称、人员安排和任期、协商会议的举行周期和形式、秘书处的设置、协调委员会的职责范围等内容。虽然大多数情况下两部门并没有设立一个新的专门机构来履行合作协议，但通过合作协议的方式来约定具体负责履行的机构或职能部门还是非常有必要的，这样才能更好地加强沟通和落实合作协议的具体内容。

（二）经费保障

完整的合作协议在履行过程中都离不开财政经费的支持，这是合作协议所依赖的经济基础。此类行政行为的合作协议的经费保障，在欧美国家的政府合作协议中也是必备的条款。体育与医疗卫生的合作协议是一种行政行为，双方开展合作所需费用，一般都来源于财政拨款，因此，双方在协议中都需要协商好财政拨款事项由谁来负责落实，这些都需要事先制定财政预算和支出方案，并写进协议内容中。体育与医疗卫生合作协议主要涵盖资金投入、复合型体医人才培养、健身场所建设、体医医院建设、健身指南库建设、运动处方库建设、社区健康服务投入等，这些合作方面都需要大量保障资金的投入，因此就需要通过协议的方式约定好出资方案，以防止因为资金不到位而影响了合作事项的落实，甚至影响到协作进程。除了资金投入方面，还会触及敏感的利益分配和利益补偿等内容。这既包括了成本利润的核算，也包括了所获利益的分配方式、亏损的补偿办法等，具体办法双方在协议中协商明确。从已经调查了解的情况看，这部分内容在双方合作协议中几乎没有说明，这也会对协作顺利履行埋下一定的隐患，需要引起重视。

（三）合作计划和进程

合作协议中合作事项的具体内容和计划是整个合作协议中最主要的条款，对于合作的计划和进程应当尽量做到具体、明确、详细、周全。这是保障合作协议顺利履行的关键环节，只有合作协议约定得具体、翔实，在协议履行过程中才能够使双方执行起来有条理、有步骤。具体文本设计可根据推进"健康中国"建设国家战略实施的具体任务来安排，按照时间顺序、主次顺序、进程顺序等多种逻辑顺序来安排。但是前提条件是必须是在各自职权范围内来安排，也可根据相关方意见和建议，结合自身职权范围来安排，不可超越职权或滥用职权，也不可约定不属于自身行政范围的内容。

三、违约与争端解决措施

任何一份合作协议都有违约责任和争端解决机制来保障，如果只规定义务却不划分责任，则使得义务的约束力大大降低。

跨部门协议违约与争端解决措施是指协议任何一方发生违约或双方发生争端的情况下如何解决。对于这种情况尚无法通过司法途径和仲裁方式加以解决，原因是此类行政行为的合作协议不同于一般的民事合同，在目前的司法体制下，尚无法通过司法途径和仲裁的方式解决。从目前其他行政行为合作协议的文本中，也没有找到违约责任以及争端解决机制的具有法律性质的相关约定。但这并不意味着没必要签订协作协议，其他行政行为合作协议已经证明其存在的必要性与有效性。省级体育与医疗卫生合作协议是行政主体之间的一种行政事务交往方式，虽然协议双方行政主体代表的是职责范围内的公共利益，但是依旧存在着利益冲突和矛盾，这种冲突和矛盾得不到很好的解决，就会出现违约，会使合作协议的成果付之东流，同时也会影响到其他相关部门和机构的利益，更为严重的是影响"健康中国"战略的实施。对于如何解决此种违约情况，同样参照其他行政行为协议违约与争端解决方式，由上级协调组织机构或上级政府直接介入调解解决。

第七节 调整部门内部资源与职能分工

体育与医疗卫生协作不仅需要建立和完善与协作相关的外部事宜，还需要从自身内部进行调整，以适应协作事务的推进与落实。内部调整主要针对内部资源的整合优化，内部人员与职能工作调整。

一、内部资源的整合优化

内部资源，主要是指部门内用于促、保大众健康方面的各种资源。在"健康中国"提出之前，无论是体育还是医疗卫生两部门都在从事有关民众健康方面的事务，但这些事务都是零散的，并没有集中性和针对性，甚至有些随机性，并不专注。比如，体育部门在全民健身方面，原来重点的工作是尽可能多地建设健身场所，而并没有将健身方法作为重点推广。另外，在开展全民健身活动过程中，也没有特意针对"健康"这一目标，仅是作为一种民众业余生活活动安排。诸如此类，这些资源并没有集中起来专门针对"健康中国"这一主题进行。对于医疗卫生部门而言，同样存在这样的问题，比如医疗卫生在基本疾病防控方面，以及民众健康生活方面，并没有组织专门性活动与安排，除非出现了大的疫情如"非典""新冠肺炎"之类才会专门集中宣传、防控，而在日常计划中没有看到医疗卫生在健康方面的集中行动。对此，在推进"健康中国"建设国家战略大背景下，体育与医疗卫生两部门都需要重新整合优化相关资源，有针对性地进行民众健康宣传与教育，并互相针对对方工作职能特点进行内部资源的优化整合，为双方更好地协作做好充分的准备和长远打算。

二、内部人员与职能工作调整

内部人员与职能工作调整，主要是指为了适应体育与医疗卫生协作事务的开展，双方内部人员与职能工作需要做必要调整。在体育与医疗卫生协作之前，两部门内部都没有固定的专职人员和部门负责大众健康相关事务，因此，在体育与医疗卫生两大部门协作建立后，就需要成立专门机构，安排专人负责日常对接事宜。从表面上看，这样的调整看似简单，实则对于省级的体育与医疗卫生部门来说，实属不易。从现场的调查访谈了解来看，两部门的人力资源都比较紧缺，专职人员更少，比如省体育局中专门负责群众体育工作的群众体育处，一般只有5~6人在专门负责群众所有的体育工作，工作繁多，任务艰巨。每年要组织众多且繁杂的群众体育活动就已经是很头疼的事情了，现在还需要调配专人负责与医疗卫生部门的协作事务，确实压力不小，对于省卫生健康委员会专门负责群众健康的机构也一样存在这样的问题。对此，双方应当从"健康中国"建设战略的长远考虑出发，从大局出发，需要从其他内部机构调配专人，成立专门机构来协调与协作部门以及其他相关部门的协作事务，共同推进"健康中国"建设行动顺利进行。

第八节　协作运行模式

体育部门与医疗卫生部门协作运行模式，在现行中国行政体系框架下，呈现出总体运行模式和分层级运行模式。总体运行模式匹配我国现行行政体系基本框架，分层级运行模式契合从上至下的各层级行政职责权限、范围、能力，有利于实践操作，二者相辅相成。

一、总体运行模式

体育部门与医疗卫生部门协作机制是一个繁杂的系统工程，相关因素错综复杂。从"健康中国"国家战略角度出发，需要建立一个全局性的、总体的系统运行模式（见图6-4）。此模式既要适宜运行，也要符合中国的行政体系。

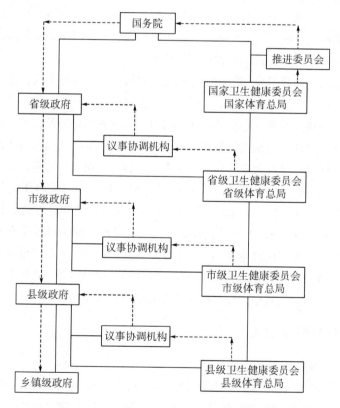

图6-4　体育与医疗卫生协作总体运行模式

从图6-4的运行模式中看到，体育部门与医疗卫生部门的跨部门协作运行模式是并行且有联系的两条线路。一条线路是由行业部门制定目标、任务和规划后指导和督促推进，同时将这类相关信息及时反馈给地方政府。另一条线路是由各级政府向下级政府下达行政命令，执行推进。例如，国家卫生健康委员会和国家体育总局协作制定的大众健康促进目标、任务、规划等，除了下达给省级体育局与省级卫生健康委员会指导和督促推进外，还会反馈给健康中国行动推进委员会，由其反馈给国务院，国务院再下达行政命令给各省（区、市）政府执行。同样的模式，省级卫生健康委员会和省级体育局协作制定的本省（区、市）大众健康促进目标、任务、规划等除了下达给市级卫生健康委员会和市级体育局指导和督促推进外，同时还要通过本省的议事协调机构反馈给省级政府，省级政府再下达行政命令给市级政府执行。以此类推，市、县级同样采用此种模式。由此可以看出，体育部门与医疗卫生部门协作促进大众健康的路线是既双向并行又有紧密联系的运行模式。在此种模式下，各级体育部门和医疗卫生部门的跨部门协作都同时受到双向上级部门的影响，任何一个方向的影响都会反映在大众健康促进的进展与效果上，因此，确保两条纵线方向影响的正确性是这个运行模式存在的价值。

体育部门与医疗卫生部门的协作机制是双线并行的运行模式，这是中国行政体系决定的。在这个庞杂的运行模式中，关键的运行点或者说关键的运行环节是人们所要关注的重点。从图6-4中可以看到，省级政府及以下各地方政府的推进是这个整体运行模式的关键环节。从宏观的、全国范围内的体育部门与医疗卫生部门协作促进大众健康层面来看，具有第一执行力的是省级政府，没有省级政府的行政命令与支持，体育部门与医疗卫生部门的协作运行只会是"空壳"运行。事实上，目前体育部门与医疗卫生部门协作已经开始推进或推进比较好的省（区、市），无一例外都与当地省级政府的主抓落实有直接的关系。这些省级政府不仅将体育部门与医疗卫生部门协作作为单项事务来抓，而且结合地方特点与发展方向，从本地经济发展的高度看问题，将体育部门与医疗卫生部门协作融入其中，作为事关地方发展的主抓事务。

二、分层级运行模式

（一）宏观层面的协作运行

宏观层面的协作运行属于决策层面的运行，这一层面的协作是指国家体育总局与国家卫生健康委员会的协作。事关"健康中国"建设战略的实施，因而，"体医融合、协作"的提出在这一层面而言，应该说协作运行得比较顺畅，仅是需要找到更好的契合点和载体。从宏观层面协作的相关事项，可以明显看出，这些都是全局性的大事件，是"健康中国"建设发展的重要事项。应当说国家层面的健康促进规划和设计都是由二者具体负责的，因而，二者协作的出发点也是基于国家层面的，代表国家概念和利益，代表国家在健康促进领域的最高策划者和组织实施者。

体育与医疗卫生两个部门的长期协作任务是根据推进"健康中国"建设国家战略宏图，制定促进全民健康的体育与医疗卫生协作规划、重大的全国性问题解决方案等。短期协作任务围绕2030年目标即"优质高效的整合型医疗卫生服务体系和完善的全民健身公共服务体系全面建立"，逐步完成各项具体任务。这些具体任务主要是指建立体医结合的疾病管理与健康服务模式，健全运动伤病预防、治疗与急救体系，开发应用国民体质健康监测大数据，开发运动促进健康指导方法，创建运动处方库，制定相关政策、方案、办法等，与其他部门沟通协作（见图6-5）。

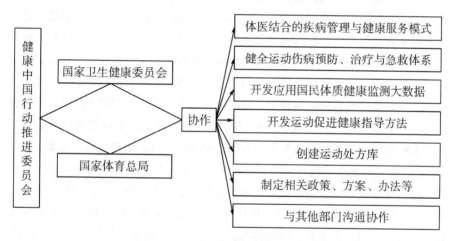

图6-5　宏观层面协作

宏观层面的体医协作运行，是在"健康中国"行动推进委员会的统一组织协调下按计划逐步推进。"体医结合的疾病管理与健康服务模式"，这是体育与医疗卫生两部门协作事务中的"重头戏"，此项事务双方都有不可推卸的责任与义务，疾病管理与健康服务的关键节点是"关口前移"，"治未病"理念先行。在这一理念之下，双方才能找到协作的契合点，尤其是医疗卫生才能够摆脱传统观念与认识，拓宽视野，寻求多方协同的疾病管理与健康服务的途径与模式。对于体育而言，在这一事务完成的过程中，应摆脱重竞技、轻健康服务功能的做法。体育与医疗卫生协作寻求"体医结合的疾病管理与健康服务模式"的过程中，应当是医疗卫生部门牵头，体育部门辅助实施。"运动伤病预防、治疗与急救体系"的健全，应当是体育部门牵头，医疗卫生部门协助实施的一项事务。体育部门最了解运动伤病如何发生，也经常接触到运动伤病发生事件，所以由体育部门牵头负责建立这一体系比较合理，但仅依靠体育部门的力量是无法实现这一体系的科学性、有效性和安全性的，需要医疗卫生部门的专业协助。在"国民体质健康监测大数据"的开发应用事务中，"国民体质健康监测大数据"目前由体育部门牵头并负责实施，但目前的监测指标中与疾病相关的指标太少，或者说医疗卫生部门关注的健康指标太少。对于监测数据的应用与开发，目前的问题是这些监测数据无论从体医健康服务还是医疗卫生健康服务都没有得到有效的开发和应用。如何开发与应用，双方需要协商建立统一的数据的规范标准，以及使用规范与标准。"运动促进健康指导方法"的开发应当由体育部门牵头，医疗卫生部门协助实施。运动促进健康指导方法的开发是体育的强项，但方法使用的科学性与安全性就需要医疗部门验证，方法的具体实施需要医疗部门的监督。目前"运动处方库"创建，这一事务由体育部门牵头，但同样需要医疗卫生部门的协助参与，在处方的科学性、有效性、安全性等方面都需要医疗部门来验证和实施监督。目前已经建立的运动处方库，在实践中并没有得到广泛的应用，在体育促进健康中的知晓度较低，实践推广与应用范围较窄，而在医疗卫生行业中的知晓度更低，实践推广与应用更谈不上。对于这些问题，双方需要协商如何在各自领域推广与应用，尤其是使一线工作者能够更加方便地使用。"制定相关政策、方案、办法等"，以及"与其他部门沟通协作"这两项事务在推进委员会的协调下推进开展。这两项事务都要从国家健康发展的宏观角度出发，协同其他部门与系统开展。涉及需要协作的主要领域有环境保护、食品安全、健康教育与宣传等方面。环境与健康关系密切，因而体医协作促进大众健康，若想取得良好效果，必然同时要协同环境部门进行环境方面的治理，如治理和修复土壤污染，全面加强水源涵养和水质保护，综合整治大气污染特别是雾霾污染等影响大众健康的突出环境问题。食品的安全性也与健康关系密切，因而体医协作需要协同工商部门进行食品、药品的监督与管理，如贯彻《食品安全法》，完善食品安全体系，加强食品安全监管，建立食用农产品全程追溯协作机制，加强检验检测能力建设，提升食品、药品安全保障水平，加强药品生产、上市与使用的监督机制等。运动促进健康需要进行广泛宣传，如鼓励和引导各类媒体办好健康类栏目和节目，制作、播放健康公益广告，建立居民健康素养基本知识和技能传播资源库，构建数字化的健康传播平台等。另外，体育部门和医疗卫生部门应当广泛与社会机构和团体合作，吸引各类社会资金，鼓励企业、慈善机构、基金会、商业保险机构等参与健康促进与教育。

（二）中观层面的协作运行

中观层面协作运行是指省级体育局和省级卫生健康委员会协作运行。双方协作运行是在直接向省级政府负责的议事协调机构或协调领导小组的协调下进行各项健康事务推进。中观层面属于管理层，中观层面协作是体育部门与医疗卫生部门协作最重要的环节，因此，中观层面的协作对于整体的"体医融合、协作"来说是起决定性作用的环节，应当受到重点关注和建设。中观层面协作是整个协作机制的中枢部分，双方协作如何运行，运行是否顺畅、持久，与省级政府的决策和支持力度密切相关。省级政府遵照上级政府和健康中国行动推进委员会的要求，结合本省国民经济与社会发展情况，督促和命令本省级体育部门与医疗卫生部门联合协作，具体规划、落实上级交付的任务。省级政府专门成立省级议事协调机构或议事协调领导小组，协调包括体育与医疗卫生部门在内的所有其他相关部门处理和推进健康事务，依照此模式，依次逐级落实协作任务。由此可以看出，中观层面协作运行即省级层面协作运行是所有协作机制运行的核心，抓住这一核心，是保障协作机制良好运行的关键。

省级体育与医疗卫生部门协作处理的主要健康事务有本地区健康政策制定与落实、细化目标与任务、绩效考核评估利益分配、物质资源调配、人力资源调配、科技应用与平台建设、与其他部门沟通协作等（见图6-6）。

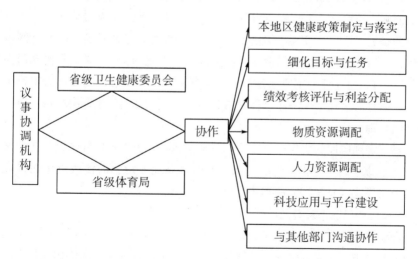

图6-6　中观层面协作

"本地区健康政策制定与落实"，是指结合本省级整体发展规划，在"健康中国"建设目标与任务的指引下，提出符合本省级现实状况的健康促进规划和具体实施制度与要求。这项事务的推进，主要是在议事协调机构或领导小组的组织与协调下，协同其他相关部门协调推进落实。"细化目标与任务"，是本省级医疗卫生与体育部门在协调机构或小组的统一组织安排下，协商细化上级或国家层面的健康建设目标与任务，明确哪些任务与目标由谁来牵头负责，由谁来协助完成，对于有不同意见或争议的地方，双方协商解决，无法解决的，提交协调机构或协调领导小组解决。"绩效考核评估与利益分配"，目标与任务分配落实，需要后续的监督与评估，绩效评估就是其中的措施之一。体育与医疗卫生协作完成的目标与任务需要双方共同考核评估，尤其是对下级政府管辖下的体育与医疗卫生协作完成事项的考核评估，其中包括考核评估的办法与实施细则，以及利益分配等问题。"物质资源调配"与"人力资源调配"都需要体育与医疗卫生两部门在省级议事机构或协调领导小组的统一主持协调下进行，双方协商调配这些必备资源，主要是双方共需资源的分配和使用，充分发挥这些资源的价值，确保本省级健康促进目标与任务的完成。"科技应用与平台建设"，主要是指体育与医疗卫生两部门在健康促进过程中，对健康大数据的开发与利用，以及对先进设备与仪器的开发与应用，对于双方协作而言，如何利用是双方协商的重点，也是数据平台建设的关键。"体医协作"促进健康可充分利用现代发达的科技大环境，充分利用人工智能、云计算、物联网、大数据等技术，依照网络服务模式，将大众健康服务作为网络服务的前端，体医结合专家提供咨询服务为后台对接服务大众健康需求。当下最便捷的是通过手机 APP 客户端联络的方式，把大众健康需求直接通过网络连接后台，后台平台专家根据数据库信息提出个性化的指导。"与其他部门沟通协作"，这些协作任务主要还是在省级议事协调机构或协调领导小组主持负责下，在体育与医疗卫生协作过程中遇到与相关其他部门发生冲突的情况下，统一协调处理。

对于宏观层面的协作运行模式，各地根据本地方发展实际情况，遵照国家推进"健康中国"建设各阶段要求，推出具有地方特色的体医协作促进健康的路径与模式（详见附录一典型案例）。

（三）微观层面协作运行

微观层面协作运行是指省级以下的体育部门与医疗卫生部门按照上级的行政命令和要求，落实、实施具体协作目标与任务。这一层级的协作也是在各级地方政府负责的议事协调机构或领导小组的统一协调下推进，主要完成的目标与任务有大众健康教育、国民体质监测、健康县（区）与乡镇建设、健康促进指导中心建设、健康医疗中心建设、复合型人才培养、场地与设施建设、其他具体健康事务落实（见图6-7）。

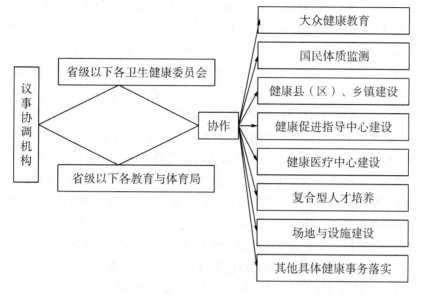

图6-7　微观层面协作

"大众健康教育"，无论是医疗卫生部门还是体育部门都要对大众进行健康教育，通过健康教育能够促使大众了解健康促进基本常识，培养良好的生活习惯，养成坚持科学锻炼的习惯，提高大众健康素养。完成这一任务和目标需要双方共同努力，不过，从社会公信度角度考虑，由医疗卫生部门牵头实施，体育部门协助，这样更容易让大众接受。"国民体质监测"，这项工作体育与医疗卫生两部门都应当参与，不应仅仅由体育部门完成；否则，监测指标会与医疗卫生部门实际需要偏差较大，不能够被医疗卫生部门接受，并广泛使用。另外，国民体质监测数据库的建立和平台共享建设，都应当在医疗卫生部门的协助下完成，这样才能够保障数据被高效利用。"健康县（区）、乡镇建设"，目前此项工作仅是由医疗卫生部门在推进，缺乏体育部门的积极参与，这导致体医协作促进健康与体育促进健康这两项指标在健康县（区）、乡镇建设中不完善或缺失。在健康县（区）、乡镇建设中由医疗卫生部门牵头，体育部门积极协助，共同促成更多的健康县（区）、乡镇的形成。"健康促进指导中心建设"与"健康医疗中心建设"是基层健康促进与教育的专门机构，能够直接对接大众的健康需求，有效提高大众健康素养。协作推进大型体育服务机构的医务室配置建设，联合促进小型健身服务机构与就近医疗卫生服务机构联袂，共建共享健康信息资源，争取做到大众健身前的健康检查和运动处方制定，确保大众健身的安全性与科学性。在体育与医疗卫生协作建设中，应当以医疗卫生部门牵头，体育部门协助完成为最佳运行路径。"复合型人才培养"，复合型人才培养是这一层级体育与医疗卫生协作的最主要任务，从目前体医协作促进健康进程来看，最主要的问题还是缺乏体医结合的复合型人才对大众健康需求的服务。复合型人才培养既可以由医疗卫生部门牵头，也可以由体育部门牵头，但从社会大众的接受度和信任度来说，应由医疗卫生部门牵头。"场地与设施建设"，体育与医疗卫生协作促进大众健康事务都需要相关的场地与设施建设。如康复中心建设、大众健身场地建设、康复医院建设、运动康复中心建设等。对于这项工作，双方需要协商建设哪些共同需要的项目，如何协调利用，避免资源浪费和重复建设。"其他具体健康事务落实"，这一层面的体育与医疗卫生协作是具体事项工作的落实和实施，以及上级下达的各项健康促进相关事项都需要逐一落实到位，避免"走空"，流于形式。双方的协作形式，依然是协商解决，如有分歧还是经由地方协调议事机构或协调领导小组解决。

　　微观层面的协作运行因地方特色和地方发展需要，实施方式和运行方式也各有特点，不必拘泥于"一式一样"（详见附录一典型案例）。

第九节　特殊状况下体医协作

　　重大突发人类传染疾病（如 COVID-19）的爆发对任何一个国家和社会都是一场巨大的考验和挑战，这种考验和挑战是全方位的，它不仅挤压一个国家的医疗卫生系统，而且还考验国家系统的协调运作能力。依据专家共识与建议，防控此类疾病暴发的最原始、最佳办法就是居家"隔离"，最大限度地加大"社交距离"。在大众居家"隔离"期间体育如何配合医疗卫生部门主导下的疫情防控，是一种特殊状况下的体医协作探索。在这种特殊状况下，体育部门能够做的就是如何做好居家健身健康公共服务。

一、防控时期对体育健身的需求

（一）满足心理需求

　　体育健身对机能改善和形体塑造具有的功能或作用效果是大众普遍熟知的，在当前配合疫情防控的居家隔离情况下，大众对体育健身的需求高涨。这主要基于三个方面的原因：一是随着疫情的扩散，从人的本能反应出发，大众所表现出的恐惧心理在不断增加，求生欲望越发强烈，渴望自己的身体能够"百毒不侵"的心理需求也越发强烈，因此，通过体育健身满足此种心理需求；二是随着国家卫生健康委办公厅关于印发新型冠状病毒肺炎防控方案的发布，该方案建议人们"居家隔离期间应当加强体育锻炼"①，提高自身免疫力，此种宣教，大大增加了大众对居家健身的心理需求；三是美国心理学家德里斯考曾对大学生做过跑步的实验，他发现跑步能成功地减轻考试时的忧虑情绪②。事实上，参与自己感兴趣的体育项目，不仅有助于身体的发展，而且能调整人的心理，减缓心理压力，使人心情舒畅，从而增强人的自信心和自豪感。对那些尝到体育锻炼"甜头"的普通大众来说，突然的居家隔离生活妨碍了他们获取这种"甜头"，心理的不适感更明显，对提供居家健身服务的心理需求更强烈，呼声更高。

（二）满足身体需求

体育运动是有意识地为主动调节和转换人体功能状态而进行的身体活动，或者是使人体由一种功能状态转入另一种功能，抑或是在一种功能状态的不同层次或不同水平上转换③。打破身体活动的常态，必然在短时间内会引发身体的不适，本能反应激发身体活动状态的改变，居家隔离的身体活动状态与正常身体活动状态是完全不同的两个身体活动状态。应该说，长期居家隔离的身体活动状态不是一种正常的身体活动状态，这正激发了身体寻求正常活动状态的强烈需求，满足或回归身体正常的活动状态，提供居家健身公共服务正是满足身体正常活动需求的选择之一。

身体需求与心理需求关系密切，二者互相影响，互相促进。随着健身心理需求的不断增加，机能细胞对健身的饥饿感也在不断增加，进而激发身体的外向需求不断加强，随着时间的推移，身体的全身不适感越来越强，急需健身行动来缓解。长期的居家生活，身体长期保持单一状态，缺乏多种形式的活动，身体的各种不适感会越发强烈，急需增加身体的活动方式，减缓或降低不良心理感受，而体育锻炼则是最佳的身体活动方式之一。尤其是对于那些长期坚持锻炼的人群或是经常在外活动的人群，他们的不适感异常强烈，身心焦虑，渴求机体刺激来舒缓心理不适感受。体育锻炼本身对肌肉的刺激能够改变身体的不适感，进而影响到心理的感官体验，会使人产生愉悦、舒适的感觉，尝到这

---

① 新型冠状病毒感染的肺炎防控方案（第二版）[EB/OL].(2020-01-22)[2020-06-20]. http://www.nhc.gov.cn/jkj/s3577/202001/c67cfe29ecf1470e8c7fc47d3b751e88.shtml.

② 韦军湘，兰兰，赵继勇.体育与健康教程 [M].天津：南开大学出版社，2014：6.

③ 郝光安，冯青山，丁兆锋.大学体育教程 [M].北京：人民体育出版社，2012：12.

样"甜头"的机体，自然会产生必然的健身需求。

（三）丰富业余生活需求

人们日常的业余生活应该是丰富多彩的，是一种多色调的生活，但由于疫情防控时期，人们居家隔离，生活方式变得单一。这种生活自然不是人们正常的一种生活状态，更不应当成为大众普遍的生活状态。对于特殊时期出现的大众预想不到的这样一种生活状态，寻求改变是一种必然选择。正常情况下，人们的业余生活是多样的、丰富多彩的，但在特殊的疫情防控时期，人们需要居家隔离，在这种生活环境下，大众必然会产生回归常态的业余生活需求。改变现状，满足需求，是人的一种本能反应，也是一种常识性思维和逻辑。改什么？改单一，改单调。变什么？变丰富，变多样，变多彩。这正是大众居家隔离生活时期的普遍需求反应，调适此种需求的选择自然比较多，但居家健身必定是选择之一，因为无论从身心需求还是丰富业余生活需求考虑，健身都可"鱼"和"熊掌"二者兼得。体育健身在当今大众日常业余生活中，已经是不可或缺的一部分，但是由于特殊的居家隔离生活打断了此种正常的业余生活，大众自然也会产生这样的强烈需求，只不过，仅靠大众自身难以实现这种愿望，满足需求，需要政府提高居家健身的公共服务。

（四）疫情防控时期的社会稳定需求

面对重大突发人类传染疾病暴发事件，尤其是遇到新型冠状病毒这种传染性极强的公共卫生突发事件时，政府和社会大众都没有预期充分的心理准备，会产生不同程度的慌乱。如何控制这样的慌乱，镇定应对突如其来的突发公共健康危机，是政府和大众需要解决的首要问题。全民居家隔离应对突发疫情传播是政府采取的有效、有力措施之一，社会大众绝大多数能够理解和接受，但当疫情不能够有效地快速遏制，居家隔离无法短时间内结束时，社会大众的接受和理解会慢慢发生改变，随着时间的推移，会不同程度地出现不稳定现象。如果不加以干预，这种状况会越发变得糟糕，逐渐不利于疫情控制，走向事物的反面。如何干预？可供选择的办法与措施很多，其中居家健身锻炼是排解不良情绪的重要选择之一。"有事干"，就没有情绪积压的时间和空间，故而提供良好的居家体育健身服务，无论从心理和生理上都能够很大程度上排解大众不良情绪，起到稳定社会的效果，有利于当前突发重大人类传染疾病事件的解决。

二、体育健身健康公共服务思路应变

（一）突破常规思维

体育公共服务的提供，都是通过政府主导下的多元参与模式实现。政府负责提供基础性服务，其他服务通过购买方式来提供，此种模式被研究者认为是比较规范的、合法的、有效的一种模式①，也是政府当下提供公共服务的普遍性操作模式和习惯性思维。但当面对突如其来的重大突发公共卫生事件，显然，此种常规性的操作并不能够应对当前局面。当前局面是大众急需体育公共服务，此种急需可以用"加急"来形容，容不得政府相关部门去调查、谋划、设计、论证等。另外，当前政府需要提供的体育公共服务的形式和空间发生了变化，与以往并不完全相同，是一种突发情况下的应急需求。"等不及"一词最能形容政府应对当前体育公共服务所面临的首要问题。对此，自然需要政府相关部门负责人打破常规思维，采取非常规行动，应急处理当前体育公共服务面临的问题。只有在这一思路之下，才能快速付诸实际行动，为大众提供急需的居家体育健身服务。至于如何采取实际行动，就要看突破常规思维的勇气和力度，否则难以及时满足大众健身需求，降低大众对公共产品的信任度，失去应有的时效性。

（二）充分运用应急管理办事思维

《中华人民共和国突发事件应对法》第五十一条"发生突发事件，严重影响国民经济正常运行时，国务院或者国务院授权的有关主管部门可以采取保障、控制等必要的应急措施，保障人民群众的基本生活需要，最大限度地减轻突发事件的影响"。由此可以看出，发生重大突发公共卫生事件情况下，采取必要的"应急措施"是有法可依的，虽然有限定条件"严重影响国民经济正常运行"，但"重大"已经是我国次高等级别的突发公共卫生事件，比如2020年1月新冠肺炎疫情暴发，对国民经济正常运行造成了很大的影响，此时所有一切行动都应当是"应急"措施，政府提供给居家隔离普通大众体育健身公共服务毫无疑问地适用这样的应急办事思维。

《中华人民共和国突发事件应对法》《中华人民共和国传染病防治法》《突发公共卫生事件应急条例》是突发重大公共卫生事件中主要的办事依据。这些法规与条例的最大特点是应对"突发"状况而制定的，自然有非常规的含义在里面。换句话说，这些法规和条例就是在突发事件时期的非常规处理方式和办事的依据。对于大众居家健身服务如何提供，政府相关部门自然应当运用应急办事思维，充分依据这些突发时期的法规与条例来处理突发事务，这种思维与现实状况是相适应的。如何采取具体措施，依据这些特殊法规和条例中的哪些条款和内容，应当视具体情况和具体问题具体分析，但首先需要政府相关部门突破固有思维定式和日常办事习惯，这才是解决问题的原始出发点。

---

① 江桑佳. 公共体育服务供给社会参与机制研究 [D]. 北京：北京体育大学，2019.

（三）充分利用特事特办的权力思维

《中华人民共和国突发事件应对法》《中华人民共和国传染病防治法》《突发公共卫生事件应急条例》这些法规与条例自身说明了特殊事件、特殊办理。重大突发公共卫生事件自然属于"特殊"事件，故应当特殊办理，对于政府提供居家健身公共服务而言，也因此找到了办事的依据。"特事特办"是区别于常规办事的思维模式，在这种思维模式下，使用特殊的权力，执行特殊行动，能达到快速解决问题的效果。显然，这样一种办事模式完全适应重大突发公共卫生事件的"突发性"与"应急性"。从事件发生的性质角度考虑，突发重大公共卫生事件时期，政府相关部门应急提供大众居家健身公共服务，无疑需要动用"特事特办"权力，否则无法适应疫情暴发的突发性与大众健身的需求紧急性。另外，从事件发生后的解决程序与过程来考虑，常规的办事方式与方法需要太长的等待时间，不能应大众居家隔离时期的健身急需，唯有动用"特事特办"的权力，才能绕开繁杂的审批程序和漫长的等待时间，快速采取行动，满足广大居家隔离大众的健身需求。

三、体育健身健康公共服务模式创新

（一）总体设计规划

1. 上下职责明确

在重大突发公共卫生事件中，为居家隔离的大众提供健身公共服务，总体的设计规划应当由国家体育总局总体设计、监控，地方体育局提供公共购买服务。国家体育总局代表国家最高的体育行政部门，自然应当是提供服务的总体设计者、规划者、监控者。而地方体育部门则是在这一行政体系下的执行者，这样才能保证全国"一盘棋"，全国系统性的、体系性的统一行动，体现的是国家行为，彰显权威性和公信力，保证预期目的实现与实施结果的完美。

按照国家体育总局与地方体育局的关系，国家体育总局从总体规划居家健身的形式、大纲性的健身方向以及解决居家健身的普遍性问题和基本原则性等问题。同时，国家体育总局还要担负监控的职责，监控地方体育局提供的健身方式、内容，大众接受的普遍性以及提供服务的及时性与后续服务等问题。地方体育局主要承担的任务是具体负责提供居家在线健身服务的具体内容、在线答疑、在线指导以及后续在线服务。以上从专业的角度，给出了重大突发人类传染疾病防控时期，大众居家隔离期间，政府提供公共体育服务的基本设计。另外，从整体疫情防控的角度出发，坚持"体医协作"。无论是国家体育总局还是地方体育局都应当与地方疫情防控部门相关医学专家密切联系，随时根据

疫情防控情况以及个人防控情况，适时调整健身形式与内容以及健身运动量和强度等。

结合疫情防控措施，避免接触的唯一办法就是进行线上服务，线上服务需要考虑的问题比较复杂，需更加细致、周密，否则会乱成一团，毫无作为，更为重要的是稍有不慎会招来大量的批评，引发大众的不满情绪，结果适得其反。在现代社会，网络发达，在为大众提供获取各种信息的便利同时，也造成信息混乱，真假难分，缺乏权威认证等弊端。因此，体育部门在提供健身公共服务时，要正确引导大众相信政府所提供信息的正确性和科学性。这样才能够使政府所提供的体育健身公共服务被大众所接受，服务行动才能落实到位。所有这些考量，需要体育部门细致规划，形成一个总体的思路与设计，体育部门上下口径一致，左右协调一致，这样，才能确保所提供体育健身公共服务货真价实，稳妥落地，才能将体育在重大人类传染病防控时期的作用充分发挥出来。

2. 构建"四位一体"的线上服务基本模式

前面已经提到，当下体育健身服务的对象是居家隔离的普通大众，因此，体育健身服务模式自然不能脱离这一现实状况。针对这一现状，推荐"PC网站+手机 APP+微信公众号+电视网络"四位一体的线上服务模式。这一模式与广州推行的大众体育健身服务"群体通"类似①，经初步试验，虽有一些缺憾，但在国内来说，提供体育公共服务已经是一个良好实践探索，证明其具有一定的实用性和可行性。这种模式下的四种服务方式总有一种能够满足大众的使用需求，且这四种服务方式几乎囊括了现代人们日常使用的所有在线交流方式，具有较好的群众使用基础，更易于被大众所接受，也更有利于居家健身公共服务顺利进行。事实上，这四种方式能够满足不同年龄、不同互联网操作水平人员的接受服务需求，即使对于老年人来说，也可通过电视或云电视端来学习，进行居家自我健身锻炼。对于四种组合方式形成的公共服务模式，唯一可能存在缺陷的是四种方式的保障运行，如手机 APP 的安全性与兼容性，相关功能的易操作性，以及微信交流互动功能的全面性和易操作性等。除了软件方面的这些配套措施之外，还应当注意相关专业人员的保障等问题。总之，推荐"四位一体"的线上服务模式，切合当下大众运用互联网使用现状，切合大众操作普遍性现状，也切合当前"应急"状态下的体育健身公共服务需求。

---

① 卫国凯."互联网+"背景下全民健身公共服务平台的发展：以"群体通"为例 [J]. 体育成人教育学刊，2019，35（6）：19-22.

（二）创新编排适宜居家健身的方式与方法

疫情期间，体育部门提供健身公共服务的方式与方法，需要注意两个特点，一是"线上"，二是"居家"，这两大特点是探索提供居家健身服务方式与方法的基本出发点。在此基础上，从专业的角度出发探讨居家健身方式与方法，首先，不能违背体育锻炼的基本规律。大众居家健身的方式与方法也是一种体育锻炼，只是锻炼的空间不同于一般的大众体育锻炼，空间狭小，没有专业的健身器材和专业的现场指导等。所以在探索、编制大众居家健身方式与方法时，更加应当注意体育锻炼的基本规律，避免其失去健身价值，事与愿违。其次，要具有"大众性"，即大众普遍通过观看视频能够领会。居家健身方式与方法针对绝大多数的普通大众，所以，提供的健身方式与方法应当"简单易学"，但又不失健身效果。对于这一点，地方体育局在提供居家健身公共服务时，一定要认真自我审查，否则会导致大众的负面反应，适得其反，违背初心。最后，要具有安全性。居家健身虽不像室外或专业健身场所活动范围大，但也不应忽视安全优先原则，毕竟居家健身成员的年龄大小、健康状况、锻炼基础、体能储备等都各不相同，尤其在动作编排的复杂程度、运动强度、运动量方面都应斟酌。权威发布、权威指导、权威答疑，这是体育部门提供居家健身方式与方法方面，必须要开展的配套工作或者说后续工作，否则纵然体育部门提供了线上居家健身方式与方法，但因缺乏以上三点的配套工作或后续服务，代表政府行为的体育部门提供公共健身服务也变成了另一种特殊时期的政府"作秀"行为，一种被大众厌倦的形式主义。

目前，线上存在大量的健身方式与方法，但这些方式方法都不是政府统一认可的行为，缺乏权威性，因此政府相关部门可借鉴此次机会，建立一个比较统一的、全国性的居家健身标准、方式与方法、注意事项等。此做法，一是能为大众提供可靠、可信的居家健身方式与方法；二是能统一线上健身标准；三是可以树立体育部门在健身方面的权威性。

（三）创新大众化自主监控健身标准

地方体育部门在提供居家健身方式与方法的同时，还需提供居家健身自我监控参考标准。自我监控参考标准，顾名思义，由居家大众自行参考标准对自身健身的过程和效果进行评价和监督。应当说居家健身自我监控标准与居家健身方式和方法一起出台，二者是完整居家健身服务的不可分割的两部分。推荐居家健身自我监控标准是对所提供的居家健身服务从大众的角度出发进行"终端维护"，确保所提供的居家健身方式与方法落地到位。

推荐居家健身自我监控标准，需要把握几个要点。一是简单明了，能够使普通大众容易明白，不应过于专业化，应类似于科普宣传品，易明白，易参照。二是"标准"的制定，应当"就低不就高"，意思是在普遍适应这一原则下，应尽量制定低标准或分类制定相应的标准，不过，短时间探索制定出分类标准，难度很大，其原因在于分类标准的制定需要一定的实践验证才可实施。三是"标准"的制定应当配以解释说明和咨询指导联系方式。该做法的目的是给予理解能力较低的普通大众更加详细的说明和在线解释，避免此类人群无法参与、无法适应，进而影响对整体服务的评价与认可。

（四）建立及时、畅通、规范的线上咨询服务平台

大众居家健身线上服务，在提供居家健身方式、方法以及标准的基础上，还应当建立大众线上咨询服务平台。线上咨询服务平台的建立需要秉持及时、专业、畅通、规范的基本服务宗旨。相较于传统媒体，新媒体为公众发表对公共事务的看法提供了便利，倘若不能够及时对公众咨询做出回应，很可能会引发公众产生负面情绪，造成舆情失控，进而增加疫情防控的风险和难度①。线上咨询服务主要涉及四个关键问题。"及时"是线上咨询服务的关键问题之一。这个问题看起来比较容易处理，但当面对全省、区、市所有的居家健身大众，就不是一件轻松、容易的事情。这需要大量的相关服务人员，大量相关线上工作设备，因此，要做到"及时"二字需要地方体育部门在疫情突发的短时期内与相关部门协调一致，全方位入手去做。"专业"是线上咨询服务的关键问题之二。线上咨询服务需要专业性答复，要保证专业性，需要在疫情突发的短时期内培养大量的专业人员。这并不是一件容易的事。对此现状，采取临时招募专业人员的方式比较现实，也能够及时满足需求，是一条可行的捷径。"畅通"是线上咨询服务的关键问题之三。"畅通"主要是指保障网络畅通，信息交流畅通，避免因技术问题引发不必要的负面影响。"规范"是在线服务的关键问题之四。在线咨询服务的规范主要是指操作规范，提供线上居家健身服务规范，符合国家相关规定与要求，体现政府行为的权威性和公信度。总之，提供线上咨询服务平台是体育部门提供大众居家健身公共服务必要的组成部分。

（五）体、医协调一致

首先，代表政府行为的体育部门提供居家健身公共服务，是突发重大人类传染疾病防控时期采取的应对措施，因而这种行为自然应当与国家防控疫情相

---

① 张国云. 新媒体环境下突发公共卫生事件应急管理机制研究 [D]. 武汉：华中科技大学，2019：5.

关部门与机构协调一致。协调一致的目的是随着疫情防控部门与机构在采取相关措施与实施行动时，能够及时做出调整，做出相应的行动应变措施，确保大众居家健身服务合规、合法，体现政府行为以及权威性。其次，与疫情防控相关部门及机构保持一致，能够及时了解大众居家隔离的时间与活动方式的改变，以便及时调整服务行动。最后，与政府防控疫情相关部门与机构协调一致，能够从卫生防疫的角度，保障居家健身行为的可行性和健身方式与方法的科学性。如在提供居家健身运动量和运动强度标准方面就应当听从疫情防控的相关卫生与医学专家建议，以便更好地增强自身免疫力。

四、体育健身健康公共服务保障到位

（一）监督措施落实到位

在讨论这一问题之前，首先，需要厘清谁是审查与监督者，谁是被审查与监督者。体育健身公共服务是一种政府行为，能够代表政府实施这一行为的是国家体育总局与省级地方体育局，二者之间是纵向的上下级关系，因此，从专业或行业层面来说，国家体育总局应当代表最高政府担当审查者与监督者，而省级地方体育局担当被审查与被监督者。其次，需要理清审查和监督标准或要求。由于各个地方疫情发展情况不同，其防控强度和居家隔离时间也不尽相同，由此造成各个地方提供居家健身公共服务的时间、具体形式、内容等有所不同，另外，因各个地方政府购买公共体育服务力度不同，各地体育部门提供体育健身服务的能力和水平千差万别，甚至还存在服务不规范、不标准等各种情况。如，北京、上海、江苏、浙江、广州这些地方的地方体育健身服务能力与水平都比较高，但西部和少数边远地区则相对要差一些。因此，审查与监督标准或要求全国不应"一刀切"，需区别对待。由于当前提供的居家健身公共服务是在突发情况下的应急措施，地方体育部门很难及时提供足够的人力与技术支撑线上体育健身公共服务，大多数会采取政府购买和借用社会机构与组织应急性地提供线上体育健身公共服务。对于此种应急措施与办法，在特殊情况下，也应当被允许，但前提条件是对其资格必须进行严格的审查，对其所提供的居家健身内容必须进行严格的筛查，确保资格合规，内容健康、科学、可行。除此之外，国家体育总局还应当与相关部门协作对线上各种各样的体育健身服务进行监督和审查，杜绝虚假信息泛滥，杜绝不健康、不科学健身信息肆意横行。最后，需要建立审查和监督奖惩制度与办法。审查与监督应当和奖惩配套才能发挥机制的最佳效果，只审查与监督，而没有相配套的奖惩制度与办法，很容易让审查与监督流于形式，难以发挥其强力的督促作用。

（二）专业人员多渠道补充到位

专业人员保障主要分为健身专业技能人员和网络技术人员保障。居家健身线上公共服务，需要专业网络技术人员来保障网络通畅，这一点无须赘述。面对突发事件，突然对专业人员需求的增加，对任何一级的体育行政部门都是一种考验，所需专业健身人员，不仅仅是"体育"这个大概念的专业人员，而且是"健身"专业性人员，懂健身、懂科学健身的人员是相对比较少的。对于一个地方体育部门来说，在短时期内满足大众需求，提供高质量的居家健身公共服务，专业的体育健身人员保障是关键。专业健身人员不仅能够快速编排、创新出适宜居家健身的方式与方法，还能担当线上咨询服务专业人员，因此对保障居家健身线上公共服务质量至关重要。如何保障专业人员快速到位，这一问题需要国家体育总局和地方体育部门结合实际情况，与相关部门或机构协调沟通寻求解决办法。可供借鉴的办法首先应当是招募专业体育人员，或与高校体育部门、健身机构协商沟通，临时借调专业人员，满足应急人员所需。这一措施的实施还需与相关部门保持良好的沟通，避免出现不必要的程序性与行政行业方面的羁绊。

（三）应急经费非常规处置及时到位

经费保障主要指两个方面，一是日常运转经费保障，二是特殊经费保障。日常运转经费保障，不难理解，在此不做赘述。特殊经费保障，这里的"特殊"二字指特殊时期的急需经费。当前是重大突发人类传染疾病防控时期，无疑是一个特殊时期，许多事情无法按照常规进行，需要按照《中华人民共和国突发事件应对法》及《突发公共卫生事件应急条例》，特事特办来处理。特殊时期经费使用的特点主要体现在"急需"二字上，如购买一些组织和机构的线上健身服务，地方体育部门没有时间等待常规时期的经费使用与管理办法来使用经费，也没有办法按照原来预算使用经费，则需要动用特殊时期的经费使用与管理办法，否则无法适应当前状况需求。当然，这些"急需"经费的使用，并不是不按相关规定使用，而是地方相关部门根据特殊时期的应急情况，可以简化或忽略一些常规的审批、划拨、报销程序，本着"应急"与"急需"状况，快速审批、划拨、报销。体育部门还可以通过除政府之外的多渠道募集部分资金，合规、合理地用于特殊时期的应急需求。总之，特殊时期的经费保障，需要体育部门想办法保证所需经费及时到位，相关政府部门也应当根据实际情况简化或省略部分程序与限制，确保大众健身线上公共服务不因经费问题而受到阻滞。

（四）横向协调沟通顺畅

重大突发公共卫生事件，是一个需要举国应对的大事件，是每个部门都应当协调其他部门统一应对的国家事件。大众居家隔离时期，体育部门提供线上体育健身公共服务，是该部门的职责所在，但需要其他部门的配合与支持。例如，由于农村特殊的地理位置，远离城市，部分地方网络还不够发达，无论是宽带网络还是电视网络均欠佳，面对此种情况，就需要体育部门和电信部门以及广电部门相互沟通，保障基本网络稳定、畅通，使广大的农村地区同样能够享受到特殊时期的居家健身公共服务。对于大部分农村地区，尤其是偏远的农村地区，大多使用的是广播电视网络，因此，体育部门还需与广播电视部门协调沟通在什么时段、什么频道提供在线健身服务。另外，由于是特殊时期的体育的公共服务，毫无疑问还需与一些特殊部门保持密切的沟通，随时关注疫情的防控进展，何时结束居家隔离等信息，以便体育部门及时调整服务内容、形式、时间等。与相关部门保持密切的良好沟通，确保所提供的居家健身公共服务保质保量地及时到位，是重大突发人类传染病防控时期体育部门提供健身公共服务必不可少的基本保障条件之一。

参考文献

[1] 中国新闻网. 十大关键词解读五中全会公报: 发展一词出现 90 余次 [EB/OL]. (2015-10-29) [2020-9-27]. http: //www. chinanews. com/gn/ 2015/10-29/7596653. shtml.

[2] 中华人民共和国中央人民政府网. 国务院关于印发《全民健身计划 (2016—2020 年)》的通知 [EB/OL]. (2013-6-23) [2020-03-01]. ht- tp: //www. gov. cn/zhengce/content/2016-06/23/content_ 5084564. htm.

[3] 新华网. 习近平总书记在全国卫生与健康大会上的讲话引起强烈反响 [EB/OL]. (2016-08-21) [2020-09-25]. http: //www. xinhuanet. com/poli- tics/2016-08/21/c_ 1119428119. htm.

[4] 中华人民共和国中央人民政府网. 国家卫生计生委关于印发"十三 五"全国健康促进与教育工作规划的通知 [EB/OL]. (2017-01-12) [2020- 09-25]. http: //www. gov. cn/xinwen/2017-01/12/content_ 5159232. htm.

[5] 唐钧. 把以治病为中心转变为以人民健康为中心 [J]. 中国人力资源 社会保障, 2018, 104 (10): 54.

[6] 顾丽梅. 网络社会的政府协作治理 [J]. 国家治理, 2015 (24): 23- 28.

[7] 刘一平. 医体结合与健康促进 [J]. 河北体育学院学报, 2006 (3): 60-62.

[8] 赵仙丽, 李之俊, 吴志坤. 构建城市社区"体医结合"体育公共服 务的创新模式 [J]. 体育科研, 2011, 32 (4): 58-63.

[9] 王刚军, 李晓红, 张叶红. 供给侧改革视角下社区体医结合的可行性 探讨 [J]. 佛山科学技术学院学报 (自然科学版), 2017, 35 (6): 76-79.

[10] 王正珍, 冯炜权, 任弘, 等. Exercise Is Medicine: 健身新理念 [J]. 北京体育大学学报, 2010, 33 (11): 1-4.

[11] 王正珍, 罗曦娟, 王娟. 运动是良医: 从理论到实践: 第 62 届美国 运动医学会年会综述 [J]. 北京体育大学学报, 2015, 38 (8): 42-49, 57.

［12］李红娟，王正珍，隋雪梅，等. 运动是良医：最好的循证实践［J］. 北京体育大学学报，2013，36（6）：43-48.

［13］郭建军. 开展体育医学的契机和意义［J］. 慢性病学杂志，2015，16（6）：600-604.

［14］郭建军. 健康中国建设中体育与医疗对接的研究与建议［J］. 慢性病学杂志，2016，17（10）：1067-1073.

［15］郭建军，郑富强. 体医融合给体育和医疗带来的机遇与展望［J］. 慢性病学杂志，2017，18（10）：1071-1073.

［16］郭建军. 体医融合推动健康革命路径探讨［J］. 慢性病学杂志，2017，18（11）：1189-1192，1197.

［17］吕家爱，陈德喜. 体医结合模式运动干预对糖尿病患者控制效果评估［J］. 公共卫生与预防医学，2016，27（3）：88-90.

［18］杨晓林. 体医结合方案对单纯性肥胖儿童血清瘦素和血脂水平的影响［J］. 实用儿科临床杂志，2010，25（18）：1447-1448.

［19］成明祥. 体医结合：医学院校体育教学改革的发展模式［J］. 体育文化导刊，2006（2）：66-67.

［20］孙通，罗敦雄，等. "体医融合"背景下医学院校体育教学改革的研究［J］. 福建医科大学学报（社会科学版），2018，19（2）：55-58.

［21］苏全生，解勇，何春江，等. 体育院校医学专业"医体结合"的改革实践［J］. 成都体育学院学报，2001（5）：44-46.

［22］李璟圆. 体育医疗卫生技术人才培养研究综述［J］. 体育文化导刊，2016（5）：23-26.

［23］焦润艺，潘华山，荆纯祥，等. 中医药院校体育教育专业人才培养机制创新的保障体系研究：以广州中医药大学为例［J］. 亚太教育，2015（22）：241-242.

［24］王晓曦. 医体结合专业人才培养研究［J］. 体育文化导刊，2011（4）：98-100.

［25］叶春明，于守娟，杨清杰. "体医结合"复合型人才培养模式及策略［J］. 体育文化导刊，2019（1）：7-10，53.

［26］南秀玲. "健康中国"视域下"体医结合"发展问题及策略研究［D］. 西安：陕西师范大学，2018.

［27］宣海德. 我国城市社区体育中"体医结合"问题的研究［J］. 军事

体育进修学院学报，2007（1）：106-108.

　　［28］黄彩华. 论"医体结合"公共健康服务模式［J］. 福建论坛（人文社会科学版），2010（S1）：25-27.

　　［29］沈圳，胡孝乾. 全民健身与全民健康深度融合的现实困境与多维路径［J］. 体育文化导刊，2019（7）：55-59，65.

　　［30］董宏，戴俊，殷鹏. 供给侧改革视域下体医融合服务供给模式的现实困境与优化路径［J］. 武汉体育学院学报，2019，53（9）：15-21.

　　［31］卢文云，陈佩杰. 全民健身与全民健康深度融合的内涵、路径与体制机制研究［J］. 体育科学，2018，38（5）：25-39，55.

　　［32］张剑威，汤卫东. "体医结合"协同发展的时代意蕴、地方实践与推进思路［J］. 首都体育学院学报，2018，30（1）：73-77.

　　［33］朱晓东，刘炎斌，赵慎. "健康中国"建设背景下的"体医结合"实践路径研究：基于现代医学模式视角［J］. 山东体育学院学报，2019，35（4）：33-38.

　　［34］冯振伟，韩磊磊. 融合·互惠·共生：体育与医疗卫生共生机制及路径探寻［J］. 体育科学，2019，39（1）：35-45.

　　［35］黄永建，程小琴，丁晓冰. 大健康理念深入人心［J］. 知识经济，2017（4）：21-25.

　　［36］张兴国，陈丹. 健康观念转变及其当代意义［J］. 辽宁大学学报（哲学社会科学版），2016，44（1）：30-36.

　　［37］国务院. 中共中央国务院印发《"健康中国2030"规划纲要》［J］. 中华人民共和国国务院公报，2016（32）：5-20.

　　［38］闫希军，吴廼峰，闫凯境，等. 大健康与大健康观［J］. 医学与哲学（A），2017，38（3）：9-12.

　　［39］张兴国，陈丹. 健康观念转变及其当代意义［J］. 辽宁大学学报（哲学社会科学版），2016，44（1）：30-36.

　　［40］体育史编写组. 体育史［M］. 北京：人民教育出版社，1990：18-35.

　　［41］唐琳. 治未病，健康"中国梦"的起点［J］. 科学新闻，2017（7）：75-76.

　　［42］国务院. 国务院关于加快发展体育产业促进体育消费的若干意见［J］. 辽宁省人民政府公报，2014（20）：5-10.

　　［43］肖月，赵琨，薛明，等. "健康中国2030"综合目标及指标体系研

究［J］. 卫生经济研究，2017（4）：3-7.

［44］傅华. 第九届全球健康促进大会专刊介绍导读［J］. 健康教育与健康促进，2017，12（1）：1-2.

［45］傅华，陶沙，李江，等. 以健康共治实现全民健康管理［J］. 上海预防医学，2016，28（10）：673-676，692.

［46］唐钧. 把以治病为中心转变为以人民健康为中心［J］. 中国人力资源社会保障，2018，104（10）：54.

［47］顾丽梅. 网络社会的政府协作治理［J］. 国家治理，2015（24）：23-28.

［48］威廉姆森. 资本主义经济制度［M］. 段毅才，等译. 北京：商务印书馆，2002：68.

［49］奥尔森. 集体行动的逻辑［M］. 陈郁，等译. 上海：上海人民出版社，1995.

［50］奥尔森. 权力与繁荣［M］. 苏长和，译. 上海：上海人民出版社，2005.

［51］奥斯特罗姆. 公共事物的治理之道：集体行动制度的演进［M］. 余逊达，陈旭东，译. 上海：三联书店，2000：11.

［52］斯密. 国民财富的性质和原因的研究：下卷［M］. 北京：商务印书馆，1988.

［53］汪阳红. 区域性公共产品供给研究［J］. 宏观经济管理，2013（4）：61-62，68.

［54］王海娟. 公共产品理论视野下图书馆的改革和发展［J］. 盐城师范学院学报（人文社会科学版），2017，37（5）：122-124.

［55］麦金尼斯. 多中心体制与地方公共经济［M］. 上海：三联书店，2000.

［56］曼昆. 经济学原理（上册）［M］. 梁小民，译. 北京：机械工业出版社，2003.

［57］萨瓦斯. 民营化与公私部门的伙伴关系［M］. 周志忍，译. 北京：中国人民大学出版社，2002.

［58］刘佳丽，谢地. 西方公共产品理论回顾、反思与前瞻：兼论我国公共产品民营化与政府监管改革［J］. 河北经贸大学学报，2015，36（5）：11-17.

［59］曹连众，孙宏远. 公共产品理论视角下的我国公共体育场馆社会责

任研究 [J]. 成都体育学院学报，2011，37（5）：14-17

[60] 成云，杨年芳. 基于公共产品理论的教育资源优化配置研究 [J]. 当代教育论坛（管理研究），2010（10）：18-19.

[61] 胡希宁，贾小立. 博弈论的理论精华及其现实意义 [J]. 中共中央党校学报，2002，6（2）：48-53.

[62] 胡伟清. 奥曼与谢林对博弈论的贡献 [J]. 重庆科技学院学报，2005（4）：36-40.

[63] 廖红，蔡心红. 协同学理论建立过程中对人们研究自然事物的启示 [J]. 贵州教育学院学报（社会科学版），2000（3）：67.

[64] 党生翠. 网络舆论中的蝴蝶效应：混沌理论视野的解释 [J]. 内蒙古大学学报（哲学社会科学版），2011（5）：117.

[65] ODUM H T. Environment, power and society [J]. American journal of public health, 1971, 61 (10)：17-26.

[66] 陈瑞莲. 欧盟国家的区域协调发展：经验与启示 [J]. 理论参考，2008（9）：61-64.

[67] 王清. 政府部门间为何合作：政绩共容体的分析框架 [J]. 中国行政管理，2018，397（7）：101.

[68] 高小平. 深入研究行政问责制 切实提高政府执行力 [J]. 中国行政管理，2007（8）：6-8.

[69] 休斯. 公共管理学导论 [M]. 北京：中国人民大学出版社，2001：79.

[70] 王雷. 合作的演化机制研究 [D]. 杭州：浙江大学，2004：64.

[71] 陈曦. 中国跨部门合作问题研究 [D]. 长春：吉林大学，2015：6.

[72] 曹振波，陈佩杰，庄洁，等. 发达国家体育健康政策发展及对健康中国的启示 [J]. 体育科学，2017，37（5）：11-23，31.

[73] 段子才，庄洁. 通过基本医疗服务促进身体活动国外研究进展 [J]. 中国公共卫生管理，2017，33（1）：47-52.

[74] 徐士韦，肖焕禹，谭小勇. 体力活动：美国国家健康政策之要素：基于美国健康公民战略的考察 [J]. 上海体育学院学报，2014，38（1）：26.

[75] Department of Health and Human Services. Promoting health/preventing disease：objectives for the nation [R]. Washington：Public Health Service, 1980：12.

［76］Department of Health and Human Services. Healthy people：national health promotion and disease prevention objectives［R］. Washington：Public Health Service，1990：11.

［77］Department of Health Education and Welfare. Healthy people：the surgeon general's report on health promotion and disease prevention［R］. Washington：Public Health Service. U. S. Government Printing Office，1979：10-41.

［78］王继伟，徐望红，付朝伟，等. 日本生活方式疾病防治策略及启示［J］. 中国健康教育，2012，28（9）：789-791.

［79］日本厚生科学審議会地域保健健康増進栄養部会. "健康日本21"中間評価報告書［R］. 东京日本厚生科学審議会地域保健健康増進栄養部会，2007.

［80］健康日本21評価作業チーム. "健康日本21"（第1次）最終評価［R］. 东京健康日本21評価作業チーム，2011.

［81］WORLD HEALTH ORGANIZATION. Life expentancy increased by 5 years since 2000，but health inequalities persist.［EB/OL］（2016-5-19）［2010-10-30］. http://www.who.int/mediacentre/news/releas-es/2016/health-inequalities-persist/en.

［82］Australian Bureau of Statistics. Patient experiences in Australia：summary of fi ndings，2010-11［R］. Canberra：Aus Bureau Statistics，2012.

［83］PRATT M，SARMIENTO O L，MONTES F，et al. The implica-tions of megatrends in information and communication technolo-gy and transportation for changes in global physical activity［J］. Lancet，2012，380（9838）：282-293.

［84］VOJNOVIC I，KOTVAL-K Z，LEE J，et al. Urban built Envi-ronments，accessibility，and travel behavior in a declining urban core：the extreme conditions of disinvestment and suburbaniza-tion in the detroit region［J］. Urban affairs，2014，36（2）：225-255.

［85］曹振波，陈佩杰，庄洁，等. 发达国家体育健康政策发展及对健康中国的启示［J］. 体育科学，2017，37（5）：11-23，31.

［86］朱光磊，杨智雄. 职责序构：中国政府职责体系的一种演进形态［J］. 学术界，2020（5）：14-23.

［87］周黎安. 转型中的地方政府：官员激励与治理［M］. 上海：上海人民出版社，2008：76.

［88］彭国强，舒盛芳. 美国运动健康促进服务体系及其对"健康中国"

的启示 [J]. 体育与科学, 2016, (5): 112-120.

[89] 青木昌彦. 比较政治制度 [M]. 周黎安, 译. 上海: 上海远东出版社, 2006: 11.

[90] 安东尼唐斯. 官僚制内幕 [M]. 郭小聪, 等译. 北京: 中国人民大学出版社, 2006: 63-65.

[91] 卢现祥. 西方新制度经济学 [M]. 北京: 中国发展出版社, 1996: 24-25.

[92] 休谟. 人性论 [M]. 石碧球, 译. 北京: 中国社会科学出版社, 2009.

[93] 柯武刚, 史漫飞. 制度经济学 [M]. 北京: 商务印书馆, 2000: 36.

[94] 段晓峰. 非正式制度对中国经济制度变迁方式的影响 [M]. 北京: 经济科学出版社, 1998: 25.

[95] 王丽琼. 电子政务中跨部门信息共享的模式及保障机制研究 [J]. 科技情报开发与经济, 2009, 19 (1): 83.

[96] DANIEL CALLAHAN. The goals of medicine: setting new priorities [M]. Georgetown: Georgetown University Press, 1999.

[97] 卢文云, 陈佩杰. 全民健身与全民健康深度融合的内涵、路径与体制机制研究 [J]. 体育科学, 2018, 38 (5): 33.

[98] 金琳雅, 尹梅. 浅议"大健康"观: 从疾病到健康 [J]. 中国医学伦理学, 2017, 30 (7): 12.

[99] 孙通, 罗敦雄, 等. "体医融合"背景下医学院校体育教学改革的研究 [J]. 福建医科大学学报 (社会科学版), 2018, 19 (2): 18.

[100] 向宇宏, 李承伟. "体医融合"下我国学校体育的发展 [J]. 体育学刊, 2017, 24 (5): 20.

[101] 卢文云, 陈佩杰. 全民健身与全民健康深度融合的内涵、路径与体制机制研究 [J]. 体育科学, 2018, 38 (5): 31.

[102] 郭建军, 郑富强. 体医融合给体育和医疗带来的机遇与展望 [J]. 慢性病学杂志, 2017, 18 (10): 1071-1073.

[103] 王正珍, 冯炜权, 任弘. Exercise is Medicine: 健身新理念 [J]. 北京体育大学学报, 2010 (11): 1-4.

[104] 王琦. 中医体质学 [M]. 北京: 人民卫生出版社, 2005.

[105] 王菁. 区域政府合作协议研究 [M]. 北京: 首都经济贸易大学出

版社，2017：86-87.

［106］赵彤. 我国体医结合健身模式现状与对策：以苏州市"阳光健身卡"为例［D］. 北京：北京体育大学，2014：5.

［107］中国疾病预防控制局网. 新型冠状病毒感染的肺炎防控方案（第二版）［EB/OL］.（2020-01-22）［2020-06-20］http://www.nhc.gov.cn/jkj/s3577/202001/c67cfe29ecf1470e8c7fc47d3b751e88.shtml.

［108］韦军湘，兰兰，赵继勇. 体育与健康教程［M］. 天津：南开大学出版社，2014：6.

［109］郝光安，冯青山，丁兆锋. 大学体育教程.［M］. 北京：人民体育出版社，2012：12.

［110］江桑佳. 公共体育服务供给社会参与机制研究［D］. 北京：北京体育大学，2019：6.

［111］卫国凯. "互联网+"背景下全民健身公共服务平台的发展：以"群体通"为例［J］. 体育成人教育学刊，2019，35（6）：19-22.

［112］张国云. 新媒体环境下突发公共卫生事件应急管理机制研究［D］. 武汉：华中科技大学，2019：5.

［113］中共中央文献研究室、中共湖南省委《毛泽东早期文稿》编辑组. 毛泽东早期文稿（一九一二年六月-一九二〇年十一月）［M］. 长沙：湖南人民出版社，2008：65.

［114］中共中央党史研究室. 中国共产党历史（第2卷）（1949—1978）上册［M］. 北京：中共党史出版社，2010：204.

［115］中共中央文献研究室，中央档案馆. 建国以来重要文献选编（第3册）［M］. 北京：中央文献出版社，2011：368.

［116］刘峥. 新中国体育发展战略的演变（1949—2008）［D］. 北京：北京体育大学，2011.

［117］伍绍祖. 中华人民共和国体育史［M］. 北京：中国书籍出版社，1999：268.

［118］刘峥. 新中国体育发展战略的演变（1949—2008）［J］. 北京体育大学学报，2011（6）.

［119］汉语大字典编辑委员会. 汉语大字典［M］. 成都：四川辞书出版社，2010.04：3920-3921.

［120］李继军. 推进"健康中国"建设背景下体医协作契合点研究［J］.

体育科技文献通报，2019，27（2）：2-3.

［121］陈远莉，李继军. 基于大卫生大健康理念下的高等中医院校"体医"联动发展路径探索［J］. 中国卫生事业管理，2019，36（9）：641-643，657.

［122］李继军，童国军. 重大突发人类传染疾病防控时期体育公共服务研究［J］. 武术研究，2021，6（2）：136-141.

附　录

附录一　典型案例

案例一："健康陕西"——八大"健康细胞"示范建设

在国家提出"健康中国"建设战略之后，陕西省随即提出"健康陕西"建设规划以及《"健康陕西2030"规划纲要》，计划实施全省范围内的"八大'健康细胞'示范建设"，并成立了专门的工作委员会，即"健康陕西建设工作委员会"（以下简称"建设工作委员会"），直接对省委、省政府负责，具体落实推进"健康陕西"建设各项事务。2018年，为了深入贯彻党的十九大精神，大力实施"健康中国"战略，全面落实省委、省政府《"健康陕西2030"规划纲要》，全方位全周期维护和保障人民健康，推动卫生与健康事业实现追赶超越，建设工作委员会在省政府授意下提出全省深入开展健康机关、健康军营、健康社区、健康村庄、健康学校、健康医院、健康企业、健康家庭八大类"健康细胞"示范建设活动指导意见（见表1），就此标志着"健康陕西"建设正式全面展开，与之相应的体育与医疗卫生协作促进健康事务全面启动推进。

表1　八大"健康细胞"示范建设指导意见

总体要求	指导思想	以习近平新时代中国特色社会主义思想为指导，坚持"以基层为重点，以改革创新为动力，预防为主，中西医并重，将健康融入所有政策，人民共建共享"的卫生与健康工作方针。树立"大健康"理念，着力控制影响健康的主要因素和促进健康公平服务。全面开展示范建设，普及健康生活，优化健康服务，完善健康保障，建设健康环境，发展健康产业，有效解决人民日益增长的健康需求和不平衡不充分的健康服务保障之间的矛盾。不断提高人民健康水平和生活品质，为全面建成小康社会奠定基础

表1(续)

总体要求	基本原则	以人为本，健康优先。坚持以人民为中心的发展思想，将健康融入所有政策，综合运用多种手段，不断改善健康环境，倡导健康生活方式，提高居民健康素养。 政府主导，共建共享。发挥政府主导作用，实行行业指导，属地管理，推动部门协作，鼓励、组织和引导机关、军营、社区、村庄、学校、医院、企业、家庭及广大居民积极参与，提高全社会参与度，让健康福祉惠及广大群众。 问题导向，科学施策。针对不同区域、组织、群体的健康状况特点和影响健康的突出因素，对症下药，科学施策，积极探索行之有效的健康治理模式。 由点及面，示范带动。在各类卫生创建、文明创建的基础上，选择基础较好、工作积极性高、条件相对成熟的目标对象，率先开展示范建设工作，总结经验，逐步推广
	建设目标	通过示范建设，使健康环境明显改善，健康常识得到普及，健康生活方式基本形成，人人享有基本医疗卫生和体育健身服务，居民健康素养和健康水平持续提高。因病致贫、返贫现象得到有效遏制，加快建成与我省经济社会发展相协调，与群众健康服务需求相适应的健康促进型省份。 示范建设分省级、市级、县级三个层次，到2020年，建设省健康机关1 000个、健康社区600个、健康村庄3 000个、健康学校1 000个、健康医院300个、健康企业1 000个、健康家庭50 000个；市（区）和县（市、区）实现示范建设全覆盖，健康家庭建设率分别达到20%和30%，健康机关、健康社区、健康学校、健康医院、健康企业建设率达到50%。到2030年，健康机关、健康社区、健康学校、健康医院、健康企业建设率达到90%，健康家庭建设率达到50%
重点任务	建设健康机关	结合行业职责，服务社会健康建设；整洁机关容貌和环境卫生，改善工作条件，推行绿色、智能化办公；创建无烟机关，建设健康食堂，倡导合理膳食；完善健身设施，开展健身活动，弘扬健康文化，建立健康小屋，宣讲健康知识，开展心理健康干预，组织健康体检，实施健康风险评价。通过示范建设，在机关事业单位形成良好健康环境，干部职工健康素养普遍提升，养成健康工作生活方式，健康水平不断提升，健康机关建设效应扩展到全社会（省直机关工委、省卫生计生委牵头，相关部门配合）
	建设健康军营	立足战斗力提升，将健康理念融入全部工作，形成健康优先的工作机制；整洁军营容貌和环境卫生，改善工作训练条件，推行绿色、智能化办公与训练；创建无烟戒酒军营，建设健康食堂，倡导合理膳食；完善健身训练设施，开展健身活动，弘扬健康文化，建立健康小屋，宣讲健康知识，开展心理健康干预，组织健康体检，实施健康风险评价。通过示范建设，在军营形成良好健康环境，广大指战员、军队老干部及军属健康素养和健康水平普遍提升，养成健康工作生活方式（省军区保障局牵头，相关部门配合）

表1(续)

重点任务	建设健康社区	协调相关部门搭建建设健康支持性环境，参加社区环境卫生综合整治，做好病媒生物治理，改进垃圾、杂物、车辆等管理，提升物业服务管理水平；完善社区文化体育设施和健身场所，形成方便可及的文化娱乐圈和健身圈；开展社区健康教育和健康促进行动，引导居民养成"三减三健"等健康生活方式；以老年人、儿童、残疾人和慢性病患者为重点，开展家庭医生签约服务，落实健康服务管理，通过示范建设，社区环境得到有效改善，健康生活方式得到普及，健康服务保障更加完善，居民健康水平明显提升（省民政厅、省卫生计生委牵头，相关部门配合）
	建设健康村庄	结合乡村振兴战略，以治脏、治乱、治差为重点，扎实推进农村环境卫生整洁行动；保障农村饮水安全，加强农村生活垃圾处理和污水治理，加大农村改厕力度；加强健康教育和促进行动，普及健康知识，引导村民养成良好的生活习惯，落实基本公共卫生服务，实施常见病、慢性病和地方病的有效管控；加强文化健身场所建设，丰富村民文化体育生活，通过示范建设，村容村貌明显改观，村民健康素养普遍提高（省农业厅、省卫生计生委牵头，相关部门配合）
	建设健康学校	加强健康校园主题建设，营造健康成长环境，教学和生活设施布局合理，周边社会文化环境健康安定；建立健康教育推进机制，健康课、体育课达到国家规定课时，开展"师生健康，中国健康"主题健康教育活动；开展学生体质监测，建立师生健康体检和健康管理机制；建设健康食堂，保障食品安全，围绕主要健康问题，实施校园传染病、常见病、多发病、地方病预防和控制，开展预防近视、肥胖、龋齿等行动；开心理健康主题活动，提供心理咨询帮助。通过示范建设，校园师生健康素养和学生体质逐年提高，学生心理健康素养逐步提高（省教育厅、省卫生和计生委牵头，相关部门配合）
	建设健康医院	将健康理念融入医院规划、建设、管理、运营全过程，有效保障患者和医院职工权益；建设医疗机构健康教育与健康促进平台，推进医防结合，将健康教育与促进融入医疗服务；大力营造健康和谐诊疗环境，提供优质服务，提高患者就医体验；加强医院员工健康管理，建立健康检查、职业健康监护和年休假制度，保障有效休息时间；创建无烟医院，建设健康食堂，提高住院病人健康饮食供应服务质量，保障医院职工就餐需求；传播医院健康文化，传递健康理念，参与社区健康公益活动，通过示范建设，医院员工健康得到有效保障，辖区群众、服务对象对医院服务满意度得到提升（省卫生计生委牵头、相关部门配合）
	建设健康企业	全面落实企业安全生产责任，严防安全生产事故；强化法治意识，履行社会责任，加强废水、废气、固废和垃圾等的处理管理；完善企业健康管理制度，改善企业职工工作环境；加强职业安全教育，提高职业健康防护意识，定期开展职业健康检查，防范职业危害，建立职业健康监护档案并定期评估；完善职工文化体育场所建设，建设健康食堂。通过示范建设，企业员工职业防护知识、技能逐步提高，职业健康危害控制效果明显（省工业和信息化厅、省国资委、省卫生计生委牵头，相关部门配合）

重点任务	建设健康家庭	树立现代健康观，家庭成员保持良好的心理素质，锻炼良好的身体素质，修养优良的道德素质，积极参与社会活动，家庭关系融洽，邻里和睦相处；室内外环境卫生整洁，厕所卫生，饮水卫生安全；养成良好的生活行为习惯，参与文化体育活动，定期体检，了解慢性病、传染病预防必备知识，掌握必要的育儿、老年人照护、灾害逃生、家庭急救等知识和技能。通过示范建设，提高家庭成员自我保健能力和疾病防护能力，健康行为形成率得到提高（省妇联、省卫生计生委牵头，相关部门配合）
建设步骤	启动部署阶段（2018年8月—2018年9月）	由省健康陕西建设工作委员会办公室统筹协调，明确任务，落实责任，健全工作机制，各牵头部门开展健康现状调查和分析评估，找准影响健康的主要因素，指导各类示范建设实施意见及评估指标，并联合省卫生计生委印发
	首批推进阶段（2018年10月—2019年7月）	各牵头部门根据建设目标、确定首批省级示范建设单位名单，并按照实施意见结合实际推进示范建设工作。各地已经部署的示范建设单位持续推进。23个摘帽贫困县全面开展示范建设工作。在示范建设单位中，培育一批建设典型，探索总结可供推广的经验
建设步骤	滚动建设阶段（2019年8月—2030年8月）	每年一个周期，第一批验收后，压茬启动第二批，以此类推，梯次推进。验收未通过的，加强整改，在下一批次复验；验收通过的，持续巩固提升建设成果。 　　各市（区）要统筹制定本级示范建设实施意见，确定建设单位名单和年度计划，并报健康陕西建设工作委员会办公室和省级牵头部门备案。各级示范建设实行分级组织验收，评估验收通过后由同级政府或示范建设组织机构命名
保障措施	加强组织领导	各地、各有关部门及驻陕各部队要高度重视示范建设工作，将其作为推进健康陕西建设的重要载体，健全领导体制和工作机制，主要领导亲自安排部署并督导检查，分阶段、分步骤组织实施，形成政府主导、部门协同、社会支持、群众参与的工作格局
	加强协作共建	各地、各有关部门要探索建立公共政策健康影响评价机制。牵头部门在制定实施方案和公共政策时，履行将健康融入所有政策的责任，加强信息沟通和部门协商，充分考虑和评估对健康的影响，科学指导推进示范建设；相关部门要通力配合，形成齐抓共建的工作合力
	加强监督考核	将示范建设工作纳入健康陕西建设专项考核。省卫生计生委要牵头加强示范建设业务培训，强化督导检查和第三方评估，认真总结经验，推广好的做法。各地、各有关部门要建立定期调研督导机制，及时研究解决实施中出现的问题和困难
	加强宣传引导	各地、各有关部门要利用各类媒体和宣传平台，广泛宣传示范建设的重要意义、建设内涵和工作成效，引导各类单位及社会群体积极参与示范建设，形成全社会宣传健康、关注健康、共建共享的良好氛围
本指导意见报送国家卫生健康委员会		

随着"健康陕西"——八大"健康细胞"建设启动实施,"体医融合、协作"被提到议事日程上来。事实上,在建设工作委员会发布指导意见之前的2017年9月,陕西省体育局就出台了《积极探索协调治理加快体医融合发展》的文件。该文件虽然是体育局单方面规划"体医融合、协作"促进健康,但显然这项工作是"健康陕西"建设的必要手段,是体育与医疗卫生两部门未来必须要完成的工作重点之一。特别需要关注的是,在这份文件中,提出探索体医协同治理模式,促进"体医融合、协作"有实质性、创造性的发展,要大胆尝试创新,以创新来真正解决现有体制机制等各方面存在的实际问题,理顺发展中相互影响的关系,变相互制约为相互促进,才能推动"体医融合、协作"迈出实质性的创新关键步伐(见表2)。这些认识和看法值得其他省级体育与医疗卫生部门协作参考借鉴。

表2 "体医融合、协作"创新关键步伐

领导方式创新	推进体医融合,要探索领导体制的创新。统筹各部门工作职责,认真研究如何协同推进工作,逐步建立合作的机制和平台,制定相关的政策和措施,推动工作落实。在省级层面上成立以省政府办公厅牵头,体育局、卫计委和教育厅等相关部门组成的陕西省体医融合协调领导小组,定期召开体医融合协调领导小组联席会议,研究解决体医融合过程中的实际问题。在政策制定方面,在设计之初就让各部门参与,及时沟通解决。在具体推进中,各部门各司其职、各尽所能,共同促进体医融合
服务组织创新	推进体医融合,要倡导服务体制创新,广泛发动社会力量参与,鼓励成立非营利体医融合服务组织,架起政府与民众间的桥梁,形成以服务组织为中心的体制结构。在广泛收集各个群体,各方面意见的基础上,明确创新组织的具体服务内容,让人民享受体育带来的健康。例如让医疗人员参与体育科研,让竞技体育康复研究成果可以转化为医疗临床应用、促进群众的健康。基层卫生所和体育活动站可以整合,配备具有科学健身指导能力的医疗人员。带领群众有病治病、没病健身,做到取长补短,相互转化,真正实现体育和医疗有机融合,造福百姓
宣传理念创新	推进体医融合,要加大宣传力度,提高群众认识。要让大家都知道,一定程度上体育运动与能量、蛋白质、微量元素等营养物质一样,是促进身体正常运转的必需品,不能等到患病了才运动,把运动作为治疗的手段。在目前关于健康素养宣传的倡导里,还基本看不到这种宣传理念的创新。因此我们应该积极推动全民健身,科学健身,树立健康生活理念、倡导健康生活方式,促进形成投资健康的消费理念,营造运动健身氛围,让大众认识到体育其实是医疗的有效补充和完善,两者无法分割开,通过认识转变带动体医融合

2018年10月,体育局与卫生健康委员会签订了《促进全民健身与全民健康合作框架协议》(见表3),这标志着陕西省"体医融合、协作"正式启动推进。在此份协议中,明确双方要完成的各项事务以及协商机制等,从全国"体医融

合、协作"推进层面来看，我们认为此种协作方式具有典型代表意义。

表3 《促进全民健身与全民健康合作框架协议》主要内容

完善沟通联络机制	成立全省全民健身与全民健康融合发展工作组织机构，定期会商，互通情况，研究解决健康促进与科学健身融合发展相关问题。双方领导至少每年召开一次协调会议，重点研究融合发展方向和年度计划，部署合作领域工作发展的具体任务和措施。省体育局群众体育处、省卫生计生委宣传科教处作为双方的联络机构，每季度召开一次协调会，落实相关工作任务
开展医体合作试点	成立"医体融合"工作小组，共同研究推进的政策、措施及项目支持，进一步完善公共卫生体育服务体系建设，依托各级体育部门国民体质监测站和医联体社区卫生医院（室），积极开展"医体融合非医疗干预"合作试点，并将试点单位纳入医院分级诊疗和体育惠民工程中，为健身人群提供科学健身指导，开展健身医疗保健，开具健身运动处方。重视加强青少年、妇女、老年人和残疾人等特定人群的体质健康干预，建立国民体质基础数据库，开展运动风险评估，促进运动医学和康复医学融合发展。同时，将西安交大一附院和陕西体育科研所作为具体牵头单位，推行救治、特治绿色双通道，开展科学健身普及、预防、治疗、康复工作，积累经验。逐步推广，切实落实好以人民健康为中心的理念
加强复合人才培养	加强复合型体育医疗从业人员培训，依托体育院校、体育科学研究所等单位，定期为医疗机构人员开展培训，促进医疗机构从业人员掌握体育运动技能，了解健身训练方法，提升医务人员有针对性地为体育运动康复患者开具运动处方的能力；依托卫生计生部门的培训机构，通过医体融合专家及卫计委专科医学专家加大培训力度，弥补社会体育指导员健康科普知识方面的短板，开展社会体育指导员在日常疾病防治、保健养生、科学运动、简单急救等方面的能力培训，确保日常指导健身的同时，为健身人群提供健康服务
推进"健康细胞"示范建设	体育部门派专家指导健康机关、健康社区、健康军营、健康村庄、健康学校、健康医院、健康企业、健康家庭八大"健康细胞"建设，完善体育设施和健身场所建设，丰富文化体育健身活动，逐步形成群众便捷健身圈。积极发挥科学健身在促进全民健康和慢性病预防等方面的优势作用，建立适合不同人群健康状况的运动处方库，促进运动和康复融合发展。到2020年和2030年，我省国民体质合格率分别达到92%和94%以上，全省经常参加体育锻炼的人数分别达到1 500万人和2 000万人
注重健康知识普及	积极开展全民健康与科学健身观念宣传，倡导健康生活方式，共同发布体育健身指南，普及科学健身预防和促进疾病康复的知识及方法，在重要卫生计生体育节庆及赛事活动中共同开展科学健身、健康教育宣传，加快推进全民健身科学化发展，持续提升全民健康素养水平

在此框架协议的助推下，两部门逐一推进各项合作事务，为了更好地完成各项合作事务，两部门于2019年出台了《陕西省疾病预防控制八大行动2019年工作方案》。在此方案中，将各项具体事务细化分解，逐一分解为多节量化考核指标。至此，陕西省"体医融合、协作"模式基本形成，此模式不仅对

"健康陕西"建设具有巨大的推动作用，而且为全国其他省、自治区、直辖市提供了重要的"体医融合、协作"参考模式和借鉴意义。其主要特征如下：

（1）省级主导下推进体育与医疗卫生协作促进健康事务。

（2）省级地方政府从地方发展角度推进健康促进事务，体医协作促进健康是其重要的组成部分。

（3）成立了专门的工作委员会，即"健康陕西建设工作委员会"，直接对省委、省政府负责。

（4）体育与医疗卫生部门双方通过协商，以签订协议的方式明确双方共同承担的健康促进事务。

（5）明确体育与医疗卫生部门在各大版块健康促进事务中的作用，协同处理共同的健康促进问题。

（6）体育与医疗卫生部门双方明确以会商方式进行定期沟通，以及确定双方对接对口联络机构。

（7）开展"医体融合非医疗干预"合作试点，并将试点单位纳入医院分级诊疗和体育惠民工程中。

案例二："健康广西"——"全民健身与全面健康深度融合"

2017年4月，为贯彻落实全国卫生与健康大会精神和《"健康中国2030"规划纲要》，结合广西实际，广西壮族自治区委员会、广西壮族自治区人民政府做出《推进健康广西建设决定》（见表4），就此拉开了广西壮族自治区健康促进的宏伟大幕，同时也开启了"体医融合、协作"促进健康的进程。

表4　《推进健康广西建设决定》主要内容

总体要求	指导思想	高举中国特色社会主义伟大旗帜，全面贯彻党的十八大和十八届三中、四中、五中、六中全会精神，以马克思列宁主义、毛泽东思想、邓小平理论、"三个代表"重要思想、科学发展观为指导，深入学习贯彻习近平总书记系列重要讲话精神和治国理政新理念、新思想、新战略，深入学习贯彻习近平总书记对广西工作的重要指示精神，把人民健康放在优先发展的战略地位，遵循"以基层为重点，以改革创新为动力，预防为主，中西医并重，把健康融入所有政策，人民共建共享"的新时期卫生与健康工作方针，坚持以提高人民健康水平为核心，围绕普及健康生活、优化健康服务、完善健康保障、建设健康环境、发展健康产业五大重点领域，实施全民健康素养促进、基层医疗卫生机构能力建设、健康扶贫攻坚、全民健身普及、健康产业发展五大行动计划等系列政策措施，努力推进健康广西建设，让全区人民享有健康服务、拥有健康身体、过上健康生活，为营造"三大生态"、实现"两个建成"、谱写建党百年广西发展新篇章提供健康保障

总体要求	主要目标	到 2020 年，建立覆盖城乡居民的中国特色基本医疗卫生制度，健康服务体系完善高效，人人享有基本医疗卫生服务和基本体育健身服务，主要健康指标优于全国平均水平； 卫生与健康服务能力明显提升。体系完整、分工明确、功能互补、密切协作、运行高效的整合型医疗卫生服务体系进一步完善，每千常住人口执业（助理）医师 2.3 人；完善城乡居民基本医疗保险制度，个人卫生支出占卫生总费用比重控制在 28% 左右；基层医疗卫生服务能力明显提高，群众就医方便。全民健身公共服务体系更加完善； 健康水平进一步提高。主要健康指标持续改善，人均预期寿命达到 77.5 岁，婴儿死亡率、5 岁以下儿童死亡率、孕产妇死亡率分别控制在 7.5‰、9.5‰、18/10 万以下。重大慢性病过早死亡率比 2015 年降低 10%，免疫规划疫苗接种率维持在高水平，居民艾滋病防治知识得到普及。保障有需求的残疾儿童和持证残疾人接受基本康复服务； 健康生活方式逐步普及。全民健康意识普遍增强，居民健康素养水平达到 18%。全民健身活动广泛开展，城乡居民达到《国民体质测定标准》合格以上的人数比例为 90.6%，经常参加体育锻炼人数比例达到 38% 以上； 健康环境优美宜居。"美丽广西"建设成效显著，设区城市空气质量优良天数比率 ≥91.5%，地表水质量达到或好于 Ⅲ 类水体比例 ≥96.2%。海洋生态环境质量保持优良； 健康产业加快发展。体系健全、结构优化的健康产业基本建立，形成一批具有自主知识产权和市场竞争力的新产品，建设一批国内外知名的健康养生基地，健康产品和健康服务供给更加丰富，健康服务业总规模达 4 000 亿元； 到 2030 年，健康制度体系更加完善，健康服务能力大幅提升，主要健康危害因素得到有效控制，健康产业规模显著扩大，环境更加健康优美，社会更加健康和谐，人民健康水平持续提升，健康领域治理体系和治理能力基本实现现代化，主要健康指标继续优于全国平均水平
提高城乡居民健康素养水平	构建健康促进体系	积极推进全民健康素养促进行动计划，市、县财政要安排经费保障实施，自治区财政通过统筹相关专项经费和新增预算安排对自筹经费到位率高、全民健康素养促进行动计划项目支出绩效评价结果排名靠前或项目支出绩效评价达到 90 分以上的市、县给予适当补助。加强健康教育服务能力建设，构建以健康教育专业机构为龙头，基层医疗卫生机构、医院、专业公共卫生机构为基础，学校、机关、社区、企事业单位健康教育职能部门为延伸的健康促进与教育体系。建立健全覆盖城乡居民的健康素养和生活方式监测体系、健康知识和技能核心信息发布制度
	传播健康知识	将健康教育纳入国民教育体系，把健康教育作为所有教育阶段素质教育的重要内容。以中小学为重点，建立学校健康教育推进机制。各级各类学校要将健康教育课程纳入学校教学计划，保证健康教育课时、教师和教材的落实。开发使用具有地方特色的健康教育自主读本等宣传资料，加强健康教育专业培训。开展老年健康教育。建立居民健康素养基本知识和技能资源库，在报刊、广播、电视、互联网等大众传媒开设公益性健康素养科普栏目，打造"健康广西"宣传品牌

表4(续)

提高城乡居民健康素养水平	普及健康生活方式	倡导"每个人是自己健康第一责任人"的理念,实施国民营养计划,开展"三减三健"(减油、减盐、减糖,健康体重、健康骨骼、健康口腔)行动。引导居民自主自律地建立合理膳食、适量运动、戒烟限酒、拒绝毒品和心理平衡的健康行为和生活方式,降低危害健康因素影响
	开展健康管理	加强医疗卫生、基本医保、医药价格、商业保险等政策研究,推进保障人民健康的全方位、全周期的健康管理。采取居民健康促进行为干预策略,建立基层医疗卫生机构为服务主体、上级疾病预防控制和医疗机构为技术支撑的预防保健机制,对重点人群、疾病、危险因素实行规范化健康管理
提升城乡医疗卫生服务能力	加强基层医疗卫生机构建设	加快推进基层医疗卫生机构能力建设行动计划,实现乡镇卫生院基础设施、县级医疗卫生机构业务用房和县级公共卫生机构基础设施全面达到国家标准要求。完善村卫生室建设。落实社区卫生服务设施纳入城市规划政策,按照3万~10万居民或街道办事处所辖范围设置1所社区卫生服务中心的规定,在城市新建和改建居民区中同步规划、同步建设、同步投入使用
	推进高水平医疗卫生机构建设	加快广西国际壮医医院、中国—东盟医疗保健合作中心(广西)、自治区人民医院凤岭医院、广西儿童医院等重点项目建设。实施疑难病症诊治能力提升工程,依托有机构创建国家级区域医疗中心、建设自治区临床重点专科群和6个自治区级区域医疗中心。加强自治区、市级公共卫生机构能力建设,创建重大传染病、遗传病等防控技术支撑平台
	积极发展社会办医	鼓励和支持社会资本创办各类医疗机构,优先支持创办非营利性医疗机构。科学合理预留社会办医发展空间,落实社会办医在土地、投融资、财税、价格和人才培养等方面的扶持政策。鼓励公立医疗机构采取政府与社会资本合作(PPP)模式的建设医疗机构,重点支持一批PPP模式建设的高水平医疗机构。保障非公立医疗机构在市场准入、医疗保险定点、重点专科建设、职称评定、医院评审等方面与公立医疗机构享受同等待遇
筑牢公共卫生安全防线	加强重大疾病防治	健全防治重大疾病工作联席会议制度,建立专业公共卫生机构、综合性医院和专科医院、基层医疗卫生机构"三位一体"的重大疾病防控机制。加强慢性病综合防控,每个设区市建成1个示范区。落实严重精神障碍患者监护责任以奖代补政策。健全免疫规划黄牌警告制度,完善预防接种异常反应补偿保险机制,实施防治艾滋病攻坚工程,加强结核病、乙肝、手足口病等重大突发新发和输入性传染病防控。从源头治理重大动物源性传染病。巩固地方病防控成果
	维护重点人群健康	以幼儿园、中小学为重点,逐步实现校医或保健员全覆盖,加强常见传染病预防与控制,做好健康危害因素监测与评价。健全妇幼健康服务网络,建设危重孕产妇和新生儿救治转诊体系,建立孕产保健、儿童保健、妇女保健制度,完善区域内妇幼健康综合服务模式,推进生育全过程基本医疗保健服务,提升地中海贫血等重大出生缺陷防控能力,加强儿童早期综合发展和营养改善、妇女常见病筛查和早诊早治等薄弱工作。鼓励有条件的医疗卫生机构开展健康心理辅导和咨询。加强老年人健康医疗服务。完善残疾人医疗与康复服务体系。加强计划生育服务管理,完善计划生育家庭奖励扶助、特别扶助制度,强化共建共享的流动人口健康服务

表4(续)

筑牢公共卫生安全防线	提升突发事件应急处置能力	加强卫生应急"一体两翼"(以体系和核心能力建设为"主体",以突发急性传染病防治、突发事件紧急医学救援力量建设为"两翼")建设,健全卫生应急管理系统和应急指挥平台,构建一体化指挥体系。强化联防联控机制,建立各级各类应急队伍,规范装备设备配备。加强风险评估和培训演练。建设区域紧急医学救援中心。加快广西海上紧急医学救援基地、广西核辐射事故紧急医学救援基地建设。普及应急知识,提高公众自救互救的意识和技能
	提高公共卫生服务水平	全区各级人民政府要切实履行公共卫生投入责任,健全政府购买服务机制,逐步提高人均基本公共卫生服务经费标准,足额安排重大公共卫生补助资金预算。重大公共卫生服务资金主要用于需方补助、工作经费和能力建设等支出。强化公共卫生服务实施主体责任,健全专业公共卫生机构与基层医疗卫生机构分工协作机制,加强业务培训、监测评估和督导考核,提供规范、公平、可及的公共卫生服务,逐步缩小城乡服务差距,促进基本公共卫生服务均等化
深化医药卫生体制改革	建立分级诊疗制度	全面启动城市医疗集团、县域医疗共同体、跨区域专科联盟、边远贫困地区远程医疗协作网等多种形式的医疗联合体建设试点,逐步破除财政投入、医保支付、人事管理等方面存在的壁垒,以人才共享、技术支持、检查互认、处方流动、服务衔接等为纽带进行合作,逐步建成服务、责任、利益、管理共同体,建立医疗资源上下贯通的激励机制,有效促进优质医疗资源下沉。全面推进县域医疗共同体建设,实施以县级医院为龙头、乡镇卫生院为枢纽、村卫生室为基础的县乡一体化管理,并与乡村一体化有效衔接,形成县乡村三级医疗卫生机构分工协作机制。鼓励县域医疗共同体建立医学影像、医学检验、消毒供应等中心,实现资源共享、服务同质。将三级医院医疗资源下沉、与基层医疗机构协作、基层诊疗量占比、双向转诊比例、居民健康改善等指标纳入医疗机构绩效考核。加快家庭医生签约服务制度建设,建立家庭医生为第一责任人的团队签约服务机制,按规定收取的签约服务费纳入医疗收入管理,其收支结余部分可按规定提取奖励基金。发挥医保对医疗服务供需双方引导和医疗费用控制的作用。到2018年实现县域医疗共同体县级全覆盖,乡镇卫生院参与率达到50%以上;到2020年全面推开多种形式的医疗联合体建设,乡镇卫生院参与率达到90%以上
	建立现代医院管理制度	深化县级公立医院综合改革,加快城市公立医院综合改革。切实落实政府办医责任,坚持公立医院的公益性,逐步偿还和化解符合条件的公立医院长期债务。着力完善公立医院管理体制和运行机制,促进社会办医健康发展,推动各级各类医院管理规范化、精细化、科学化,建立权责清晰、管理科学、治理完善、运行高效、监督有力的现代医院管理制度,加强医德医风建设。加快建立医疗、医保、医药"三医"联动改革机制。破除"以药补医",按照"腾空间、调结构、保衔接"的路径,理顺医疗服务价格,建立以成本等因素为依据、体现医务人员技术劳务价值的动态调整机制。完善公立医院财务管理制度,落实三级公立医院总会计师制度,健全以公益性为导向的考核评价指标体系

表4(续)

深化医药卫生体制改革	健全全民医保制度	建立与经济社会发展水平、各方承受能力相适应的基本医保稳定可持续筹资机制和与筹资水平相适应的基本医保待遇动态调整机制,促进城乡居民基本医疗保险制度健康发展。深化医保支付方式改革,实行预算管理和付费总额控制,开展按病种付费为主的复合型付费方式,将符合条件的健康管理、日间手术、疫苗接种、中药壮瑶药院内制剂和残疾人康复项目纳入医保支付范围。加快异地就医结算管理和服务,逐步实现医保自治区级统筹。加强基本医保、大病保险、医疗救助、应急救助和商业健康保险等多重保障政策有效衔接。引入社会力量参与医保经办
	完善药品供应保障制度	抓好药品研发、生产、流通和使用全流程管理。开展仿制药质量和疗效一致性评价工作。推进公立医疗机构药品采购"两票制"(药品生产企业到流通企业开一次发票,流通企业到医疗机构开一次发票),完善药品集中采购制度,鼓励以设区市为单位的药品带量采购或跨区域、专科医院联合采购。建立药品实际交易价格主要由市场竞争形成的价格机制。健全城乡现代医药流通网络,保障基层和边远地区药品供应。加强短缺药品供应保障和预警。建立药品使用监测体系和药品信息追溯制度
	完善综合监管制度	加强综合监管相关地方性法规和标准体系建设,实行医药卫生全行业监管,健全行风治理长效机制,形成政府监管、执法监督、行业自律、各方参与、社会共治的综合监管新格局。建立健全"双随机一公开"(在监管过程中随机抽取检查对象,随机选派执法检查人员,抽查情况及查处结果及时向社会公开)和执法全过程记录等综合监管制度。加强卫生计生综合监督执法能力建设,按照标准配备和充实监督执法人员,到2020年医学和法学专业人员所占编制不得低于编制总额的85%
推动中医药壮瑶医药振兴发展	提高中医药壮瑶医药服务能力	加强中医药行业管理,明确管理机构和人员。实施中医药壮瑶医药"三名"(名医、名院、名药)战略,健全名(老)中医评定制度,培养国医大师后备人选。开展中医药壮瑶医药临床优势培育工程,建设中医壮瑶区域性医疗中心和专科专病防治网络。实施基层中医药壮瑶医药服务能力提升工程,推广优势病种诊疗方案和适宜技术。推进中医药壮瑶医治未病、康复能力建设,开展传统保健体育等养生健康服务
	推进中医药壮瑶医药传承创新	建设中医药壮瑶医药传承创新平台,研究中医药壮瑶医药核心理论,挖掘传统经验和民间诊疗技术,推动建立壮瑶医药标准体系。整合中医药民族医药科技资源,建设综合性的广西中医药民族医药研究机构。保护开发中药壮瑶药资源,支持广西药用植物园持续推进世界级药用植物园建设。开展肝癌、艾滋病等重大疾病防治的中西医联合攻关。加大中药壮瑶药院内制剂研发和调剂使用力度
提高贫困人口健康保障水平	提升贫困人口基本医疗保障能力	扎实推动广西健康扶贫攻坚行动计划,贫困人口(包括特困供养对象、孤儿、非建档立卡的农村低保对象)参加城乡居民基本医疗保险制度实现全覆盖,将符合条件的"因病致贫、因病返贫"人口全部纳入农村最低生活保障和医疗救助范围给予兜底保障。鼓励和探索对建档立卡贫困户购买商业健康保险给予保费补贴,所需经费由县级人民政府筹措。通过基本医保、大病保险、医疗救助和商业健康保险等制度的综合补偿后,个人自付费用仍超过10%的部分,鼓励有条件的地方予以适当补助

表4(续)

提高贫困人口健康保障水平	强化贫困地区医疗卫生服务能力	加强贫困人口疾病救治服务,选择危害面广、负担较重、疗效确切的疾病实行分类和靶向救治。贫困人口县域内定点医疗机构提供"先诊疗、后付费"和基本医保、大病保险、医疗救助"一站式"综合服务。优先扶持贫困地区基层医疗卫生机构能力建设。开展基层执业医师特岗计划和二级以上医疗机构对口帮扶工作,落实订单定向免费医学生向贫困地区倾斜政策。到2020年,为贫困地区平均每个乡镇卫生院培养订单定向医学本科生1名、专科生2名
形成全民健身新风尚	健全全民健身设施	积极推进广西全民健身行动计划,加快市、县、乡、村四级公共体育设施建设,推动有条件的企事业单位公共体育场馆免费或低收费向社会开放,加强绿地、江河堤岸等健身步道和体育公园建设,便捷实用的公共体育健身设施覆盖全部乡镇(街道)、村(社区),形成城镇社区"15分钟健身圈"
	丰富全民健身活动	深入推进全民健身与全民健康深度融合,坚持项目发展、品牌建设、群体赛事协调发展,落实全民健身公共服务供给侧结构性改革。普及大众需求健身项目,扶持民族民俗民间传统运动项目,树立特色健身赛事活动品牌。发展壮大各级体育社会组织,实现"3+N"模式(体育总会、老年人体育协会、社会体育指导员协会和若干个具有本地特色的单项体育协会)。到2020年,每个乡镇(街道)有1~2名文体管理员,每个村(社区)有1名文体管理员
	强化科学健身服务	加强科学健身宣传和指导,建设全民健身志愿者和社会体育指导员队伍。建设国民体质监测平台和服务网络。加快体医结合,推广个性化"运动处方"(针对个人的身体状况,采用处方的形式规定健身者锻炼的内容和运动量的方法),建立国民体质监测站与各级医疗机构之间的业务协作机制
建设绿色宜居健康环境	加强生态环境保护	实行最严格的生态环境保护制度,加强影响健康的环境问题治理。推进绿化建设,实施珠江流域防护林、沿海防护林等工程,提高生态环境质量。开展大气、水、海洋特别是土壤重金属、农药残留等污染防治,强化饮用水安全监管,建立健全环境与健康监测、调查和风险评估制度。统筹治理城乡环境卫生,持续推进"美丽广西"乡村建设,深入开展爱国卫生运动和卫生城镇创建活动,以及健康城市、健康村镇示范建设,加快农村无害化卫生厕所改造,预防控制病媒生物
	保障食品药品安全	完善食品安全地方性法规规章、标准和信息、监管体系,健全食品安全风险监测评估和食品、农产品全程追溯协作机制。开展"双安双创"行动(全国食品安全示范城市创建和农产品质量安全县创建行动),严守从农田到餐桌的每一道防线。健全药品、化妆品、医疗器械生产、流通、使用的全品种、全过程监管链,加强麻醉药品、精神药品、药品类易制毒化学品和高风险药品的安全监管,筑牢食品药品安全"防护墙"
	强化安全生产和职业健康	建立安全生产标准化建设机制,构建风险等级管控、隐患排查治理两条防线,降低重大事故发生频次和危害后果。落实企业主体责任,强化矿山、危险化学品重点行业领域安全生产监管。健全城乡公共消防设施建设,维护管理责任机制。加强道路交通安全教育和管理,预防和减少伤害事故发生。推进安全生产和职业病危害源头治理,开展用人单位职业健康促进工作

表4(续)

建设绿色宜居健康环境	健全口岸公共卫生体系	加快口岸传染病预防控制、口岸突发公共卫生事件应急管理、口岸卫生监督管理、国际旅行健康服务、口岸核生化有害因子防控五大体系建设，开展国境卫生检疫，防范传染病疫情及有毒有害物质跨境传播。完善国门生物安全防控体系，加强进出境动植物检疫，防止动植物疫情疫病及有害生物跨境传播，防范物种资源丧失和外来物种入侵。建立境内外联防联控机制，打造智慧检验检疫
培育壮大健康产业	构建健康产业发展体系	深入实施健康产业发展行动计划，围绕健康相关领域，引导社会资本投入，增加服务供给，提升服务品质，释放潜在消费需求。加快发展健康养老、健康旅游、健身休闲运动、智慧健康、医疗（康复）器械、健康食品医药六大产业，形成布局合理、特色鲜明、具有较强竞争力的健康产业体系。健康产业产值年均增速超过10%，到2020年健康产业总规模占地区生产总值16%左右，成为新常态下推动广西经济社会发展的重要产业
	提高健康产业聚集水平和产品供给能力	结合区域特点，引导健康产业资源合理聚集、差异发展，打造若干个健康产业基地。按照"一核四区"（南宁养老服务业综合改革核心区、桂西养生养老长寿产业示范区、桂北休闲旅游养生养老产业示范区、北部湾国际滨海健康养老产业示范区、西江生态养老产业带示范区）发展格局，建设养老服务业综合改革试验区，培育健康养老产业集群。发展森林康养旅游，创建国家健康医疗旅游、中医药健康旅游示范基地，建设一批国内一流水平的养生养老项目，打造长寿养生品牌。加强壮瑶药、中成药新品种和海洋生物药品研发。引导社会力量参与健身休闲设施建设运营，发展多种形式体育俱乐部。重点开发移动医疗和辅助器具产品，推广生物三维（3D）打印技术、数字芯片等新技术
	健全健康产业发展政策体系	加强健康产业规划布局，统筹资源配置。在符合国家政策的前提下，进一步整合土地、财税、金融、人才等方面的优惠政策。在编制产业发展专项规划和交通发展专项规划、谋划重大项目等方面，充分做好与健康产业发展的衔接。开展广西健康产业发展示范县和示范项目评比，将示范县纳入县域经济发展考核指标。开展长期护理保险试点。研究出台基本医疗保险制度支持医养结合服务的政策措施，探索公益性养老服务，提供多层次医养服务
加强健康人才队伍建设	加快基层医疗卫生人才培养	加强基层医疗卫生人才培养体系建设，实施本土化农村订单定向免费医学生培养计划，落实待遇优惠政策。建立统一的培训制度，以3~5年为一个周期，对基层卫生人才开展全员培训。鼓励各地支持乡镇卫生院医务人员和在岗乡村医生参加学历教育。到2020年，70%以上的乡村医生具有中职（中专）及以上学历，90%的乡镇卫生院有2名以上全科执业（助理）医师
	做好高层次卫生人才培养引进	依托自治区高层次创新型人才队伍建设项目，实施高层次卫生人才培养工程，对认定的高层次卫生人才在招聘入编、职称晋升等方面开辟"绿色通道"，加大柔性引进力度，采取双向兼职、岗位聘用、项目聘用、任务聘用、技术协作等多种途径，吸引高层次卫生人才来桂工作。到2020年，培养一批在国内有较大影响力、较高知名度的领军人才和学术带头人

加强健康人才队伍建设	加强短缺专业人才培养使用	加强全科、儿科、产科、精神科、公共卫生、遗传咨询等各类急需紧缺人才队伍建设。完善医学人才培养体系，在医学院校开设急需紧缺人才培养专业或专业方向。加强住院医师和公共卫生医师规范化培训，开展急需紧缺专业人才转岗培训工作。对急需紧缺专业人才在进修深造、招聘录用、职称晋升和薪酬待遇等方面给予倾斜。实施桂派杏林医学生师承教育项目。加强社会体育指导、康复、护理、心理咨询等专门人才培养和使用
	建立符合行业特点的人事薪酬制度	推进公立医院人事制度改革，制定人员配备标准和核定办法，落实用人和岗位管理自主权，探索人员总量管理。加快薪酬制度改革，允许医疗卫生机构突破现行事业单位工资调控水平，对医疗卫生机构单独制定绩效工资核定办法；允许医疗服务收入扣除成本并按规定提取各项基金后主要用于人员奖励，在核定的绩效工资总量内合理提高人员奖励水平。医疗卫生机构要合理确定编外人员工资待遇，逐步实现同岗同薪同待遇。完善基层医疗卫生机构绩效工资制度，核定任务与定额补助挂钩，提高结余资金中绩效奖励基金比例。县域医疗共同体内的乡镇卫生院，在财政补助标准不变的基础上，实行县级公立医院的绩效工资分配政策。基本公共卫生服务补助资金可统筹用于经常性支出，但不能冲抵在编人员基本工资。健全公共卫生人员激励保障机制，鼓励防治结合类专业公共卫生机构通过提供预防保健和基本医疗服务获得合理收入，可用于开支人员绩效工资
推进健康科技创新和对外交流合作	推进健康科技创新	构建新型医学与健康科技创新和适宜技术推广体系，实施精准医学研究计划，组织卫生科技攻关，开展常见重大疑难病症诊治研究、药物研发和长寿规律性研究。支持广西医科大学和广西中医药大学建成产学研突出、特色鲜明的国内知名、区域一流的医学院校，以及有条件的医学院校建设国内知名学科。扶持地中海贫血、鼻咽癌、肝癌、重点传染病等重点领域实验室建设，推动自治区级临床医学研究中心创建国家临床医学研究中心，建立公共卫生科技创新研究平台。推进医疗机构、科研院所、高等学校和企业等创新主体高效协同，加强医药成果转化推广平台建设，促进医学成果转化推广和医药工业转型升级，提高科技创新对卫生与健康领域的贡献率和转化率。支持高校院所、科研机构和企业，整合国际与国内创新资源，加强与港澳台地区及东盟国家的科技合作，打造中医药大健康产业国际创新合作圈
	完善智慧健康服务体系	健全以居民电子健康档案、电子病历、全员人口信息等为核心的基础数据库，加快建成自治区、市、县三级人口健康信息平台，实现公共卫生、计划生育、医疗服务、医疗保障、药品供应、综合管理等业务应用系统的资源共享和业务协同，规范健康医疗大数据应用，创新"互联网+健康医疗"服务。制定和完善远程医疗服务管理、服务项目价格、医保支付等政策，实现远程医疗服务覆盖自治区、市、县、乡四级医疗卫生机构
	深化卫生与健康对外交流合作	立足中央赋予广西的"三大定位"，主动服务国家"一带一路"倡议，定期举办中国—东盟卫生合作论坛、巴马论坛，推进中国—东盟医疗保健合作中心（广西）、中国—东盟传统医药交流合作中心（广西）建设，依托中国—东盟信息港开展远程医疗合作试点。发挥援外医疗队作用，加大技术、智力和人才输出力度，鼓励有条件的中医药机构在港澳台地区及东盟国家设立中医药服务贸易机构，支持高等医学院校招录培养以东盟国家为主的留学生。推动广西与东盟国家体育文化交流合作，举办跨境体育赛事等系列活动

表4(续)

加强对健康广西建设的领导	建立健全领导体制	全面加强对健康广西建设工作的领导，完善推进协调机制，统筹推进健康广西建设。各级党委、政府要把卫生与健康事业纳入重要议事日程，建立领导工作机制，将主要任务列入目标管理责任制考核内容，形成党委统一领导、党政齐抓共管的工作格局
	完善资金保障机制	全区各级人民政府要加大资金筹措力度，调整公共财政支出结构，完善政府主导、职责明确、分级负担、事权与支出责任相适应的保障机制，逐年增加投入资金。重点向健康素养提升、基层医疗卫生服务体系建设、重大疾病防控、全民医疗保障、健康环境建设等领域和薄弱环节投入。按照有关规定落实相关财税扶持政策，拓宽健康公益事业投融资渠道
	强化健康法治建设	加强医疗卫生、食品、药品、环境、体育等健康领域地方性法规规章的立法和修订工作。深化简政放权、放管结合、优化服务改革，转变政府职能，创新服务型管理模式。完善卫生与健康领域监督执法和责任追究制度，建立互联互通的监管信息系统。依法打击涉医、食品药品制假售假等违法犯罪行为
	营造良好社会氛围	要充分发挥大众传媒优势，全方位、多层次地宣传健康广西建设的重要性、必要性、紧迫性，让"大卫生""大健康"理念家喻户晓、深入人心。合理引导社会预期，调动一切积极因素，营造全社会尊医重卫、强身健体、共建共享健康广西的浓厚氛围

2017 年 6 月，在《关于推进健康广西建设的决定》的全盘布局下，广西壮族自治区人民政府又发布了《关于加快推动全民健身和全民健康深度融合的指导意见》（见表 5），此意见对体医协作促进健康行动提出了比较明确的协作路径与内容。

表 5　《关于加快推动全民健身和全民健康深度融合的指导意见》部分内容

总体要求	指导思想	深入贯彻习近平总书记系列重要讲话特别是关于体育、卫生与健康工作的重要讲话精神，全面落实全国卫生与健康大会精神，树立大体育、大健康的理念，把以治病为中心转变为以人民健康为中心，发挥体育在健康促进、疾病预防和康复等方面的独特优势，释放体育在振奋精神、凝聚力量、推动经济社会发展等方面的多元功能。坚持改革创新、先行先试，突破思想和体制障碍，探索全民健身和全民健康融合的体制机制。坚持资源整合、突出特色，发挥我区资源优势，搭建独具特色的全民健身和全民健康融合新载体。坚持全民参与、融合共享，发挥政府、社会和市场"三轮驱动"，推动全民健身和全民健康协同发展，共建共享健康广西

表5(续)

总体要求	主要目标	到2020年，基本形成全地域覆盖、全周期服务、全人群共享的全民健身公共服务体系，全民健身在"大健康"中的作用更加突出，实现大众健康管理服务从单纯依靠医疗卫生"被动、后端的健康干预"到体育健身"主动、前端的健康干预"的发展。建设一批具有广西特色的全民健身和全民健康深度融合的市、县（市、区）、乡镇（街道）、村（社区），实现"八化"（体育运动全民化、体育健身生活化、体育设施便利化、体育锻炼科学化、体育工作制度化、体育服务智能化、体育组织社会化、国民体质健康化）目标，使我区成为在全国有影响、有特点的全民健身和全民健康深度融合先行地区
	重点任务	推动全民健身和全民健康在理念、机制、政策、规划、组织、设施、队伍、活动八个方面深度融合，不断丰富融合形式、拓展融合范围、提升融合层次，实现全民健身与各部门各行业互通互融、相互促进
大力弘扬群众身边的体育文化，营造全民健身和全民健康深度融合的社会氛围	加强全民健身宣传教育	实施科学健身传播行动计划，利用报刊、广播电视、互联网、新媒体，开设全民健身栏目，举办讲座论坛，制作公益广告、宣传片、宣传画，出版科普图书、音像制品，大力普及健身知识。讲好群众身边的健身故事，树立科学健身典型
	积极倡导健康生活方式	推行《国家体育锻炼标准》。借助全民健身日、广西体育节及各类重大节庆活动，宣传体育文化，弘扬"掌握一项体育技能，享受一生健康生活"的新理念，形成崇尚体育健身、参与体育锻炼的社会新风尚
加强群众身边的体育指导，构建全民健身和全民健康深度融合的科学服务体系	健全社会体育指导员服务长效机制	将体育指导员培训和评定纳入相关部门技术等级培训体系，建立体育指导员积分奖励和评星制度，提高体育指导员等级含金量。搭建体育指导员技能展示平台，打造一批网络体育指导员。建立全民健身志愿者服务机制，每年组织万名全民健身志愿者服务百县千乡活动
	建立体医结合疾病管理与健康服务模式	依托卫生计生、民政、工会等部门资源，建设各级体医结合健康服务平台。实施中医师健身气功社会体育指导员培训计划等体医结合培训项目，将相关医务人员培训成为既能治病救人，又能健身指导的健康管理员。推广社区体育健康促进计划，开展慢性病运动疗法
	丰富科学健身服务方式	编制《科学健身指导手册》。开展国民体质监测和健身指导进社区、进乡村、进学校、进企业活动。推动"体育+互联网"服务平台建设，建立完善全民健身管理和服务信息资源库
整合各方资源，完善全民健身和全民健康深度融合的投融资保障机制	建立全民健身联建共建机制	引导各部门与社区、村屯开展联建共建，扶持基层体育设施和体育活动。推动社区全民健康365行动计划，引导社会资本开办运动康复机构，为社区居民提供"每天投入一元钱，体质监测一整年"健身服务

加大改革创新力度，完善全民健身和全民健康深度融合的激励约束机制	创新全民健身激励机制	开展体育健康先进典型及示范单位和示范地区评选活动，营造全社会参与体育健身、共享健康生活的氛围。对在全民健身和全民健康深度融合工作中做出特别贡献的机构和个人进行表彰
加强全民健身和全民健康深度融合工作的组织实施	加强组织领导	建立自治区全民健身工作厅际联席会议制度，统筹协调全民健身和全民健康深度融合工作，办公室设在自治区体育局，负责日常工作。全区各级政府和有关部门要将融合工作纳入重要议事日程
	切实推进落实	各市、县（市、区）人民政府和自治区有关部门要依照本意见，结合本地区、本部门实际，制定工作方案，分解细化目标任务，落实责任部门和人员，明确完成时限，确保健康广西建设各项工作同步部署和落实
	强化监督评估	将融合工作列入各级人民政府年度督查内容。实行年度监测和终期评估相结合，各级体育行政部门会同有关部门对本级和下级融合工作进展情况按年度进行监测分析，及时研究解决工作中的困难和问题，并在2020年对实施成效进行全面评估，报告本级人民政府

2020年9月，广西壮族自治区体育局与自治区卫生健康委联合发布《关于促进广西"体医融合、资源共享"实施意见》（见表6），至此，广西壮族自治区体医协作促进健康行动进入一个比较稳定与成熟的协同行动时期。在此意见中，双方从多个层面明确了协作行动思想、目标、主要任务、保障措施等，是体医协作促进健康的基本行动准则。

表6 《关于促进广西"体医融合、资源共享"实施意见》部分内容

总体要求	指导思想	以习近平新时代中国特色社会主义思想为指导，深入贯彻习近平总书记系列重要讲话特别是关于体育、卫生与健康工作的重要讲话精神，全面落实健康中国和全民健身国家战略，按照健康广西建设部署要求，树立大体育、大健康的理念，把以治病为中心转变为以人民健康为中心，发挥体育在健康促进中的独特优势，坚持改革创新、突破障碍，整合资源，突出特色的原则，通过加强体医融合与非医疗健康干预，进一步发挥科学健身在健康促进、推广慢性非传染性疾病（以下简称"慢性病"）预防、治疗和康复等方面的积极作用，为体育强区和健康广西建设做出贡献

总体要求	总体目标	到 2022 年，基本建立体医融合健康管理服务体系。初步建立基层体医融合服务网络，国民体质监测站点基本实现县级全覆盖，逐步建立国民体质监测与医疗机构业务协作机制。培育体医融合复合型人才队伍，建立体医融合专家库、健身指导方案库与运动处方库。城乡居民健身意识增强，体质明显改善，全民健身促进健康的作用更加突出，成为健康干预的重要手段。城乡居民达到《国民体质测定标准》合格以上的人数比例达到 90.86% 及以上，经常参加体育锻炼的人数比例达到 40% 及以上。 到 2025 年，建立比较完善的体医融合健康管理服务体系。国民体质监测与医疗机构业务协作机制更加完善，体医融合健康服务机构基本实现县级全覆盖，体医融合复合型人才队伍为城乡居民提供丰富的运动健康指导服务，全民健身在健康促进、慢性病预防和康复等方面发挥积极作用。城乡居民达到《国民体质测定标准》合格以上的人数比例达到 91% 及以上，经常参加体育锻炼人数比例达到 41% 及以上
	主要指标	1. 建立和完善"体医融合"服务网络 　设区市建设和完善国民体质监测中心，配备专业人员和标准化器材；县（市、区）建设国民体质监测站点，配备专业人员和标准化器材；创建自治区级体医融合健康服务基地；设区市建立"体医融合"指导服务中心；县（市、区）建立"体医融合"指导服务中心；自治区三级甲医院建立运动康复和科学健身专科门诊；设区市在重点医院开设运动康复门诊。 2. "体医融合"人才培养建设项目 　全区培训医务人员；全区培训社会体育指导员；建立体医融合专家库及专家人数。 3. 科学健身指导服务项目 　将国民体质测试项目纳入医院体检项目的医院；开展国民体质监测并公布监测结果；建立国民体质数据库；建立广西运动处方库。 4. 打造"体医融合+互联网"项目 　全区建设"体医融合+互联网"服务平台；实现体质健康测试、运动风险评估和健身网上下单服务功能。 5. "体医融合"科普宣传建设项目 　编制发布《广西居民体育健身活动指南》；定期组织开展大中型科学健身知识讲座等各类运动促健康活动；遴选建设体医融合知识和科学健身指导服务宣传基地。 　以上目标分别设立了 2022 年与 2025 年目标

主要任务	建立和完善体医融合服务机构和组织网络，健全体医融合服务体系	1. 加强自治区、设区市、县（市、区）三级国民体质监测中心和监测站点的建设。依托本级体科所、体育院校、体育场馆、医院体检中心等，每年建设一批民体质监测站点，配备专业人员和标准化器材，全区建设数量达到县级全覆盖，逐步构建成网络化、科学化和标准化的自治区，设区市、县（市、区）三级国民体质监测体系。强化自治区级国民体质监测中心体质和疾病检测、运动能力评估、科学健身指导、创伤治疗、康复疗养、运动减肥等多元功能与服务。引导和支持乡镇、街道、社区、企事业单位及体育健身机构、健康管理机构等建立国民体质监测站（点）。 2. 建设体医融合健康服务中心和服务站点。创建不少于2个自治区级体医融合健康服务基地，梳理和研究运动处方和健身项目并推广应用，开展健康评估、体医融合复合型人才培训及健康指导服务。依托卫生健康、体育、医疗机构等部门资源，设区市、县（市、区）建设体医融合健康服务中心，开展健康评估、体医融合复合型人才培训及健康指导服务。依托乡镇卫生院、社区卫生服务中心、村卫生医务室等资源，建立基层体医融合健康服务站，提供常态化健康监控和科学健身指导服务。鼓励和支持社会力量兴办健康促进和科学健身服务机构。 3. 建立运动健康和康复专科门诊。在自治区三级甲等医院建立运动康复和科学健身专科门诊，推广体育治未病干预方案和运动养生保健方法，开展体育康复医疗、功能训练、体质健康促进等。加强体育治未病与中医康复医疗方面的融合，发挥中医药在运动康复等方面的特色作用。在全区14个市的重点医院建立运动康复门诊或科室，充分发挥体育治"未病"与"康复"的健体功能，将医疗的"治"体与体育的"复"体有机结合。鼓励和支持有资质的社会医疗机构和健身机构开展、提供运动健康和运动康复指导服务。 4. 加强体育与医疗设施融合。完善城乡体育设施空间布局规划，充分开发城乡空间承载体育元素的潜力，将体育设施与城镇建设、教育、园林、旅游、文化、养老、农业、医疗场地设施相衔接。在体育公园、体育小镇、体育综合体、体育休闲农庄等融入医疗卫生软硬件设施，鼓励公共体育场馆配设运动健康促进站点，在运动场所配备简易医疗设施。鼓励各地在健身健康场地配置贴近百姓需求、智能化、高品质医疗康复设施、慢性病康复设施；在公园步道等体育场所设置运动健身短视频、警示提醒标语，宣传和告知群众科学运动，防运动伤害于未然。结合健康社区、健康村镇、美丽乡村建设，因地制宜建设一批体医融合型健康主题公园、健康小屋、健康文化长廊等设施。 5. 推进体医组织融合。探索建立体医融合型社会组织协作机制，积极推进各级各类体育组织与医疗卫生、养老、民政等社会组织对接，推动健身与健康服务一体化发展，形成"部门联合、组织联手"的融合发展新格局。加强体医融合型社会组织与基层党组织以及其他部门社会组织工作融合，发挥基层党组织对体医融合工作的领导，加强体医融合社会组织联建共建工作，完善体医融合的组织支撑体系

表6(续)

主要任务	建设和管理体医融合人才队伍，丰富体医融合服务科学体系	1. 加强培养和管理体医融合复合型人才。以骨伤科医生、康复科医生以及全科医生、社区医生、家庭医生等为对象，在卫生系统培养一批能开运动处方的医生。重点培训社区卫生服务中心、乡镇卫生院的医生社区医生、农村医生成为社会体育指导员，开好医疗处方和运动处方，鼓励其兼任全民健身志愿者，传授科学健身知识，引导群众主动参与运动健身。实施中医师健身气功社会体育指导员培训计划。鼓励和支持健康管理师、保健调理师、康复治疗师等，学习、掌握和推广慢性病预防和治疗的运动处方。建立体医融合复合型专家库，实行动态化管理。 2. 开展体医融合交叉培训。在卫生健康部门开展的健康生活方式指导员培训中，增设科学健身、运动康复课程。在体育部门开展的社会体育指导员培训中，增设基础医疗和急救课程以及科学健身知识内容。将体医融合纳入社会体育指导员、运动防护师、健身教练、退役运动员、体育院校毕业生培训和技术等级考核评定内容，推动其由健身指导向健康指导转变，为广大健身群众和慢性病患者提供科学锻炼指导服务。 3. 加强体教、医教协同，共同培养体医融合人才队伍。鼓励和支持广西医科大学、广西中医药大学等医学院校与广西体育高等专科学校、广西体育科学研究所等体育院校、研究机构联合培养康复师、运动处方师。大力发展运动康复医学，医学院校、体育院校根据社会需要，申报和开办运动人体科学、运动康复等专业，培养复合型后备人才
	大力开发和发展科学健身指导服务项目，丰富体医融合的疾病管理和健康服务模式	1. 开展国民体质监测活动。体育部门和卫生健康部门要共同实施国民体质监测，将国民体质测试项目纳入各级医疗机构体检项目，并将国民体质测试结果纳入体检报告指标体系。开展国民体质监测进机关、进学校、进企业、进街道社区、进乡镇村活动，为各年龄段的幼儿、青少年、中年人和老年人开展国民体质检测活动，完成每一个样本的检测并将数据归档，动态掌握我区各类人群的国民体质监测数据指标，有针对性地开出运动处方，指导群众科学健身。各市、县（市、区）开展国民体质监测并公布监测结果。 2. 建立国民体质数据库。加强各地国民体质监测工作，建立国民体质数据库，开发应用国民体质健康监测大数据，为体育、卫生部门提供全民健身和国民健康综合数据分析及决策依据，为健康广西建设提供数据支持。探索医学检查和体质测试结果整合，建立个人全生命周期"体质+健康"数据库。 3. 研发和推广运动处方。组织自治区级体医融合健康服务基地、自治区级体医融合研究实践基地、自治区级体医融合示范项目单位研发和推广运动处方。鼓励和支持高校、医院、科研及康复养生机构、健身培训机构和体育项目协会研发并推广运动处方。重点研发和推广糖尿病、高血压、亚健康、肥胖症及特殊人群五大项目指导性运动处方。在大样本实验和科学研究基础上，建立具有广西特色运动处方库。 4. 开展和推广健身运动赛事活动。深入开展全民健身赛事和活动，提高全民健身意识和健康水平。开发和推广针对不同人群、不同环境的特色运动健身项目，推广太极拳、健身气功、健身操等简便易行，对场地空间要求不高的"一平方米"健身项目。将体医融合纳入"广西全民健身志愿者服务百县千乡活动"等活动的内容。 5. 开展城乡居民健康干预活动。构建运动伤病预防、治疗与急救体系，制定实施特殊人群的体质健康干预计划。依托专业医疗卫生机构和市、县（市、区）国民体质监测中心、站点与体医融合服务中心、站点等机构，将运动干预措施融入青少年近视防控、营养健康干预、脊柱侧弯防治等公共卫生服务项目。探索将体医融合纳入基层健康管理和预防体系，纳入家庭医生服务团队健康服务，推动运动促进健康与个性化健康干预融合

主要任务	建立和完善体医融合协作和管理机制，为体医融合发展提供机制保障	1. 建立和完善协调机制。各级体育部门和卫生健康部门要建立和完善工作协调机制，设立体医融合办公室，由体育、卫生等部门相关人员组成，开展联合调研，商议重大问题，激励惩罚，督查评估等工作，齐心协力抓好体医融合各项工作的落实。各级体育部门、卫生健康部门要充分发挥全民健身工作协调机制、健康行动推进委员会等协调机构的作用，形成强大合力，共同推动体医融合工作。 2. 制定体医融合服务规范和标准。自治区卫生健康委、体育局联合制定《广西医疗机构体医融合服务规范》，明确和完善体医融合服务机构在建立、服务、管理和评价的规范和标准。各级卫生健康部门和体育部门共同研制体医融合复合型人才培训教材、培训和认证办法等。制定运动处方规范和标准。 3. 积极探索服务收费机制。探索国民体质监测和运动处方服务收费机制。积极协调相关部门研究将条件成熟、疗效明显、符合规定的体医融合服务项目纳入公共卫生服务项目或纳入医疗健康保险支付范围
	打造"互联网+体医融合健康服务"智能化平台，提高体医融合健康服务水平	1. 搭建"体医融合+互联网"服务平台。各级体育部门和卫生健康部门要开发、利用PC端（电脑端）、手机端以及利用各类媒体开展不同形式的体医融合相关知识的推广教育，打造线上线下一体化的服务体系。探索建立体医融合服务云，整合国民体质监测数据和健康体检数据资源，建立居民健康与健身档案库和科学健身大数据平台；依托体育、医疗卫生、民政、教育等部门资源，搭建广西体医融合健康服务平台，与"爱广西·体育健身平台""中华乡村e康工程""贵港数字健康共同体"等进行对接，基本实现城乡居民电子体质与健康档案全覆盖。针对社会需求，支持和鼓励各级健康医疗机构、国民体质监测中心（站点）开发、购买和推广运动促健康的技术和支持工具、软件，提高体医融合服务的可及性、高效性和便利性。 2. 积极开展远程化会诊与健康管理。推动国民体质监测数据和医院信息系统相连接，为运动风险评估及开具个性化运动处方提供依据。依托云平台、透明计算、互联网等先进技术手段，利用电脑终端、移动终端进行就医诊断、健康信息采集和传输，提供科学健身指导、体质监测、健康咨询、健康体检、数据查询和在线支付等服务，实现移动医疗探索与尝试，探索开发智能化的慢性病跟踪随访和监测管理客服端等。开发体质健康测试、运动风险评估和健身服务等网上指导系统，实现在网上下单可获取服务的功能，为群众提供方便快捷的指导服务

表6(续)

主要任务	发展健康康复产业，促进健身健康消费	1. 促进体医产业与旅游、健康养生、养老、文化、农业、扶贫等产业融合发展。结合巴马长寿养生国际旅游区、桂林国家健康旅游示范基地、南宁国家中医药健康旅游示范区以及南宁养老服务业综合改革核心区、深圳巴马大健康合作特别试验区、贺州国家医养结合试点市、桂北休闲养生养老产业示范区、北部湾国际滨海健康养老产业示范区等建设，推动具有广西山水资源、人文优势、民族特色的体医融合健康产业发展。发挥体医融合多元功能，把"体育扶贫""健康扶贫"工作做实做深，使边远乡村群众获得更多优质的健身健康服务。结合美丽乡村建设、特色小镇建设和全域旅游发展等，设计开发健身休闲和体育赛事项目旅游产品和路线。 2. 鼓励和支持社会力量兴办服务机构和项目。支持和引导社会资本开办养生康复、运动健身服务机构，为社区居民提供"每天投入一元钱，体质监测一整年"健身服务。鼓励社会资本开办体质、体质测定和运动康复等各类机构和运动康复项目，打造一批健身培训、康养养生知名企业和品牌项目。鼓励发展以健康信息档案、健康检测、健康干预、慢性病管理、家庭医生、健康咨询、健康保险等为主的健康管理产业。在区内举办高水平体医融合工作会议、学术研讨和产业发展峰会、展会，凝聚体医融合社会共识，推动体医融合政策创新和产业发展。开展运动康复培训与国际交流，发挥中国—东盟医疗保健合作中心、广西国际壮医医院等机构作用，举办体医融合高峰论坛，传播和交流体医融合成效。 3. 鼓励和支持研发运动康复技术产品。鼓励和支持各单位、组织研发、应用体医融合核心技术和产品。鼓励和支持企业推广穿戴式、便携式、非接触式采集健康信息的智能化健康管理、运动健身等电子产品，鼓励和支持企业开发和推广具有柔性控制、多信息融合、运动信息解码、外部环境感知等新技术的智能康复辅助器具
	开展科学健身知识传播和宣传行动，提升居民科学健身素养	1. 加强科学健身的理念融合。将"体育治未病""运动是良医""体育锻炼让健康寿命更长"等理念融入各地各单位社会主义精神文明建设，列入卫生健康教育体系，引导人们树立体育健康观，形成体育生活化的社会氛围，提升民众健康素养。将体育发展核心指标纳入国家全国卫生城市、文明城市、健康城市等评选体系。将科学健身与广西地域文化、城市文化、民族文化等有机结合，推出一系列群众喜爱、贴近生活、丰富多样的科学健身主题作品，讲好群众身边的健身故事，树立科学健身典型，使全民健康新理念深入人心。 2. 加强全民健身宣传教育。利用各种传统媒体和新媒体，开设全民健身栏目，举办讲座论坛，制作公益广告、宣传片（画），出版图书、音像制品开展全民健身宣传教育工作。结合每年"壮族三月三·民族体育炫"系列活动、广西体育节、8月8日全民健身日及各类健身健康主题活动，科学传播健身健康知识，广泛传授健康技能。建立居民科学健身素养基本知识和技能传播资源库，举办各类线上和线下科学健身学习活动，普及科学健身知识和健身技能。 3. 积极倡导健康生活方式。推行《国家体育锻炼标准》和《国家学生体质健康标准》，推广实行工间健身制度。编制发布《广西居民体育健身活动指南》。遴选建设体医融合知识和科学健身指导服务宣传基地。体育部门联合卫生健康卫健部门定期组织开展"体医融合促进健康系列巡讲""体医融合科普讲堂""社区运动干预慢性病"等各类运动促健康活动，推广促进"体医融合"服务健康发展。推广普及中医养生保健知识及易于掌握的中医养生保健技术和方法

表6(续)

保障措施	加强领导,压实责任	各级体育、卫生健康部门切实重视体医融合工作,加强工作指导,把体医融合纳入各级全民健身工作协调机制、健康行动推进委员会议事内容,各相关部门、单位和机构要按照工作职责,压实责任,形成高效工作的推进机制。牵头部门应切实履行主体责任,落实属地责任,加强协同配合,其他各相关部门和单位应按职责分工部署和开展工作
	细化方案,强化成效	各级体育部门、卫生健康部门要按照实施意见的总体要求,结合本地实际,健全部门联动机制,细化工作方案,按照时间节点组织实施,逐项将任务举措细抓实抓出成效,确保工作顺利进行,政策落地见效
	整合资源,保障经费	建立持续稳定的体医融合发展多元投入机制,统筹安排体医融合发展经费并加大投入力度。把体医融合与全民健康素养促进行动、全民健身行动等结合起来,有效整合资源,加强组织保障和经费。各级体育部门和卫生健康部门要积极争取上级部门相关的项目资金并开展试点工作。引导和支持社会商业资金投资体医融合服务产业,为体医融合发展融资提供支持
	完善激励机制,加强实施监管	建立和完善评价激励机制,对支持和参与体医融合并作出突出贡献的部门、单位、机构和个人进行表彰。结合全民运动健身模范市、县(市、区)创建工作以及全民健身和全民健康深度融合示范项目、示范单位评选工作,开展先进典型及示范单位和示范地区评选活动。同时,建立考核指标体系和工作推进情况督查机制,加强进度检查,强化对实施责任主体绩效评估,发挥绩效考评导向、激励和约束作用,及时发现问题,推动落实整改,确保按时保质完成任务

广西壮族自治区体育与医疗卫生部门在健康广西建设的背景下,从多个层面展开协作,共同促进广西健康各项事项逐步推进,以及《健康广西建设》长远规划稳步落实。其有以下几个特征:

(1)与全区健康促进事务相协同,以体育部门牵头协作推进。

(2)与相关部门形成有效运转的部门联动机制,成立部门联席会议制度。

(3)构建"一盘棋"推进深度融合试点建设的工作格局。

(4)与本级党委和政府督查室建立协调督查机制,对各地落实重点工作情况督查,促进体医融合工作开展。

(5)共建体医结合研究实践基地、广西健身与健康指导中心,开展培训医生开具运动处方试点。

(6)按计划严格落实协作任务,按时检查督促,并与地方政府政绩挂钩。

(7)以体育局名义给予协作事项开展财政大力支持。

(8)以健康促进县、乡(镇)、村(社区)、中心试点为抓手,逐层、逐级落实推进。

(9)"体医融合、协作"促进健康内容更加具体、明确,相对较易实践操作。

(10)建设"体医融合+互联网"服务平台;实现体质健康测试、运动风险评估和健身网上下单服务功能。

（11）明确提出建立和完善评价激励机制，对支持和参与体医融合并做出突出贡献的部门、单位、机构和个人进行表彰。

案例三："健康上海"行动

2017 年 9 月，经过上海市委、市政府审定，《"健康上海 2030"规划纲要》（以下简称《纲要》）发布（见表 7）。该《纲要》由序言、总体战略、战略举措、保障和支撑措施四方面内容构成，主要特点是突出理念的转变：围绕"健康"主题，更加重视"全面"，将健康融入所有政策，关注影响健康的各种因素；更加重视"参与"，从"治病"转向"防病"，鼓励民众共建共享；更加重视"公平"，关注全人群、全周期健康，提升服务质量与保障水平。此《纲要》的颁布，标志着"健康上海"正式启动。

表 7 《"健康上海 2030"规划纲要》内容

总体战略	指导思想	推进健康上海建设，必须高举中国特色社会主义伟大旗帜，全面贯彻党的十八大和十八届三中、四中、五中、六中全会精神，以马克思列宁主义、毛泽东思想、邓小平理论、"三个代表"重要思想、科学发展观为指导，深入贯彻习近平总书记系列重要讲话精神和治国理政新理念、新思想、新战略，紧紧围绕统筹推进"五位一体"总体布局和协调推进"四个全面"战略布局，坚持以人民为中心的发展思想，牢固树立和贯彻落实创新、协调、绿色、开放、共享的发展理念，坚持新时期卫生与健康工作方针，坚持基本医疗卫生事业的公益性，坚持提高医疗卫生服务质量和水平，坚持处理好政府与市场关系，落实健康中国建设总体部署，持续推进"共建共享、全民健康"的战略主题，以普及健康生活、优化健康服务、完善健康保障、建设健康环境、发展健康产业为重点，全面深化体制机制改革，把健康融入所有政策，加快转变健康领域发展方式，全方位、全周期维护和保障市民健康，不断提高市民健康水平和生命质量，显著改善健康公平，提升全体市民幸福感，为上海基本建成"四个中心"和社会主义现代化国际大都市、加快向具有全球影响力的科技创新中心进军做出贡献
	基本原则	1. 健康优先。把健康放在优先发展的战略地位，将促进健康的理念融入公共政策制定实施的全过程，加快形成有利于健康的社会氛围、生活方式、生态环境和经济社会发展模式，形成大健康治理格局，促进健康与经济社会协调发展。 2. 改革创新。加快健康重点领域和关键环节改革步伐，破除利益固化藩篱，发挥科技创新和信息化的引领支撑作用，推进健康领域理论创新、制度创新、管理创新、技术创新，建立促进全民健康的制度体系。 3. 科学发展。坚持新时期卫生与健康工作方针，转变健康服务模式，优化健康服务供给，构建以人民健康为中心的整合型服务体系，推动健康事业以人为本发展、绿色集约发展、均衡协调发展、创新智慧发展。 4. 促进公平。立足于全人群和全生命周期，推进健康领域基本公共服务均等化，强化基本医疗卫生服务的公益性，改善妇女、儿童、老年人、残疾人、低收入和外来流动人员等重点人群健康服务，实现更高水平的全民健康。 5. 共建共享。完善政府主导、多部门合作、全社会参与的工作机制，发挥政府的组织和引领作用，凝聚企业、社会组织、社区的力量，强化个人健康责任，形成全社会维护和促进健康的强大合力，推进人人参与、人人享有

总体战略	战略目标	到2020年，城市公共政策充分体现健康理念，建立与上海经济社会发展水平相适应、与城市功能定位相匹配、以市民健康为中心的整合型健康服务体系，健康基本公共服务更加优质均衡，多层次健康服务和健康保障体系进一步完善，绿色安全的健康环境基本形成，健康产业规模和发展质量显著提升，基本实现健康公平，市民健康水平进一步提高，成为亚洲医学中心城市和亚洲一流的健康城市。 到2030年，健康融入所有政策，形成比较完善的全民健康服务体系、制度体系、治理体系，实现健康治理能力现代化，健康与经济社会协调发展，健康公平持续改善，人人享有高质量的健康服务和高水平的健康保障，市民健康水平和生活质量不断提升，人均健康预期寿命达到全球城市先进水平，健康产业成为城市支柱产业，率先实现可持续健康发展目标，成为具有全球影响力的健康科技创新中心和全球健康城市典范
战略举措	普及健康生活	（一）加强健康教育 　　1.完善健康教育体系。建立部门分工协作、全社会共同参与的健康促进与教育体系。健全覆盖全市的健康素养和生活方式监测体系。加强各级各类健康教育基地建设，在全市各级医疗卫生机构、养老机构、学校建设健康教育室（角），在社区设立健康教育咨询点，在工作场所推进建立健康教育点。利用新媒体拓展健康教育新渠道，完善健康资讯传播网络，建设和规范各类广播电视等健康栏目。建立全社会参与健康促进与教育的工作机制，充分发挥医疗卫生机构、学术团体、医务人员、媒体在健康科普中的重要作用。 　　2.深入开展全民健康教育。建立健康知识和技能核心信息发布制度与平台，扩大健康知识和技能信息受众范围。以需求为导向，加强健康教育传播资料库建设，建立健康教育内容动态调整机制，强化健康教育项目规范管理。依托人口健康大数据，探索个性化、精准化健康教育。打造健康教育活动项目品牌，推广健康生活方式。加强家庭、高危个体健康生活方式指导和干预，开展健康心理、健康体重、健康口腔、健康骨骼等专项行动。创新健康教育策略，加强妇女、儿童、老年人、流动人口、高危人群等重点人群的健康教育。开发推广促进健康生活的适宜技术和用品。到2020年、2030年，市民健康素养水平分别达到25%、40%。 　　3.加大学校健康教育力度。把健康教育纳入各级各类学校教学计划，作为所有教育阶段素质教育的重要内容，把提升学生健康素养纳入学校发展规划和教育督导评估体系。以中小学为重点，完善学校健康教育推进机制。构建相关学科教学与教育活动相结合、课堂教育与课外实践相结合、经常性宣传教育与集中式宣传教育相结合的健康教育模式，促进学校、家庭、社区健康教育相融合。完善健康教育师资培养模式，将健康教育纳入学校卫生保健教师、体育教师职前教育和职后培训内容，提高学校健康教育水平。 （二）建设健康文化 　　1.普及健康文化理念。完善生命教育体系，引导公众树立科学的生命观。传播医学和健康常识，普及敬畏生命、关爱健康、尊重医学规律理念。增进全社会对医学、医务人员的理解和尊重，引导市民形成科学就医理念和对医疗服务结果的合理预期。扶持健康伦理学发展，推广健康伦理评价。充分挖掘和弘扬海派健康文化，营造热爱健康、追求健康、促进健康的社会氛围。 　　2.强化个人健康责任。增强公众对个人健康负责意识，形成个人是自身健康第一责任人的社会共识。提高市民自我健康管理意识，鼓励市民参加健康自我管理小组，形成符合自身特点的健康生活和行为方式，到2030年，参与健康自我管理小组人数达到120万人。增强市民对自身健康投资和消费意识，支持市民购买健康保险，引导市民形成理性的健康消费习惯

战略举措	普及健康生活	3. 弘扬以人民健康为中心的医院文化。坚持公立医院公益性办院方向。强化以病人为中心、健康促进为导向的医院服务理念。加强医务人员人文教育，大力弘扬救死扶伤、甘于奉献、大爱无疆的职业精神，提高医务人员职业道德水准。 4. 完善健康文化共建机制。强化政府在健康文化建设中的主体地位，将健康文化建设融入城市文化建设体系，落实把健康融入所有政策的理念。强化企业社会责任感，牢固树立绿色安全发展理念，发挥企业在建设健康环境中的关键作用。强化企业保护员工健康权益的意识，加强员工健康教育和健康管理，普及常规体检，落实职业健康检查、女职工"两病"筛查、带薪年休假制度，保障员工休息权。支持社会力量参与健康文化建设。 （三）塑造健康行为 1. 加强控烟限酒。严格执行控烟法规，推进无烟环境建设，实现室内公共场所全面禁烟。深入开展控烟宣传教育，将青少年作为吸烟预防干预的重点人群，努力减少新增吸烟人口。加强戒烟服务网络建设，提高自愿戒烟率和戒烟成功率。开展限酒健康教育，加强有害使用酒精监测和干预，减少酗酒。到2030年，成人吸烟率降低到20%以下，二手烟暴露率降低到36%以下，青少年（11~18岁）吸烟率控制在4%以下，18岁以下儿童青少年二手烟暴露率控制在10%以下，中学生饮酒率控制在20%以下。 2. 引导合理膳食。制定实施市民营养计划。全面普及膳食营养健康知识，发布适合不同人群特点的膳食指南，引导市民形成科学的膳食习惯。建立健全市民营养监测制度，对孕妇、儿童、老人、低收入人群等重点人群实施营养干预，逐步解决市民营养不足与营养过剩并存问题。实施临床营养干预。到2030年，市民中超重、肥胖人口增长速度明显放缓。 3. 减少不安全性行为和药物滥用。强化社会综合治理，以高校学生、流动人群、青少年以及性传播高危行为人群为重点，加强性道德、性健康、性安全宣传教育和干预，减少意外妊娠和性病、艾滋病等疾病传播。加强毒品预防教育，普及毒品滥用危害和治疗应对等相关知识。加强戒毒医疗服务体系建设，开展药物维持治疗和心理干预"一站式"社区戒毒医疗服务。完善集生理脱毒、心理康复、就业扶持、回归社会于一体的戒毒康复模式，最大限度减少毒品对个人、家庭、社会的危害。加强抗菌药物临床应用管理，增强市民合理使用抗生素意识，完善抗菌药物临床监测网和细菌耐药监测网，提高合理用药水平。 4. 促进心理健康和精神卫生。以抑郁症、焦虑症等常见精神障碍为重点，大力开展心理健康科普，提升公众心理健康素养，提高主动就医意识。加强对儿童、青少年、老人、特殊职业人群、慢性病患者、流动人口等重点人群的心理健康服务，提高早期发现和及时干预能力。完善严重精神障碍患者服务管理体系，加强报告登记和救治救助管理，提高患者治疗率，促进其康复和回归社会。建设市级心理危机干预平台，提高突发事件心理危机干预能力。推进心理健康咨询点建设，实现社区全覆盖，加强精神障碍社区康复。鼓励、引导社会力量提供心理健康和精神障碍康复服务，加强规范化管理。 （四）提高身体素质 1. 完善全民健身公共服务体系。将公共体育服务设施建设纳入相关城乡规划，统筹利用绿化空间、楼宇、学校体育设施，重点新建、改建便民利民的市民健身活动中心、中小型体育场馆、市民多功能运动场、健身步道等设施，实现市、区、街镇、居村四级健身场地全覆盖，形成便捷可及的体育生活圈。将体育设施融入生态发展，大力建设城市绿道、体育主题公园和沿江、沿河、沿湖体育休闲设施。加强学校体育设施建设的达标管理，对新建学校体育设施相对独立建设，对存量学校体育设施实施分隔工程。实行健身苑点、健身步道常年免费开放，其他公共体育设施公益开放。扶持和引导各类体育健身组织发展，每万人拥有体育健身组织数量达到25个

战略举措	普及健康生活	2. 广泛开展全民健身运动。实施社区主动健康计划，普及科学健身知识和方法，促进体育生活化。因时、因地、因需开展群众身边的健身活动，分层、分类引导运动项目发展，丰富和完善全民健身活动体系。大力发展群众喜闻乐见的运动项目，打造一批有影响力的健身活动品牌，鼓励开发具有消费引领特征的运动项目，扶持推广民族民俗民间传统运动项目并加强示范队伍建设。加强全民健身活动与重大国际体育赛事、重大节庆活动等有效连接，引领全民健身新时尚。到2030年，经常参加体育锻炼人数比例达到46%。 3. 加强体医结合和非医疗健康干预。制定体育锻炼标准和科学运动指南，建立完善针对不同人群、不同环境、不同身体状况的运动处方库，形成体医结合的健康管理和服务模式，对高血压、糖尿病、肥胖症等慢性病开展运动干预。大力发展运动医学和康复医学，推广太极拳、健身气功等中医传统运动项目，积极研发运动伤病防治和运动康复技术。促进科学健身指导服务机构发展，鼓励社会资本开办康体、体质测定、运动康复等各类机构。加强体质监测，开发应用市民体质监测大数据，开展运动风险评估，到2030年，市民体质监测达标率达到96.5%。 4. 促进重点人群体育活动。制定实施青少年、在职人群、老年人、残疾人等群体的体质健康干预计划。实施青少年体育活动促进计划，培育青少年体育爱好，严格保证青少年学生的体育课时和课外体育活动，每天锻炼1小时以上，掌握2项以上体育运动技能，每周参与体育活动达到中等强度3次以上。到2030年，学校体育场地设施与器材配置达标率达到100%，中学生体质健康标准达标率达到94%以上。在工业园区和商务楼宇建设体育健身活动场地，促进在职人群主动参与体育锻炼。改善老年健身设施条件，加强社区养老服务设施与社区体育设施的功能衔接。推动残疾人康复体育和健身体育广泛开展
	优化健康服务	（一）强化公共卫生服务 1. 推进基本公共卫生服务均等化。继续实施国家基本和重大公共卫生服务项目。结合市民疾病负担和主要健康危险因素，适时调整完善公共卫生服务项目和内容，提升服务的公平性和可及性。开发和推广公共卫生适宜技术。建立基本公共卫生服务项目经费标准动态调整机制。 2. 实施慢性病综合防控战略。巩固提高国家慢性病综合防控示范市建设水平。依托"上海健康云"平台，完善预防、治疗、健康管理三位一体融合发展的慢性病防控机制。对高血压、糖尿病、脑卒中、癌症、冠心病等重点疾病开展早期筛查、有序分诊、规范化诊疗和随访、自我管理教育、危险因素干预，基本实现慢性病患者健康管理全覆盖。逐步将癌症等重大慢性病早诊早治适宜技术纳入诊疗常规和基本医疗保险支付范围。完善口腔病、眼病防治服务网络，加强儿童龋齿、近视防治，开展全人群尤其是儿童的肥胖控制。到2030年，12岁儿童患龋率控制在25%以内；16岁及以下儿童近视率、超重肥胖率得到有效控制。 3. 加强重大传染病防控。优化传病和相关因素监测体系，完善病例报告、症状监测、药品销售、学校缺课等综合预警系统。完善传染病病原综合检测平台和病原微生物网络实验室体系，建成菌毒种保藏中心、公共卫生生物样品库、感染性动物实验室基地、高等级生物安全实验室等重大公共卫生设施。规范疫苗预防接种管理，维持高水平的适龄儿童国家免疫规划疫苗接种率，建立预防接种异常反应补偿保险机制。加强艾滋病、结核病、病毒性肝炎等重大传染病防控，有效应对流感、手足口病、登革热、麻疹、猩红热等重点传染病疫情。加强埃博拉、中东呼吸综合征、黄热病、寨卡等突发急性传染病防治，强化人感染禽流感等人畜共患病的源头治理。巩固消除血吸虫病、疟疾、淋巴丝虫病成果

战略举措	优化健康服务	4. 加强计划生育服务管理。加快计划生育服务管理转型，推动计划生育工作目标向提高出生人口素质、优化人口结构、服务家庭发展转变。完善利益导向机制，构建以生育支持、幼儿养育、青少年发展、老人赡养、病残照料为主题的家庭发展政策框架，积极鼓励市民按政策生育。完善家庭计划指导服务体系，深入开展创建幸福家庭活动，保护家庭传统功能。加强对计划生育特殊家庭的扶助关怀。推进流动人口计划生育基本公共服务均等化。持续开展流动人口动态监测。加强出生人口性别比综合治理，实现出生人口性别比自然平衡。
		（二）加强全人群健康管理服务
		  1. 加强健康风险监测。完善疾病和健康危害因素监测、预警体系，对影响市民健康的重大疾病和主要健康危险因素采取预防和干预措施。完善化学毒性与健康安全评价平台，加强市、区两级网络检测实验室建设。加强人群疾病负担研究，开展人均健康预期寿命监测、统计。
		  2. 促进健康老龄化。以需求为导向，建设全覆盖、整合型老年健康服务体系。发展老年医学和护理学科，建设市老年医学中心和老年医学重点学科临床基地。完善机构护理、社区护理、居家护理相结合的老年护理服务体系，鼓励社会力量举办老年医疗护理机构。加强医养结合，完善医疗卫生机构与养老机构合作机制，促进老年医疗、康复、护理、生活照料、安宁疗护的有序衔接，支持养老机构设置医疗机构。加强老年人健康管理，开展对老年常见慢性病、退行性疾病和心理健康问题的干预。加强老年人健康服务和产品的市场监管。完善老年照护统一需求评估标准和相关制度，建立多层次护理保障制度。建立经济困难高龄、失能老人补贴制度。
		  3. 加强妇幼保健。持续推进优生促进工程，完善出生缺陷预防、干预三级网络，提供免费婚前和孕前医学检查，发展产前诊断筛查、新生儿疾病筛查技术服务。全面开展生殖健康促进工作，加强流动人口、青少年、未婚育龄、更年期人群生殖健康公共服务，减少非意愿妊娠和人工流产。提高妇女常见病筛查率和早诊早治率。加强妇幼卫生资源配置，完善危重孕产妇、新生儿会诊抢救网络，发挥专科联合团队作用，提高综合医院和基层医院儿科、产科服务能力。实施健康儿童计划，建立早期生命健康管理和疾病诊治综合体系，促进儿童身心健康发育。关爱特殊儿童，完善特殊儿童入学评估机制。
		  4. 维护残疾人健康。实施国家残疾预防和残疾人康复条例。落实国家残疾预防行动计划，增强全社会残疾预防意识，加强对致残疾病以及其他致残因素的防控，开展全人群、全生命周期的残疾预防。完善残疾人康复服务体系，加强残疾人康复和托养设施建设，建立医疗机构与残疾人专业康复机构双向转诊制度，推动基层医疗卫生机构优先为残疾人提供签约服务，实施精准康复。把残疾人康复纳入基本公共服务，将符合条件的残疾人医疗康复项目按照规定纳入基本医疗保险支付范围，加大低收入残疾人医疗救助力度，完善残疾儿童康复救助制度，对残疾人辅助器具给予补贴适配。完善残疾人融入社会机制。
		（三）提供优质高效的医疗服务
		  1. 完善医疗服务体系。建成体系完整、分工明确、功能互补、密切协作、运行高效的整合型医疗服务体系。保障基本、创新机制，把社区卫生服务中心打造成为政府履行基本卫生计生服务职能平台、全科医生执业平台、市场资源整合平台、居民获得基本卫生计生服务项目的服务平台、医养结合支持平台。强化质量、提高水平，把三级乙等综合医院和部分有条件的二级综合医院建设成为区域医疗中心，把部分二级医院转型为康复医疗机构或者老年医疗护理机构。立足本市、辐射全国，把三级甲等医院建设成为具有一定国际影响力的危重疑难病症诊疗中心和本市医疗技术创新、临床医学人才规范化培养的主要基地，打造一批国内领先、国际知名、特色鲜明的医疗中心，提高危重疑难病症诊疗水平，逐步降低普通门诊比例。集中优势资源组建若干医院集团，以支持郊区为先导，辐射长三角地区乃至全国。优化多元办医格局，推进社会医疗机构与公立医疗机构协同发展

战略举措	优化健康服务	2. 优化医疗资源配置。强化区域卫生规划和医疗机构设置规划的引领、约束作用，以服务半径和服务常住人口数为依据，完善基层基础医疗服务网络。加强儿科、产科、老年护理、急救、康复等短缺资源配置。深化城乡医院对口支援，促进优质医疗资源向郊区、基层流动和辐射。加强郊区医疗资源配置，推进郊区区域医疗中心建设，适当强化远郊社区卫生服务中心医疗服务功能。积极推进远程医疗服务体系建设。到2030年，15分钟基本医疗卫生服务圈基本形成，每千常住人口执业（助理）医师数达到3人、注册护士数达到4.7人。 3. 建立以家庭医生为基础的分级诊疗体系。坚持自愿、优惠原则，做实家庭医生签约服务，探索家庭医生管理签约参保人员医保费用。加强家庭医生培养，到2030年，每千常住人口全科医生数达到0.5人左右，其中经过规范化培训的比例达到80%以上。推进区域检验、病理、影像、心电、消毒供应等资源整合。加强医疗联合体发展规划，做实医疗联合体，探索医疗联合体内部人、财、物统一管理，在医疗机构执业许可合并或者医疗联合体自愿基础上，探索医保合并支付管理；完善分工协作模式，打通双向转诊通道，放大优质医疗资源辐射效应，提高基层医疗机构服务能力。到2030年，形成成熟定型的分级诊疗制度，家庭医生成为居民健康和卫生经费的守门人。 4. 提高医疗质量。建立与国际接轨的医疗服务质量管理和控制体系，加强国际化标准规范研发和应用。完善医疗质量管理与控制信息平台，实现全行业医疗质量精准化、动态化管理与控制。全面实施临床路径管理，规范诊疗行为，优化诊疗流程。建立以患者为中心的医院药学管理模式，完善临床药学服务体系，推进合理用药。保障临床用血安全。发展智慧医疗，推进信息惠民，改善就医体验。建立公立医院医疗服务评价体系，加强医保监督管理，完善医疗服务投诉机制，促进医院持续改进服务质量。到2030年，主要医疗服务质量指标达到国际先进水平。 （四）加强中医药传承和创新 1. 加强中医治未病服务。发挥中医药优势，加强中医药参与公共卫生服务、康复护理、健康管理，推进中医药与养生、养老融合发展。加大治未病技术推广和应用力度，发展中医养生保健服务。鼓励中医医疗机构、中医医师为中医养生保健机构提供技术支持。大力传播和普及中医养生保健知识、技术、方法，加强中医药非物质文化遗产保护和传承。 2. 提高中医药服务能力。完善中医医疗服务体系，提升各级医疗机构中医药服务能力，促进优质资源均衡布局。建设国家和市级中医诊疗中心，持续推进中医临床重点专科内涵建设。推进中医综合治疗和多学科联合诊疗服务，提高重大疑难疾病、危急重症的中医诊疗水平。大力发展针灸等中医非药物疗法，积极推广中医药适宜技术，提升基层中医药服务能力。 3. 推进海派中医传承创新。系统梳理、传承历代海派中医名家学术理论和学说，弘扬当代名老中医药专家学术思想和临床诊疗经验，加强海派中医流派传承基地建设，挖掘民间诊疗技术和方药。完善中医药"师承"人才培养模式。加强中医药知识产权保护。结合现代科学技术，挖掘传统经典中药方药，推动中医药新药、中医诊疗设备和防治技术研发。充分利用信息技术，推动"智慧中医"建设和中医药服务模式创新。加强以上海市中医药研究院为核心的中医药科技创新平台建设，支持中医药系统创新，推进浦东中医药国家综合试验区、国家中医药临床基地和研究型中医院建设。发挥上海中医药国际化人才、中医药标准化建设、中医药服务贸易优势，推进海外中医中心建设，传播中医药文化，提高中医药国际化水平

战略举措	完善健康保障	（一）完善医疗保障制度 　　1. 健全医疗保障体系。健全由基本医疗保障、其他多种形式补充保险和商业健康保险、社会医疗救助组成的多层次医疗保障体系。整合城乡居民基本医保制度和经办管理。探索建立以家庭为单位的医疗保障机制。健全基本医疗保险稳定可持续筹资和待遇水平调整机制，实现基金中长期精算平衡。完善重特大疾病医疗保障机制，实现与医疗救助制度有效衔接。建立覆盖城乡居民、与基本医疗保险制度相衔接的长期护理保险制度，完善长期护理服务需求评估体系和待遇保障机制。到2030年，全民医保体系成熟定型。 　　2. 优化医保管理服务。完善医保缴费参保政策，逐步建立个人缴费与城乡居民可支配收入挂钩机制。建立与筹资水平相适应的基本医保待遇调整机制，丰富和拓展保障内容。全面实现医保智能监控，提升医保监管信息化水平，将医保监管重心由医疗机构延伸至医务人员。建立和完善医保行政执法与刑事司法衔接工作机制，加大医保欺诈查处力度。加强医保病人自费医疗费用监管。建立药品、医疗器材、诊疗项目医保准入和退出第三方评估机制。完善基本医保制度间转移接续制度，推进跨省异地就医直接结算。逐步引入社会力量参与医保经办。 　　3. 深化医保支付方式改革。完善医保基金预算管理，提高医保基金管理的科学化、精细化水平。推进按病种付费、按人头付费，探索按疾病诊断相关分组付费（DRGs）、按服务绩效付费等复合式付费方式。探索医保梯度支付办法，支持建立以家庭医生为基础的分级诊疗制度。 （二）发展商业健康保险 　　坚持市场主导、政策引导原则，鼓励商业保险机构开发各类医疗、护理、疾病和失能收入损失保险产品。落实税收等优惠政策，完善医保个人账户资金自愿购买商业健康保险政策，鼓励企业、个人参加个人税优型商业健康保险。加强商业健康保险与基本医疗保险、城乡居民大病保险、医疗救助等的制度衔接。支持商业健康保险公司开展健康管理服务，探索管理式医疗，促进商业健康保险从理赔型保险向管理型保险发展。以上海保险交易所为平台，推动商业保险、医疗卫生服务、健康医疗大数据等资源的对接整合，支持商业健康保险发展，充分发挥其对居民健康管理的支撑作用。推进国际医疗保险结算，促进医疗机构与国际接轨。到2030年，商业健康保险赔付支出占卫生总费用比重显著提高。 （三）完善药品供应保障体系 　　1. 深化流通体制改革。推进药品、医疗器械流通企业向供应链上下游延伸开展服务，形成现代流通新体系。推广应用现代物流管理和技术，健全药品、医疗器械现代流通网络和追溯体系。规范医药电子商务，丰富药品流通渠道和发展模式。完善本市医药采购服务和监管信息系统，建立健全覆盖药品招标、采购、配送、使用全过程的服务和监管机制，逐步将中药饮片、医疗器械、医用耗材纳入平台采购范围。稳步实施药品分类采购，推进药品带量采购，鼓励联合采购，探索建立部分高价药谈判采购机制，将部分反映突出、疗效确切的高价自费药品通过集中招标采购纳入医保支付范围。加快推进公立医院药品采购"两票制"。加强药品采购、供应、临床使用的信用监管。 　　2. 实施国家药物政策。实施国家基本药物制度，提高二、三级医院基本药物使用比例，探索部分基本药物在社区免费提供。增加艾滋病防治等特殊药物免费供给。保障儿童用药。完善罕见病用药保障政策。健全药品储备制度，建立短缺药品监测、预警、保障机制，对紧缺药品、急救抢救药品、常用低价药品实行挂网采购，对国家定点生产药品直接网上采购，强化短缺药品保障。按照政府调控和市场调节相结合的原则，完善药品价格形成机制。强化价格、医保、采购等政策的衔接，加强对市场竞争不充分药品和高值医用耗材的价格监管，建立药品价格信息监测和信息公开制度

表7(续)

战略举措	建设健康环境	**(一) 广泛开展爱国卫生运动** 　1. 加强城乡环境卫生综合治理。完善城乡生产、生活、生态空间规划，强化农村垃圾管理和污水处理，全面推行垃圾分类减量和无害化处理。改善农村河道水环境。持续开展城乡环境卫生整洁行动，加强农贸市场、城中村、老旧小区、背街小巷、交通集散地、公路沿线卫生死角等的动态化、长效化管理，提高城乡居住环境质量。实施以环境治理为主的病媒生物综合预防控制策略。推进城市网格化管理向住宅小区、农村地区延伸，提高城乡居住环境质量。 　2. 建设健康城区和健康村镇。把健康理念融入城乡规划、建设、治理，保障公共健康服务设施用地，完善相关公共设施布局和标准。优化城乡生态绿化布局，完善各类无障碍设施建设，不断提升城市品质和宜居水平。实施"健康细胞"建设工程，开展健康社区、健康村镇、健康单位、健康学校、健康家庭建设，推广社区健康讲堂、居民健康自我管理小组、社区健身活动。推进美丽乡村建设，强化郊区新城、新市镇、集镇基础设施建设和公共设施配套。到2030年，建成一批示范性健康城区、健康村镇。 **(二) 加强影响健康的环境问题治理** 　1. 加强大气、水、土壤污染防治。实施最严格的环境保护制度，实行环境质量目标考核。严格控制能源消费总量，强化能源结构调整，完成燃煤锅炉清洁能源替代和燃煤电厂超低排放改造，推进燃气锅炉低氮改造，持续深化燃煤污染控制。加大产业结构调整力度，加快淘汰高污染项目，全面推进工业挥发性有机物综合整治。加强机动车、非道路移动机械、船舶等流动源污染防治，推广公共交通、自行车、新能源车、车辆分时租赁等绿色出行方式。全面推广绿色建筑和装配式建筑，创建绿色生态示范城区和国家住宅产业现代化综合试点城市。完善秸秆禁烧长效机制，加强秸秆综合利用。到2020年，环境空气质量优良天数比率达到75.1%以上，力争达到80%；到2030年，环境空气质量优良天数比率达到80%以上。加大饮用水源保护力度，完善水源地布局。强化城市水环境污染控制，实现城市污水全收集全处理。加大郊区特别是工业区、非建制镇等污水管网改造力度，全面提升郊区污水处理水平，城镇污水处理率达到95%。加强河网水系沟通，深入推进河道综合整治和生态修复；到2017年，全市基本消除河道黑臭；到2020年，全市基本消除劣Ⅴ类水体；到2030年，水环境质量明显改善，水生态系统功能全面恢复，地表水水质基本达到环境功能区要求。积极推进海绵城市建设试点。继续削减农药化肥使用强度，严格控制畜禽养殖总量，不断完善畜禽养殖粪尿收集利用体系。实施土壤污染防治行动计划，健全土壤环境监测监管体系，开展全市土壤（地下水）环境状况调查以及风险评估。按照优先保护类、安全利用类、严格管控类等，对农用地土壤实施分类管控，实施建设用地全生命周期管理，重点加强耕地和水源保护区土壤保护。加强场地污染防控和治理，有序开展土壤污染治理和修复。 　2. 强化环境风险防范。加强辐射监测预警、安全监管和应急体系建设，全面提升电离辐射、电磁辐射监测能力，实现环境质量监测全介质和全方位覆盖。强化危险废物源头管控和全过程监管，完善危险废物收运和处置体系，大力推进危险废物处置设施建设，提升危险废物资源化利用水平。强化有毒有害污染物和重金属排放控制，加强持久性有机污染物（POPS）源头监管和全过程管理，限制和淘汰全氟辛烷磺酸盐（PFOS）、汞等有毒有害物质的使用，开展新化学物质、有毒化学品等企业环境管理登记或者备案。以铬、汞、镉、铅、砷等为重点，加强重金属污染防治。 　3. 滚动实施重点区域环境综合整治。持续加大环境治理力度，推进违法用地、违法建筑、违法经营、违法排污、违法居住"五违"问题综合治理。建立属地为主的职责体系，结合产业结构调整、"城中村"改造、水环境治理，滚动实施重点区域环境综合整治。加强土地后续利用规划和管理，对清拆后区块，按照生态优先、因地制宜原则，实施生态修复后，结合其土地属性、区域定位等实际情况进行分类管理

战略举措	建设健康环境	4. 加强环境与健康监测、调查和风险评估。完善环境与健康监测、调查和风险评估制度，建立覆盖污染源监测、环境质量监测、人群暴露监测、健康效应检测的环境与健康综合监测网络以及风险评估体系。实施环境与健康风险管理，开展重点区域、流域、行业环境与健康调查，划定环境健康高风险区域，开展环境污染对人群健康影响的评价，探索建立高风险区域重点项目健康风险评估制度。加大环境健康风险防范、控制、预警等相关技术研发支撑力度。建立统一的环境信息公开平台，全面推进环境信息公开，加强全市空气质量监测和信息发布。 （三）构建安全的食品药品环境 1. 加强食品安全监管。完善与上海超大城市特点相符合的食品安全现代治理体系，实施食品安全全过程、全覆盖监管，落实食品生产经营各类企业的主体责任。提高食用农产品安全质量水平，全面推行标准化、清洁化农业生产，深入开展农产品质量安全风险评估。推进农药兽药残留综合治理，实施兽药抗菌药治理行动。完善食品安全法规和制度，健全食品安全地方标准和食品安全风险监测评估体系，加强地方特色食品的食品安全地方标准制定。建设本市食物消费量和总膳食数据库，实现食源性疾病报告网络全覆盖。完善食品安全全程追溯体系，充分运用"互联网+"、大数据分析、人工智能等新技术手段，实现智慧监管。完善食品检验检测体系。构建严密高效的食品安全社会共治体系，建设市民满意的食品安全城市。 2. 加强药品、医疗器械安全监管。完善药品、医疗器械安全现代治理体系，不断深化药品、医疗器械审评审批制度改革，鼓励以临床价值为导向的创新研究，促进临床研究能力提升。加强临床试验监管，加大创新药、医疗器械和临床急需新药、医疗器械的审评审批和服务力度，完善药品供应体系。实施药品上市许可持有人制度，推进仿制药质量和疗效一致性评价。完善药品、医疗器械安全全程监管，落实生产企业风险防控责任，完善不良反应（事件）监测和评估体系。完善药品、医疗器械追溯体系和检验检测体系，确保市民用药安全。 （四）完善公共安全体系 1. 强化安全生产和职业健康。强化企业安全生产主体责任，切实落实政府和有关部门安全监管责任，加强安全生产风险等级管控、隐患排查治理、责任考核追究、安全教育培训。强化危险化学品、特种设备等重点行业领域安全生产监管。发展安全生产科技，推广先进适用技术装备。完善安全生产法规和标准。加强职业病危害普查和源头治理，健全有针对性的健康干预措施。完善职业安全卫生标准体系，加强重点职业病监测与职业病危害因素监测、报告、管理网络建设。建立分级分类监管机制，对职业病危害高风险企业实施重点监管，对重点行业领域职业病危害开展专项治理。强化职业病报告制度，开展用人单位职业健康促进工作，预防和控制工伤事故以及职业病发生。加强放射诊疗辐射防护和监管。 2. 促进道路交通安全。提升道路交通设计规划、建设和管养水平，组织实施公路安全生命防护工程。深化道路养护市场化改革，健全道路交通安全风险源辨识和隐患排查治理体系，提升道路交通安全风险防控水平。完善道路交通安全管理体系，落实运输企业安全生产主体责任，提升企业安全自律意识。强化道路交通安全应急保障。培养道路交通安全文明意识，完善激励惩罚机制，倡导文明交通行为。到2030年，力争实现道路交通事故万车死亡率下降30%，死伤比降低到发达国家水平。 3. 预防和减少伤害。建立伤害综合监测体系，开发重点伤害干预技术指南和地方标准。构建全链条缺陷产品召回管理体系，推进召回常态化管理，落实生产者责任，减少和消除产品伤害。加强儿童和老年人伤害预防和干预，减少儿童溺水和老年人意外跌落，提高儿童玩具和用品安全标准。预防和减少自杀、意外中毒。提高学生自我保护意识，创建和谐平安校园，预防儿童意外伤害。建立消费品质量安全事故强制报告制度，建立产品伤害监测体系，强化重点领域质量安全监管，减少消费品安全伤害

表7(续)

战略举措	建设健康环境	4. 提高突发事件应急处置能力。加强全民安全意识教育，提高社会公众自救互救能力。完善城乡公共消防设施布局。推进应急救援信息化建设。加强应急处置演练。强化突发公共卫生事件风险监测和评估，完善应急指挥系统，加强各部门即时应急联动。在疾病预防控制、院前急救、精神卫生等领域建立公共卫生"特种兵"制度。打造立体化卫生应急救援体系，加强区域性应急医学救援中心和卫生应急物资储备、保障、培训基地建设。建设核化生应急医学救援体系。强化突发大规模疫情应急处置和传染病患者综合救治能力。加强人流密集场所现场急救设施设备配置。加强突发事件心理健康干预。 5. 健全口岸公共卫生体系。以政府主导、港区企业为建设主体，检验检疫机构提供技术指导，相关职能部门协作配合，推进口岸公共卫生核心能力建设。建立全球传染病疫情信息智能监测预警、精准检疫的口岸传染病预防控制体系。建立基于源头防控、境内外联防联控的口岸突发公共卫生事件应对机制，落实口岸疫情联合防控措施，完善应急联动机制和处置预案，妥善应对突发公共卫生事件。建成种类齐全的现代口岸核化生有害因子防控体系。健全口岸病媒生物以及重大虫媒传染病预防控制机制，创建国际卫生机场（港口）。加强国际旅行健康指导服务，保障出入境人员健康安全。积极探索建立新型监管模式，解决简化入境检疫手续与加强防控措施之间的矛盾。加强进境废物原料卫生检疫工作
	发展健康产业	（一）加快健康服务业发展 1. 促进健康服务业高端化、国际化、集聚化发展。推进以健康为主题的产业园区建设，加快现代健康产业集群发展，形成完善的健康服务产业链，打造健康上海创新实践区。坚持市场化、高端化、国际化、集约化发展方向，以新业态、新模式、新机制、新技术的先行先试为重点，建设上海国际医学园区和上海新虹桥国际医学中心，推进园区内高端医疗服务业集聚发展。坚持产城融合，支持郊区健康特色小镇和健康产业承载区建设。坚持"放管服"结合，扩大医疗服务领域对社会资本开放，调整和新增资源优先考虑社会医疗机构，发展一批有一定规模和品牌特色的社会医疗机构，推进非营利性民营医院和公立医院同等待遇。加强行业监管创新，建立医疗机构监管信息公开制度，促进非公立医疗机构规范发展。 2. 鼓励健康服务新业态发展。促进健康与养老、旅游、互联网、健身休闲、食品、科技、文化融合，催生健康新产业、新业态、新模式。鼓励社会力量举办中医养结合机构，支持养老机构内设医疗机构开展老年病康复、护理和安宁疗护服务。制定健康医疗旅游标准规范和准入监管政策，打造具有国际竞争力的健康医疗旅游目的地。积极推进健康医疗服务与移动互联网、物联网、云计算、可穿戴设备等新技术有效衔接，推进基于信息技术的智慧健康产业发展，培育健康管理服务产业。集成医疗影像技术、基因技术、大数据技术，发展精准医疗服务。发展临床检验、医疗影像、病理诊断等专业化机构。促进美丽健康产业集聚发展。支持发展第三方医疗服务评价、健康管理服务评价、健康市场调查和管理咨询服务。 3. 大力发展中医药健康服务业。支持研究开发中医药健康服务产品，鼓励发展国际中医药健康服务、技术服务外包、国际教育培训，打造"海上中医"国际品牌，建设一批中医药连锁跨境服务机构。弘扬中医药文化，加大在维护健康、非物质文化遗产保护、科普教育等领域的宣传力度，研究开发一批以中医药为载体、适合海外传播的传统文化产品，推动中国传统文化向海外传播。围绕中医药健康保健、中医药文化等，开发一批中医药特色医疗养生旅游产品。 4. 支持先进适宜医疗技术产业化。建立先进适宜医疗技术清单，鼓励先进适宜医疗技术发明持有人自主创业或者与社会资本合作，在知识产权保护、成果转化、收益分配、医疗机构设置等方面予以支持

表7(续)

战略 举措	发展健康 产业	（二）积极发展健身休闲运动产业 　　以体育竞赛表演、场馆服务、体育培训和教育、体育用品制造和销售等为重点，不断扩大体育产业门类规模。进一步优化市场环境，推进社会力量参与健身休闲设施规划、建设、运营。运用市场机制，探索建立政府引导、社会资本共同参与的体育产业投资基金。鼓励体育与旅游会展、影视传媒、运动康复等相结合，发展体育产业新业态。推进体育项目协会改革，实施公共体育场馆资源所有权、经营权分离。完善政府购买体育设施公益性服务机制和标准，健全体育设施公益性开放评估体系，鼓励经营性体育设施开展公益性服务。推动体育与住宅、休闲、商业综合开发，鼓励和引导有条件的地区根据资源和产业优势，打造一批城市体育服务综合体。鼓励运动健身指导技术装备、运动功能饮料、营养保健食品药品等研发、制造、营销。引导发展户外营地、徒步骑行服务站、汽车露营营地、帆船游艇码头等设施。 （三）促进生物医药产业发展 　　1. 加快生物医药科技创新。以建设具有全球影响力的科技创新中心为契机，以张江科学城为主要集聚地，建设转化医学中心、活细胞成像平台等一批生物医药研发与转化科技基础大设施。实施国际人类表型组、脑科学与类脑人工智能等一批生物医药领域重大科学计划。加快生物医药产业技术和临床研究功能型平台建设。推进以基因检测及编辑技术、智能化可穿戴医疗设备、健康医疗大数据等为代表的新兴业态发展。推动生物医药制造业向生物制药和高端医疗器械转型。 　　2. 提升产业发展水平。围绕肿瘤、心脑血管、神经退行性疾病等领域，推动抗体药物、新型疫苗、蛋白及多肽类生物药等产品开发，加快免疫细胞治疗、干细胞治疗、基因治疗相关技术临床和产业化研究。聚焦创新性强、附加值高的数字医疗影像设备、微创介入与植入医疗器材、医用手术机器人等产品研制。组织开展针对新靶点、新机制的化学药物和新制剂研制。加强基于中药经方和传统名方新用途、新剂型的研发，推动创新中药临床应用和产业化。到2030年，基本建成亚太地区生物医药产业高端产品研发中心、制造中心、服务中心、商业中心
支撑 和保 障措 施	深化体制 机制改革	（一）建立把健康融入所有政策的机制 　　树立维护健康是政府各部门共同责任的理念，要建立高规格、多部门协调机制，加强各部门沟通协作，形成促进健康的工作合力。全面建立健康影响评估机制，系统评估各项经济社会发展规划和政策、重大工程项目对健康的影响，健全监督、问责机制。畅通公众参与渠道，加强社会监督。 （二）全面深化医药卫生体制改革 　　加快建立与上海经济社会发展水平相适应、更加成熟定型的基本医疗卫生制度，维护公共医疗卫生的公益性，实现人人享有基本医疗卫生服务。完善治理机制，推动建立现代医院管理制度。以家庭医生制度为基础，稳步推进分级诊疗制度建设。完善基本医保制度，提高保障能力。推进药品供应保障机制改革，控制医药费用不合理增长。提升公共卫生服务能力，保障公共卫生安全。协调推进政府投入、医疗服务价格、人事薪酬、学科人才、卫生信息化等配套改革。 （三）完善健康筹资机制 　　调整优化财政支出结构，加大对健康领域投入，切实保障市民群众基本健康服务需求。完善政府对健康的投入机制，开展健康投入绩效监测和评价，加大人才、科技等软件建设投入力度。鼓励社会组织和企业投资健康领域，运用财税杠杆激励企业加大健康单位创建投入力度，形成多元化筹资格局。大力发展慈善事业，鼓励社会、个人捐赠和互助。 （四）加快转变政府职能 　　加大健康领域简政放权、放管结合、优化服务力度。建立和完善健康领域权力清单、责任清单、负面清单制度。继续深化药品、医疗机构等审批改革，规范医疗机构设置审批。推进政务公开和信息公开。加强健康领域监管机制创新，完善事中事后监管体系，全面深化"双随机、一公开"机制建设。加强行业自律和信用体系建设。坚持扶持与规范并举，培育健康领域公益性社会组织，推进社会共治

表7(续)

| 支撑和保障措施 | 加强健康人力资源建设 | （一）完善医学教育体系
　　坚持医教协同，建立和完善医学人才培养供需平衡机制，适应人才需求变化，调整优化医学教育专业结构。完善医学教育质量保障机制，推动医学教育与国际接轨。改革医学教育制度，完善住院医师和专科医师规范化培训制度，建立公共卫生与临床医学复合型高层次人才培养机制和专科护士培养制度。加强食品卫生、学校卫生、放射卫生、环境卫生、职业卫生等学科建设。强化面向全员的医学继续教育制度，建立健康医疗教育培训云平台，为医务人员提供便捷的终生教育。持续加强中医人才培养，将中医"师承"培养纳入中医毕业后教育体系，培养新一代中医名医。加强应用型医学技术人才培养，支持上海健康医学院建设。
（二）加强人才队伍建设
　　加大对基层和偏远地区扶持力度，充实和稳定郊区基层卫生人才队伍。建立紧缺人才预警、管理机制，制定紧缺人才发展倾斜政策，加强全科、儿科、产科、精神科、病理、护理、助产、康复、心理健康、医务社工等急需紧缺专业人才培养。持续实施医学人才培养工程，大力培养和集聚高端医学人才，重点培养一批医学领军人才和学科带头人，加快优秀青年医学人才、国际化卫生管理人才、专业技术双语人才培养。加强社会体育指导员队伍建设，到2030年，实现每千常住人口至少拥有2.5名社会体育指导员。
（三）优化医务人员职业发展环境
　　落实医疗机构用人自主权，全面推行聘用制，形成能进能出的灵活用人机制。改革临床医师职称评定制度，强化临床实践评价权重，不将论文、科研等作为基层卫生人才职称评审的硬性要求，健全符合全科医生岗位特点的人才评价机制。建立符合卫生行业特点的人事薪酬制度，按照允许医疗卫生机构突破现行事业单位工资调控水平、允许医疗服务收入扣除成本并按规定提取各项基金后主要用于人员奖励的要求，在本市事业单位行业分类调控绩效工资总量的政策框架内，合理确定公立医院绩效工资水平并建立动态调整机制。积极探索医师自由执业、医师个体与医疗机构签约服务或者组建医生集团等新型服务模式。完善医疗执业保险、医疗意外伤害保险、医疗责任保险，进一步健全医患纠纷第三方调解机制。加大对涉医违法行为依法打击力度，建设保护医务人员正常执业的法治环境。加强舆论宣传引导，营造促进医患和谐的舆论氛围 |
| | 推进健康科技创新 | （一）完善医学科技创新制度
　　完善投入机制，调整优化各类医学科技计划（专项），加大重点研究领域投入力度。完善联动机制，支持医疗卫生机构、医学科研机构、生物医药企业联合开展医学科技创新，促进产学研用良性互动。完善激励机制，建立科学、公正的科技评价体系，加强知识产权保护，建立合理的创新收益分配制度。
（二）打造医学科技创新平台
　　打破学界界限和行政隶属关系，整合新兴学科、交叉学科、边缘学科，推进基础研究、临床研究和转化应用的协同合作，在重点领域率先建设医学协同创新集群。建成转化医学国家重大科技基础设施、国家肝癌科学中心、国家热带病研究中心、国家临床医学研究中心、国家老年医学研究中心、国家儿童医学中心（上海）等一批重大项目。推进研究型医院建设。构建具有国际先进水平的创新药物和医疗器械临床试验平台，科学配置高端医疗技术装备，支持自主创新药物、新型生物医药材料的研发和应用。加强部门联动，推进医学科技创新管理平台建设。
（三）推进医学科技进步
　　以严重危害人类健康的疾病为重点，开展致病机理、预防、诊断、治疗等方面的联合攻关。发展组学技术、干细胞与再生医学、新型疫苗、生物治疗等医学前沿技术，加快重大传染病防治、慢性病防控、生殖健康和重大出生缺陷防控、精准医学、转化医学、智慧医疗等领域关键技术突破。实施各类医学学科建设计划，支持医学新兴交叉学科发展，推进大数据、新材料、人工智能、数字诊疗装备等在医学领域应用。到2030年，建成比较完善的医学科技创新体系，进一步增强在世界医学科技前沿领域的话语权 |

表7(续)

支撑和保障措施	深化健康信息化建设	**(一)完善人口健康信息系统** 推进人口健康信息化工程。完善全员人口信息、电子健康档案、电子病历三大数据库，建立健康医疗数据统一归口和共享机制，整合健康信息网、医联网、人口计生网、医保网、药品招标网数据资源，构建"三医联动"数据共享平台，建设人口健康大数据中心。完善人口健康信息网络和市级人口健康信息平台。深化公共卫生、计划生育、医疗服务、医疗保障、药品管理、综合管理、信息惠民、电子政务等应用系统建设。完善人口健康信息标准体系和安全保护机制。 **(二)推进智慧医疗、信息惠民、智慧管理** 依托互联网等信息技术，发展智慧医疗，引导居民主动利用智慧医疗服务，逐步转变居民就医方式。实现远程医疗对基层医疗机构全覆盖。规范和推动"互联网+健康医疗"服务，实现市民健康管理信息化，满足个性化、精准化健康医疗服务需求。建立统一的信息惠民服务门户网站，为居民提供咨询、预约、查询、支付等线上健康服务，优化就医流程，改善就医体验。加强互联网健康服务监管，实行医师执业数字证书(CA)管理。建立和完善医疗卫生机构综合管理平台，支撑业务管理、经济运行、评价考核等功能，实现全面预算管理。 **(三)推进健康医疗大数据应用** 加强健康医疗大数据应用体系建设，推进数据开放共享、深度挖掘、广泛应用。建立和完善健康医疗大数据资源目录体系，全面深化健康医疗大数据在行业管理决策、临床和科研、公共卫生、教育培训等领域的应用，培育健康医疗大数据应用新业态。加强健康医疗大数据相关地方性法规和标准体系建设，制定分级分类分域的数据应用政策规范，推进网络可信体系建设，加强健康医疗数据安全保障和患者隐私保护
	加强健康法治建设	加强健康重点领域的地方性法规和规章制定、修订工作。贯彻落实基本医疗卫生法，按照法定程序研究制定本市实施条例。加强法律法规落实情况监督检查。完善健康领域标准规范和指南体系。强化政府在医疗卫生、食品、药品、环境、体育等健康领域的监管职责，建立政府监管、行业自律、社会监督相结合的监管体制。加强健康领域监督执法体系和能力建设
	组织实施	**(一)加强组织领导** 建立健康上海建设领导小组，统筹协调推进健康上海建设全局性工作，审议重大项目、重大政策、重大工程、重大问题、重要工作安排，指导各地区、各部门开展工作，并将主要健康指标纳入各级党委和政府考核指标，建立相应考核机制和问责制度。各地区要围绕健康上海建设的战略目标、任务举措，提出本地区具体实施方案，分阶段、分步骤有序推进。各部门要抓紧制定切实可行、操作性强的配套政策。注重发挥工会、共青团、妇联等群团组织以及其他社会组织的作用，充分发挥民主党派、工商联、无党派人士作用，凝聚全社会共识和力量。 **(二)加强国内外合作交流** 创新健康领域的国内外合作机制，加强长三角区域联动。服务国家战略，做好国内外医疗援助工作。充分利用国内外优质医疗健康资源，建设上海国际医学园区和上海新虹桥国际医学中心。打造"海上中医"国际服务品牌。积极参与健康领域国际标准、规范、指南的研制和谈判。提升先进医疗健康技术交流与合作，增强上海健康科技全球影响力。 **(三)做好宣传、监测和评估** 加强健康上海建设的正面宣传、舆论监督、科学引导、典型报道，提高全社会对健康上海建设的认识，营造良好的社会氛围。明确规划纲要任务分工，建立常态化督查考核机制，督促规划纲要各项任务落地。建立规划纲要实施进度和效果的统计监测、绩效评估机制，适时调整目标和任务。鼓励各地区积极探索、勇于创新，及时总结推广本规划纲要实施中好的经验和做法

《"健康上海 2030"规划纲要》正式实施之后,上海市随后采取了一系列相应的配套健康促进行动。如"2018 年爱国卫生和健康促进工作部署会议"和"2018 健康上海——公共卫生发展论坛"。2018 年 4 月 25 日,召开了"2018 年爱国卫生和健康促进工作部署会议"要求要认真贯彻落实党的十九大精神和《"健康上海 2030"规划纲要》要求,抓紧制定新一轮建设健康城市(区)三年行动计划,扎实推进国家卫生区镇创建,开展"健康城市评价指标体系"的试点评估,继续落实各项爱国卫生工作任务;进一步强化控烟宣传、执法和戒烟干预服务工作。强调要用好"爱卫会"和"健促委"平台,结合实施"乡村振兴战略"等有利契机,协调相关部门共同推进、合力做好本市爱国卫生和健康促进各项工作。2018 年 12 月 8 日,由上海市卫生健康委员会指导,上海市疾病预防控制中心(上海市预防医学研究院)和上海市预防医学会承办的"2018 健康上海——公共卫生发展论坛"在上海 IBP 国际会议中心隆重举行。论坛围绕"守护健康、预防先行"的主题,回顾和总结本市公共卫生工作成效,展望公共卫生事业发展远景,共同探讨未来的发展机遇和挑战。在主旨论坛上,与会人员分享了新时代慢性病防治形势与挑战、打造卓越的健康服务业体系、公共卫生创新动向、城市公共卫生范例等专题,从前沿趋势、最新研究、案例分析、创新思考等角度进行阐述,为广大论坛参与者带来国际化的视野和启发性的思路。4 个平行论坛主题分别涵盖传染病防控、健康危害因素防控、慢性病防控和大数据在公共卫生中的应用等公共卫生领域主要话题,推动健康融入所有政策。论坛还举行了"健康中国研究院"揭牌仪式和上海市预防医学会科学技术奖颁奖仪式。

《"健康上海 2030"规划纲要》实施以来,在上海市委、市政府的领导下,在全市有关部门的共同努力下,健康上海建设有序推进,取得明显进展。为贯彻落实"健康中国"战略,解决威胁上海市民健康的主要问题,关注优先发展的健康领域,形成健康上海建设的任务书、时间表和路线图,根据《"健康中国 2030"规划纲要》《健康中国行动(2019—2030 年)》《长江三角洲区域一体化发展规划纲要》《"健康上海 2030"规划纲要》,制订《健康上海行动(2019—2030 年)》,由上海市卫生健康委员会于 2019 年 9 月发布。其中有关"体医融合、协作"促进健康部分的内容主要有健康知识普及行动、全民健身行动、特殊人群健康促进行动、慢性病防治行动、社区健康服务促进行动等(见表 8)。

表8 《健康上海行动（2019—2030 年）》"体医融合、协作"内容

重大行动	健康知识普及行动	建立全社会参与的健康教育与促进工作机制。推进市健康促进中心建设，并以此为依托，统筹医疗机构、公共卫生机构、学术团体和新闻媒体等各类资源，打造权威的健康教育平台。建立完善健康科普"两库、一机制"，建设市级健康科普专家库和资源库，完善全媒体健康科普知识发布和传播审核机制。加强媒体健康栏目和健康医疗广告审核，开展对互联网健康科普信息的监测和评估，加强不良健康信息监管。强化医疗机构和医务人员的健康教育与促进职能。完善全科医生、专科医生培养培训内容，使医务人员掌握与岗位相适应的健康科普知识，并在诊疗过程中为病人主动提供健康指导。建立鼓励医疗卫生机构和医务人员开展健康教育与促进的激励机制，把健康科普纳入医疗卫生机构绩效考核和相关医务人员职称评定，调动医务人员参与健康教育与促进工作的积极性。鼓励学会、协会组织专家开展多种形式的、面向公众的健康科普活动和面向机构的培训工作。鼓励电视台、电台、报刊和网络媒体开办优质健康科普节目。推进全市各级医疗卫生机构运用"两微一端"（微信、微博、移动客户端）等新媒体开展健康科普。推动"互联网+精准健康科普"，综合使用互联网、物联网、大数据等前沿技术，加强精准健康科普教育，准确对接不同人群的健康需求。至 2022 年，建成全市健康教育资源库、专家库；培育 20 个左右辐射长三角、具有全国影响力的健康科普品牌，推出一批"健康上海"建设示范、优秀案例。至 2030 年，再培育形成一批健康科普品牌和健康促进示范案例。（牵头部门：市委宣传部、市委网信办、市卫生健康委、市市场监督管理局，配合部门：市人力资源社会保障局、市科委、市经济信息化委） 实施《国民营养计划（2017—2030 年）》。开展上海市居民营养与健康状况、碘营养状况、食物成分监测，建立信息化数据采集及智能化人群营养评估系统，分析及预警影响人群健康的营养问题，提出针对性干预措施。对孕妇、婴幼儿、学生、老人等重点人群实施营养干预。同时，结合营养监测发现的问题，循证编制营养健康科普知识并发布；推进主流健康传播媒体营养科普计划，开展营养知识宣教，鼓励全社会参与减盐、减油、减糖。在重点人群开展限酒宣传并进行相关行为干预。开展"健康食堂""健康餐厅""营养支持型社区"建设。至 2022 年和 2030 年，人均每日食盐摄入量均保持在 7.5 克以下；创建"健康食堂""健康餐厅"各 100 家和 500 家，"营养支持型社区"分别 5 个和 17 个。至 2030 年，居民营养健康知识知晓率在 2022 年基础上继续提高 10%；中小学生含糖饮料经常饮用率在现有基础上下降 20%；居民超重、肥胖的增长速度明显放缓（牵头部门：市卫生健康委，配合部门：市委宣传部、市精神文明办、市经济信息化委、市市场监督管理局、市教委、市体育局、市文化旅游局、市民政局、市农业农村委）
	全民健身行动	完善全民健身公共服务。推进体育设施均衡布局，建设崇明国家级体育训练基地、徐家汇体育公园、浦东足球场、上海市民体育公园等一批重大体育设施。建设社区市民健身中心、市民球场、益智健身苑点、健身步道、户外多功能球场、自行车健身道等体育设施。扩大公共体育场馆、学校运动场馆等体育设施的开放和利用，提高其利用率。加强"体绿结合"，在公园、绿地、林带等建设嵌入式体育设施。鼓励和支持新建工作场所建设适当的健身活动场地。鼓励社会力量参与管理运营体育场地设施。加强科学健身指导服务，广泛开展"你点我送"社区体育服务配送，开展健身技能和健身知识培训，推广优秀健身方法。建立针对不同人群、不同环境、不同身体状况的运动促进健康指导方法，推动形成"体医结合"的健康服务模式。构建运动伤病预防、治疗与急救体系，提高运动伤病防治能力。制定实施特殊人群的体质健康干预计划。积极发展"体育+"，推动体育与健康、养老等深度融合，整合各类体育社会组织资源，发挥社区、社会组织和专业社工合力，满足居民个性化、专业化、多样化的体育健康需求。至 2022 年和 2030 年，本市人均体育场地面积分别不低于 2.4 平方米和 2.8 平方米（牵头部门：市体育局，配合部门：市教委、市卫生健康委、市绿化市容局、市规划资源局、市总工会）

重大行动	全民健身行动	推进全民健身活动。弘扬群众身边的健身文化，普及体育健身文化知识，增强个体健身意识。建立健全群众身边的健身组织。办好市民运动会、城市业余联赛等群众性品牌赛事，加强全民健身与重大国际体育赛事、重大节庆活动有效连接，引领全民健身新时尚。推广普及太极拳、健身气功等传统体育项目和广播体操等工间操。推进全民健身进家庭。鼓励将国民体质测定纳入健康体检项目。健全青少年体育公共服务体系，广泛开展青少年体育技能培训、青少年体育赛事活动，养成终生锻炼的体育习惯。强化对高校学生体质健康水平的监测和评估干预，把高校学生体质健康水平纳入对高校的考核评价。确保高校学生体育课时，丰富高校学生体育锻炼的形式和内容。至2022年和2030年，每万人拥有体育健身组织数量超过20个和达到25个，经常参加体育锻炼的人数比例分别达到45%和46%。城乡居民达到《国民体质测定标准》合格以上人数比例分别不低于96%和96.5%。（牵头部门：市体育局，配合部门：市教委、市卫生健康委、市中医药管理局、市总工会）
	特殊人群健康促进行动	中小学健康促进。制定健康学校标准，开展健康学校建设，加强生命教育。完善学校传染病防控制度，规范落实防控措施。完善学生健康体检制度和学生体质健康监测制度，把学生体质健康状况纳入对学校的绩效考核。实施儿童青少年近视综合防治行动，开展分级分类视力健康服务与管理，推进近视综合干预，建设若干近视综合防控示范区和示范学校。实施儿童口腔健康服务与管理，开展口腔健康检查、涂氟防龋、窝沟封闭和龋齿充填等基本公共卫生服务。开展儿童青少年常见病和健康影响因素监测与干预。制定儿童青少年营养促进健康策略，推广学校营养午餐食谱，积极推动中小学校不在校园内售卖含糖饮料。严格落实国家体育与健康课程标准，做到教学计划、教学材料、课时、师资"四到位"，构建健康教育课程体系，中小学生每天校内体育活动时间不少于1小时，掌握2项运动技能，提倡中小学生每天在校外接触自然光时间1小时以上。广泛开展青少年体育赛事活动，引导和支持社会力量开展各类青少年体育活动，有针对性地开展各类冬（夏）令营、训练营和体育赛事等。至2022年和2030年，学生体质健康标准优良率分别达到50%及以上和60%及以上，配备专兼职心理健康工作人员的中小学校比例分别达到80%和90%。至2022年，儿童青少年总体近视率在2018年的基础上力争每年降低0.5到1个百分点以上；至2030年，儿童青少年新发近视率明显下降。（牵头部门：市教委、市卫生健康委、市体育局） 老年健康促进。优化老年医疗卫生资源配置，发展老年医学和护理学科，推动二级以上综合医院、中医医院开设老年医学科，建成上海市老年医学中心。完善医养结合政策，推进医疗卫生与养老服务融合发展。加快推进长期护理保险制度，完善机构护理、社区护理、居家护理相结合的老年护理服务体系。加强社区日间照料中心等社区养老机构建设，逐步建立支持家庭养老的政策体系，支持成年子女和老年父母共同生活，推动夯实居家社区养老服务基础。开展老年健身、老年保健、老年疾病防治与康复等健康教育活动。加强对老年常见慢性病、退行性疾病和心理健康问题的干预。充分发挥家庭医生（团队）作用，为老年人提供基本医疗和公共卫生服务。扩大中医药健康管理服务的覆盖广度和服务深度，为老年人提供更多中医养生保健、疾病防治等健康服务。支持高等院校和职业院校开设老年医学相关专业或课程。优化老年人住、行、医、养等环境，营造老年宜居环境。推进老年人社区和居家适老化改造，支持适老化住宅建设。对特定对象老年人的辅助器具适配给予补贴，完善因老功能衰退人群融入社会机制。至2022年和2030年，65岁至74岁老年人失能发生率有所下降，65岁以上人群老年期痴呆患病率增速下降；65岁及以上老年人健康管理率达到72%及以上和80%及以上，65岁及以上老年人中医药健康管理率达到65%及以上和75%及以上；二级以上综合性医院设老年医学科比例分别达到50%及以上和90%及以上；三级中医医院设置康复科比例分别达到75%和90%；养老机构以不同形式为入住老年人提供医疗卫生服务比例、医疗

重大行动	特殊人群健康促进行动	机构为70岁以上老年人提供挂号就医等便利服务绿色通道比例均达到100%（牵头部门：市卫生健康委、市民政局，配合部门：市文化旅游局、市体育局、市发展改革委、市医保局、市科委、市教委、市住房城乡建设管理委、市交通委、市委组织部、市人力资源社会保障局、市退役军人局、申康医院发展中心、市红十字会）
	慢性病防治行动	糖尿病防治。完善糖尿病预防与诊治服务体系，加强区域规范诊治中心建设，推进糖尿病分级诊疗和双向转诊。开展人群糖尿病防治健康教育、高危人群筛查干预、患者和前期人群随访管理、并发症筛查、规范诊治和有序转诊；加强社区糖尿病相关检测能力标准化建设；推进实施糖尿病营养和运动干预；依托"上海健康云"平台，支撑糖尿病患者自主管理。2022年，基本实现社区糖尿病相关检测标准化，巩固糖尿病预防诊治服务体系。至2030年，糖尿病知晓率75%，治疗控制率45%（牵头部门：市卫生健康委、申康医院发展中心，配合部门：市体育局）
	社区健康服务促进行动	开展社区智慧健康小屋建设。以市政府实事项目为依托，充分整合各类资源，以街镇为单位，建设智慧健康小屋，畅通居民自我健康检测与获得健康指导渠道。至2022年，实现每个街镇至少有1家标准化智慧健康小屋，并向功能社区延伸。至2030年，全市智慧健康小屋网络基本健全，多种形态的智慧健康小屋（站）从居住社区延伸至学校、企事业单位、楼宇等功能社区，并通过智慧健康设备逐步延伸至居民家中（牵头部门：市卫生健康委、市体育局、市红十字会）
保障措施	强化组织领导	在市委、市政府领导下，由市健康促进委员会统筹推进健康上海行动，负责组织实施《健康上海行动（2019—2030年）》，协调相关部门、社会和个人共同参与，指导各区编制行动方案，明确年度工作重点并组织落实。开展监测评估和考核评价，创新考核办法，充分利用大数据和信息化手段，减轻基层负担。各区要组建或明确推进行动实施的议事协调机构，加强健康促进队伍建设，结合本地实际研究制定具体行动方案，分阶段、分步骤组织实施。全市相关部门要围绕健康上海行动，通力合作、各司其职，制定具体实施方案，分阶段、分步骤有序推进。建立监测评价机制，完善考核机制和问责制度，把健康上海行动执行情况纳入各级党委和政府考核内容（牵头部门：市卫生健康委、市委组织部、市纪委监委）
	动员各方参与	凝聚全社会力量，形成健康促进的强大合力。动员个人和家庭积极参与健康上海行动，提升个人的健康责任意识，养成健康的生活方式。各单位特别是学校、企业、居（村）委等要充分挖掘和利用自身资源，积极开展健康细胞工程建设，营造健康支持性环境。鼓励社会捐资，依托社会力量成立健康上海行动相关基金。卫生健康相关行业学会、协会和群团组织以及其他社会组织要充分发挥行业引导作用，积极参与健康促进和健康科普的组织工作（牵头部门：市卫生健康委，配合部门：市教委、市民政局、市总工会、团市委、市妇联）
	健全支撑体系	成立健康上海行动专家咨询委员会和18个专项推进工作组，建立智库，为行动实施提供智力和技术支撑。落实健康优先发展战略，全面建立健康影响评估机制，系统评估各项经济社会发展规划和重要政策、重大工程对健康的影响，切实推进健康融入所有政策。把健康上海建设作为各级领导干部贯彻习近平新时代中国特色社会主义思想的重要载体，把"健康融入所有政策"纳入领导干部专题培训班和相关课程。各级政府要调整优化财政支出结构，落实好卫生健康投入政策，加大政府投入力度，强化支持引导，确保行动落实到位。完善政府主导的多元化卫生健康筹资机制，引导、鼓励社会和企业投资健康领域。鼓励金融机构创新产品和服务，形成资金来源多元化的保障机制。针对关键技术，结合科技重大专项、重点研发计划给予支持。完善相关法律法规体系，以法治保障任务落实和目标实现（牵头部门：市卫生健康委、市委组织部、市财政局、市税务局，配合部门：市科委、市司法局、市地方金融监管局）

表8(续)

保障措施	加强队伍建设	持续实施医学人才培养工程，大力培养和集聚高端医学人才，重点培养一批医学领军人才和学科带头人，加快优秀青年医学人才、公共卫生人才、健康促进人才、国际化卫生管理人才和专业技术双语人才培养。加大对基层和偏远地区扶持力度，充实和稳定郊区基层卫生人才队伍。加强全科、儿科、产科、精神科、病理、护理、助产、康复、心理健康、医务社工等急需紧缺人才培养。贯彻落实《关于进一步深化科技体制机制改革 增强科技创新中心策源能力的意见》《关于进一步深化人才发展体制机制改革加快推进具有全球影响力的科技创新中心建设的实施意见》。激发卫生健康领域科技创新活力，提升健康科技创新策源能力（牵头部门：市人力资源和社会保障局、市卫生健康委，配合部门：市科委）
	加强宣传引导	加强健康上海行动的宣传推广、舆论监督、科学引导和典型报道，提高全社会对健康上海建设的认识，营造良好的舆论氛围，培育全社会的健康文化，形成"健康上海、人人行动、人人受益"的社会共识。推进健康教育和健康科普工作，以有效方式引导群众了解和掌握必备健康知识，推动践行健康生活方式。设立健康形象大使，评选一批健康示范单位和"健康达人"，发挥引领带头作用。弘扬"敬佑生命、救死扶伤、甘于奉献、大爱无疆"的崇高职业精神，增进社会各界对医学事业、医务工作者的理解与尊重（牵头部门：市委宣传部、市卫生健康委）

"健康上海"战略规划，从《"健康上海2030"规划纲要》颁布实施起，之后紧紧围绕"健康中国"建设战略实施的相关行动，结合上海实际，出台和实施了一系列健康促进行动，"体医融合、协作"健康促进始终是在这一大背景下，贯彻落实相应的健康促进行动。"健康上海"的主要特点是：

（1）从国际担当推进"健康上海"行动。

（2）各项任务责任单位落实更加细化。

（3）依托嘉定区为全国健康城市建设的首批试点城市，加强"健康城市"建设。

（4）强化医疗机构和医务人员的健康教育与促进职能。

（5）建立完善健康科普"两库、一机制"。

（6）加强科学健身指导服务，广泛开展"你点我送"上门健身指导服务。

（7）鼓励将国民体质测定纳入健康体检项目。

（8）把高校学生体质健康水平纳入对高校的考核评价。

案例四："健康北京"行动

2017年3月9日，北京市委北京市人民政府为深入贯彻落实全国卫生与健康大会精神和《"健康中国2030"规划纲要》，动员各方面力量促进本市卫生与健康事业改革发展，全面推进健康北京建设，进一步提高人民群众健康水平，发布了《关于促进卫生与健康事业改革发展的意见》（见表9）。此意见的出台，标志着北京正式启动了"健康北京行动"。同时，该意见也成为北京市

"体医融合、协作"促进健康的行动性纲领。

表 9　《关于促进卫生与健康事业改革发展的意见》主要内容

总体要求	指导思想	全面贯彻落实党的十八大和十八届三中、四中、五中、六中全会精神，深入学习贯彻习近平总书记系列重要讲话精神和治国理政新理念新思想新战略，始终坚持以习近平总书记视察北京重要讲话精神为根本遵循，认真落实党中央、国务院决策部署，坚持以人民为中心的发展思想，牢固树立和贯彻落实新发展理念，坚持正确的卫生与健康工作方针，把保障和促进人民健康作为各项工作的出发点和落脚点，全力推进健康北京建设
	基本原则	1. 坚持正确的卫生与健康工作方针。坚持以基层为重点，推动卫生与健康工作重心下移；坚持以改革创新为动力，推进理论创新、制度创新、科技创新、管理创新、技术创新；坚持预防为主、中西医并重，实现从"以治病为中心"向"以健康为中心"转变；坚持将健康纳入所有政策，统筹解决各类影响健康的问题；坚持人民共建共享，广泛调动全社会参与卫生与健康事业改革发展的积极性、主动性和创造性。 2. 坚持公益性与公平性。始终坚持基本医疗卫生事业的公益性，坚持以社会效益为卫生与健康事业改革发展的最高原则。坚持健康公平性，促进城乡、区域卫生与健康事业均衡发展，保障人人享有基本医疗卫生服务，加大对妇幼、老年人、残疾人等群体健康权益的保障。 3. 坚持政府主导与发挥市场机制作用相结合。在基本医疗卫生服务领域，坚持政府主导，落实政府的领导责任、保障责任、管理责任、监督责任。在非基本医疗卫生服务领域，注重发挥市场在资源配置中的决定性作用，鼓励社会力量积极参与，满足群众多样化、差异化、个性化的健康需求。统筹发展健康事业与健康产业，推动两者有机衔接、相互促进。 4. 坚持服务首都城市战略定位，优化医卫生资源布局。将健康融入所有政策，加快形成有利于健康的生活方式、生态环境和经济社会发展模式，更好地服务于"四个中心"的城市战略定位。坚持疏解与提升并重，统筹考虑人口、空间布局和市民健康需求，优化资源分布，提升医疗服务效能。发挥首都医疗资源丰富的优势，深入推进京津冀卫生与健康事业协同发展
	发展目标	到 2020 年，城市健康基础设施水平全面提升，城乡健康环境明显改善，影响健康的主要因素得到有效治理，居民健康生活方式广泛普及人均期望寿命高于 82.4 岁，5 岁以下儿童死亡率低于 5‰，孕产妇死亡率低于 11/10 000，市民健康水平明显提高，健康城市建设水平位居全国前列。 到 2030 年，与国际一流的和谐宜居之都相适应的现代化卫生与健康治理体系基本建立，人人享受健康生活、人人享有基本医疗卫生服务、人人拥有健康环境的局面基本形成，经常参加体育锻炼市民比例明显提高，健康服务质量和健康保障水平不断提高，人均期望寿命、婴幼儿死亡率、孕产妇死亡率等主要健康指标继续保持国际先进水平

普及健康生活	加强健康教育	大力倡导人人是自己健康第一责任人的理念，开展市民健康素养提升行动，引导形成健康的生活方式。建立健全以健康教育机构、健康生活示范馆、健康教育栏目为主体的健康教育促进体系，形成以科普专家为核心的健康知识传播网络，借助新媒体拓展健康教育，将健康教育纳入国民教育体系，作为所有教育阶段素质教育的重要内容，特别要以中小学为重点，建立学校健康教育推进机制（责任单位：市卫生计生委、市教委、市委宣传部、市规划国土委、各区）
	塑造良好健康行为	设立北京健康周，集中开展全民健康促进活动。实施国民营养计划，全面普及膳食营养知识，发布适合不同人群的营养膳食指南，开展"三减三健"（减油、减盐、减糖、健康体重、健康骨骼、健康口腔）行动，引导市民形成科学的膳食习惯。加强对学校、幼儿园等营养健康工作的指导，培养健康生活方式。严格落实《北京市控制吸烟条例》，大力推进禁烟控烟工作（责任单位：市卫生计生委、市教委、市体育局、各区）
	促进全民健身	落实《北京市全民健身条例》，深入开展全民健身行动，完善全民健身公共服务体系。统筹建设全民健身公共设施，推动机关、企事业单位、社区的健身设施向社会开放。探索建立健康促进中心，建立完善针对不同人群、不同身体状况、不同环境的运动处方库，推动体育健身与医药预防相结合。开展国民体质测试，完善体质健康监测体系。发挥2022年北京冬奥会、冬残奥会等重大赛事的带动作用，激发市民参与体育运动的热情。加强青少年体育工作，实施青少年体育活动促进计划，确保中小学生在校每日体育运动时间不少于1小时，熟练掌握1项以上体育运动技能（责任单位：市体育局、市教委、市卫生计生委、市残联、各区）
优化健康服务	强化公共卫生服务	完善重大疾病流行病学定期调查制度，强化突发急性传染病源头治理。完善以社区为基础的慢性病防控网络。针对高危人群进行早期有效干预和监测评价。全面开展中小学生健康监测。对学生免费开展健康体检。逐步扩大疫苗免疫规划。多渠道扩大产科、妇幼保健服务供给，推进市两级妇幼保健机构提升服务能力。开展老年健康服务行动，创新老年健康服务模式，建设居家照护、社区照护与机构照护分工合作、协调连贯的老年健康服务体系。加强严重精神障碍患者日常服务管理。开展心理健康促进行动，规范心理治疗、心理咨询等心理健康服务。加快残疾预防和残疾人康复服务体系建设。完善残疾人护理补贴制度（责任单位：市卫生计生委、市教委、市民政局、市残联、北京出入境检验检疫局）
	完善医疗服务体系	统筹考虑人口空间布局和市民健康需求，建设布局合理、功能完善、局次分明的医疗服务体系。严控城六区医疗机构床位规模，有序推动医疗资源疏解；高水平建设北京城市副中心医疗卫生服务体系及新城医疗服务体系建设，积极推动本市不同区域医疗卫生服务均衡发展。加强对薄弱学科、短板专科的监测评估，完善学科、专科发展规划。加强基层医疗卫生服务体系建设。促进优质医疗资源下沉，大力推行家庭医生签约服务制度。合理确定基层医疗卫生机构工资总额，缩小不同层级公立医疗机构医务人员的薪酬差距。完善财政差异化补偿政策，推进医药分开、医疗服务价格改革，建立科学合理的价格形成机制与动态调整机制，引导医疗资源合理配置，同时，进一步建立京津冀三地相互融合、协同发展的医疗服务工作机制，探索跨区域医联体建设，推行区域内分级诊疗和双向转诊制度，健全医务人员交流和人才培养机制。不断提升三地医疗协作水平（责任单位：市卫生计生委、市医院管理局、市人力社保局、市财政局、市发展改革委）

表8(续)

优化健康服务	支持中医药振兴发展	建立健全中西医协同工作机制，开展重大疑难疾病中西医协同攻关，发挥中医药在治未病、疾病康复等方面的积极作用。实施中医药当代名家收徒传承工程，加大对名老中医药专家传承工作室的支持力度。开展对中医药民间特色诊疗技术的调查、挖掘整理、研究评价及推广应用。加大对中医药科技创新项目和创新平台类重点示范项目的支持力度（责任单位：市中医局、市卫生计生委、市医院管理局、市食品药品监管局、市科委、市财政局）
	完善现代医院管理制度	坚持管办分开、政事分开，合理划分政府与公立医院的权责，加大公立医院管理自主权。健全以公益性为导向的公立医院绩效考核指标体系，加强对公立医院功能定位落实情况的评估监管。建立公立医院医疗费用监测体系和医疗费用控制考核问责机制。完善公立医院内部决策机制，强化党委领导，严格实行"三重一大"集体决策制度，发挥职工代表大会民主监督作用。健全院长选拔任用制度。建立薪酬动态调整机制，允许公立医疗机构突破现行事业单位工资调控水平，根据内部考核评价结果合理确定医务人员薪酬水平。完善公立医院财务制度与会计制度，在三级医院普遍建立总会计师制度，实施全面预算管理，健全内部控制制度，加强成本核算与控制。严禁公立医院举债建设，举债购置大型医用设备。推进药品阳光采购，鼓励开展集团采购和区域联合采购，降低采购价格（责任单位：市卫生计生委、市医院管理局、市中医局、市人力社保局、市财政局）
	加强健康服务综合监管	完善医疗机构质量管理制度，探索建立医疗质量认证体系，强化医疗质量控制。落实和完善巡查制度，加强对公立医院的综合监管，建立价格监测和预警机制，整顿和规范医药价格秩序。完善医疗纠纷综合调解处置机制。发挥社会综合治理机制作用，依法严厉打击涉医违法犯罪活动（责任单位：市卫生计生委、市医院管理局、市中医局、市公安局、首都综治办）
完善健康保障	完善医疗保障制度	建立统一的城乡居民基本医疗保险制度，加大政府投入力度，逐步建立与经济社会发展水平、各方承受能力相适应的筹资机制。逐步完善基本医疗保险制度、补充医疗保险制度、大病保险制度和医疗救助制度，推动不同保障制度的有序衔接，形成覆盖全体、待遇公平的医疗保障体系。推进医保支付方式改革，探索实施在总额预算管理模式下，住院以按病种付费为主、门诊以按人头付费为主以及按项目付费、按服务单元付费相结合的复合式付费制度。提高医疗经办机构管理服务的专业化、精细化水平，健全医保经办机构与医疗机构的谈判协商与风险分担机制，发挥医保对医疗服务的规范、监督和引导作用（责任单位：市人力资源和社会保障局、市卫生计生委、市民政局、市财政局）
	完善基本药物制度	完善现有免费治疗药品政策。逐步扩大艾滋病、结核病、精神病等特殊疾病治疗药物的品种供给。健全基本药物供应保障机制。完善激励约束机制，引导医疗机构优先配备和使用基本药物（责任单位：市卫生计生委、市人力资源和社会保障局、市财政局）

表8(续)

建设健康环境	建设绿色生态环境	践行绿色发展理念，实行最严格的生态环境保护制度。建立健全环境与健康监测、调查、风险评估制度。重点抓好大气、水、土壤污染防治工作，强化京津冀及周边地区大气污染防治联防联控，全面加强水源涵养、促进水质提升，推进土壤污染修复，切实解决影响人民群众健康的突出环境问题。加强园林绿化建设，推进"一道绿隔城市公园环、二道绿隔郊野公园环、环首都森林湿地公园环"建设，提高城市公园绿地500米服务半径覆盖率（责任单位：市环保局、市水务局、市规划国土委、市园林绿化局、市卫生计生委、各区）
	构建健康人居环境	发扬爱国卫生运动优良传统，持续开展城乡环境卫生整洁提升行动，建设健康、宜居、美丽家园。加快生活垃圾处理设施建设，加强生活垃圾分类管理，促进生活垃圾源头减量，加快城市公厕服务体系建设，推动农村家庭无害化厕所全覆盖。实施农村饮水安全巩固提升工程，深入开展饮用水水源地综合整治，建立健全农村供水设施维护长效机制，全面提升农村地区饮水质量。开展"健康细胞"建设工程，深入开展健康村镇、健康社区、健康单位、健康家庭建设，推动各区创建国家卫生区（责任单位：市城市管理委、市水务局、市卫生计生委、市农委、各区）
	完善公共卫生安全体系	加强安全意识教育，提高市民自救互救能力。强化突发公共卫生事件应急能力建设，有效预防、及时控制和消除突发公共卫生事件的危害，保障公众身体健康与生命安全。加强食品药品全过程、全链条安全监管。加强对饮用水卫生、职业卫生、放射卫生等领域的公共卫生监督。健全覆盖城乡的急救服务体系，推进突发事件卫生应急监测预警体系和紧急医学救援能力建设（责任单位：市卫生计生委、市食品药品监管局、市应急管理局、北京出入境检验检疫局、各区）
发展健康产业	发展健康服务业	优先支持慈善组织等社会力量举办非营利性医疗机构。鼓励符合条件的医师开办个人诊所。鼓励利用社会资本发展康复护理、儿科等供给不足的专科医疗服务，大力发展独立的检验、检查医疗机构，支持发展连锁医疗机构。创新健康管理服务模式，发展健康体检、健康咨询、健康管理等健康服务业，探索政府与社会资本合作模式，允许公立医院在保障资产安全、医疗质量安全的前提下，以特许经营的方式与社会资本开展合作。积极发展商业健康保险，鼓励商业保险公司提供重大疾病、住院、长期护理、医疗责任、医疗意外等保险产品和服务。鼓励保险机构参与本市健康服务业产业链整合（责任单位：市医改办、市卫生计生委、市发展改革委、市人力资源和社会保障局、北京保监局、市金融局）
	促进医药产业发展	打造医药产业研发中心和总部基地，面向全球吸引高端人才和团队，支持其在重大疾病生物制药、中药新药、高端医疗器械、新型诊断试剂、新型检测检查及精密仪器等领域，突破前沿关键技术，掌握核心技术。培育行业领军企业和知名品牌，推动本市生物医药、医疗器械及相关产业向高端化发展，形成全国领先的产业集群。改革完善药品器械审评审批制度，支持企业提升药品创新和研发能力。严格执行药品生产质量管理规范，建立完善药品信息全程追踪体系。建立短缺药品监测与预警机制，完善调控政策，确保药品供应。整顿医药市场流通秩序，实行药品购销"两票制"，减少流通环节，提高医药配送能力与效率（责任单位：市经济信息化委、市发展改革委、市食品药品监管局、市科委、市卫生计生委、市商务委）

表8(续)

发展健康产业	发展健康服务新业态	加强健康产业与养老产业融合发展，加快建设多元化健康养老服务网络，推动医疗机构与养老机构建立协作关系，支持在养老机构内设立医疗机构，实现养老机构医疗保障全覆盖。加强健康服务业与旅游产业融合发展，培育以健康服务为主要内容的旅游项目和产品。积极发展基于互联网的健康服务，促进云计算、大数据、移动互联网、物联网等信息技术与健康服务深度融合，大力推进远程医疗服务体系建设。积极引导体育健身消费，推动健身休闲产业快速发展。推进健康产业与文化产业融合发展（责任单位：市卫生计生委、市民政局、市旅游委、市经济信息化委、市体育局、市文资办、各区）
	完善健康产业支持政策	推进健康产业领域"放管服"改革，精简取消与安全质量无关的审批事项。对健康服务连锁企业实行企业总部统一办理工商注册登记手续。对社会力量举办的健康服务机构给予政策保障，使其公平获得土地、资金、人才等生产要素，在人才培养、职称评定、科研项目等方面与公立医疗机构享受同等待遇。非公立医疗机构用能、用水与公立医疗机构同价。创新融资方式，推动政府投资引导基金、各类创业投资机构支持健康服务业发展。扩大健康服务业市场空间，健全政府向社会购买健康服务机制。综合考虑参保人群需求、基金支撑能力等因素，在公平竞争的前提下将符合条件的非公立医疗机构纳入基本医疗保险定点范围。完善财税价格政策，符合条件的健康服务机构可纳入本市现有产业引导资金和政府相关财政补贴资金支持范围，非公立医疗机构经认定为高新技术企业后可按照相关规定享受税收优惠。完善健康服务规范与标准，积极探索政府、行业协会等多方参与的协同监管机制，加强诚信体系建设（责任单位：市工商局、市财政局、市发展改革委、市人力资源和社会保障局、市卫生计生委、市规划国土委、市金融局、北京保监局、市食品药品监管局、市科委、市地税局、市国税局、各区）
健全支撑与保障	将健康融入所有政策	建立将健康融入所有政策的实现机制，市、区政府及其部门在制定公共政策、管理公共事务过程中要始终关注健康影响、追求健康目标。完善健康相关法规体系，加强中医药、环保、交通、体育等重点领域立法工作；健全标准体系，促进健康管理标准化。将与健康服务业相关的卫生、体育、民政、人力社保等指标纳入卫生与健康统计指标体系（责任单位：各相关部门、各区）
	加强队伍建设	建立健全卫生与健康人才培养机制，完善院校教育、毕业后教育和继续教育有机衔接的医学人才培养体系。加快推进住院医师规范化培训社会化，完善专科医师规范化培训制度，加强全科医生为主体的基层卫生与健康人才培养，强化乡村医生队伍建设，逐步提升基层卫生与健康从业人员专业素养和能力；落实和完善职称倾斜政策，稳定基层队伍。加强儿科、康复治疗、精神等急需紧缺专业人才培养，提高待遇水平。加大高层次人才队伍建设力度，建立国际化人才培养机制，着力培养医学顶尖人才。加强护理人才队伍建设，大力培养各类专科护士特别是老年专科护士，支持高等院校和职业院校开设健康服务相关专业，鼓励社会资本参与健康职业教育和技能培训。充分发挥用人主体在人才培养、引进和使用中的主导作用，创新医疗卫生事业单位编制管理方式。注重从能力和实绩评价人才，建立医学人才分类评价标准，强化医德医风建设和行业自律，增强责任感和使命感（责任单位：市卫生计生委、市医院管理局、市教委、市人力资源和社会保障局、市编办）

表8(续)

健全支撑与保障	加强科技创新	发挥中关村国家自主创新示范区的带动作用，聚焦影响市民健康的重大问题，加大对公共卫生和食品安全保障、重点人群健康管理等领域的科技创新支持力度，推进创新成果转化。设立卫生与健康科技战略专家咨询委员会，支持产学研用深度融合的卫生与健康科技创新信息服务平台、转化医学中心、生物医学资源中心和医学大数据中心等建设，实施健康北京学科发展计划、医学科技转化能力提升计划和卓越创新团队建设计划。积极对接国家科技计划（专项、基金），深入实施"十大疾病防治科技攻关与成果推广""生命科学前沿研究"等市级重大科技计划，加强疾病预防、诊断、治疗、康复等各环节的科技支撑（责任单位：市科委、市卫生计生委、中关村管委会、市医院管理局、市食品药品监管局、市经济信息化委）
	推动信息化建设	完善卫生与健康信息化标准，建设涵盖公共卫生、医疗服务、卫生监督、人口管理等内容的人口健康信息平台。建成覆盖全市常住人口的人口信息、电子健康档案和电子病历三大数据库并实现数据动态更新、综合运用。建设智慧医院，推进医疗服务机构医疗服务信息互联互通。实行参保群众就医、困难群众享受医疗救助制卡即时结算（责任单位：市卫生计生委、市经济信息化委、市科委、市公安局、市人力资源和社会保障局、市民政局）
	深化国际合作	按照国家统一部署，积极参与全球卫生与健康领域的各项活动，向国际社会展示本市卫生与健康事业发展成果。深化与友好城市等交流合作，充分发挥卫生与健康工作在增进双边多边关系中的积极作用。着眼于国家工作大局，打造一支能够快速有效应对国际卫生事务的高水平公共卫生防控和医疗救治队伍，增强服务保障外交工作的能力（责任单位：市政府外办、市卫生计生委）
强化组织实施		各级党委和政府要充分认识健康北京建设的重要意义，将促进卫生与健康事业改革发展纳入重要议事日程，将主要健康指标纳入各级党委和政府考核体系，完善考核机制。做好相关任务的落实工作。充分发挥首都医药卫生协调委员会、各级爱国卫生运动委员会（健康促进委员会）的作用。注重发挥群团组织以及其他社会组织的作用，积极发挥民主党派、工商联和无党派人士作用，最大限度凝聚社会共识和力量，形成齐抓共管的工作局面，要加强舆论引导，增强社会各界对健康北京建设的普遍认知，形成全社会关心支持卫生与健康事业改革发展的良好氛围

2018年，为贯彻落实《"健康中国2030"规划纲要》和《中共北京市委北京市人民政府关于促进卫生与健康事业改革发展的意见》，不断推进健康促进与教育工作，提升全市居民健康素养水平，按照《国家卫生健康委宣传司关于开展2018年健康素养促进行动的通知》有关要求，具体落实、推进"健康北京行动"计划，原北京市卫生和计划生育委员会发布了《2018年北京市健康素养促进行动实施方案》。在此方案中将包括体医协作促进健康的各项健康促进任务分工及实施步骤细化，明确提出积极统筹协调各地区、各部门、各系统、各领域的工作资源，努力营造全民健康、共建共享的社会氛围，扎实推进2018年健康素养促进行动。2020年3月健康北京行动推进委员会为贯彻落实健康中国战略和国务院《关于实施健康中国行动的意见》，进一步坚持预防为主、推动关口前移，采取有效措施干预控制影响居民健康的危险因素，全面

推进健康北京建设，根据《健康中国行动（2019—2030年）》和《"健康北京2030"规划纲要》，制定《健康北京行动（2020—2030年）》。在此宏伟健康促进行动中，涉及体医协作促进健康行动的内容有多个方面。

一是在指导思想方面与国家总的健康促进指导思想一致，即坚持预防为主、防治结合的原则，以基层为重点，以改革创新为动力，中西医并重，将健康融入所有政策，针对影响健康的主要危险因素，聚焦重点人群和责任主体，政府、社会、个人协同推进，实施一批重大健康行动，健全健康促进体系，引导群众建立正确健康观，形成有利于健康的生活方式、生态环境和社会环境，促进以治病为中心向以健康为中心转变。

二是在坚持原则方面充分发挥政府主导作用，完善多部门统筹协调机制，解放思想，破除利益固化藩篱。

三是在健康促进长远计划与政策规划方面，明确了到2022年，健康北京政策体系基本建立，"大健康"理念成为社会共识。到2030年，健康北京政策体系基本完善，健康影响评价制度建立运行，实施路径基本明确。

四是在主要指标完成方面，明确了需要完成的具体指标，分别设立了2022年和2030年目标值，如居民健康素养水平、建立并完善健康科普专家库和资源库、构建健康科普知识发布和传播机制、城乡居民达到《国民体质测定标准》合格以上的人数比例、经常参加体育锻炼人数比例、鼓励个人每天进行中等强度运动至少半小时、每千人拥有社会体育指导员、鼓励开展群众性应急救护培训、医护人员健康素养水平均高于居民健康素养平均水平、健康促进医院覆盖率等。

五是在建立健康组织体系方面，成立健康北京行动推进委员会（以下简称"健康北京推进委"），负责健康北京行动的组织实施，协调全局性工作，指导各区、各部门、各单位贯彻实施具体行动，研究确定年度工作重点并协调落实，组织开展行动监测评估和考核评价。健康北京推进委下设专项行动工作组，负责推动落实有关行动任务。各相关部门通力合作、各负其责。同时成立健康北京行动专家咨询委员会，为行动实施提供技术支撑，及时提出行动调整建议。

六是在强化医疗健康服务体系方面，提出建立一支高水平的家庭医生团队，作为基层医疗健康服务主体，提供覆盖全人群的连续、整合、优质、高效的健康服务。

七是在完善全民健康教育体系方面，完善市区两级健康科普专家库，各三级医院和市属公共卫生机构成立科普专家团队。健全健康科普信息发布和查询平台，建立健康科普知识库，向公众推荐精准、科学的健康科普知识。构建并完善由健康教育专业机构指导、全社会共同参与的全民健康教育工作格局。

八是发挥医疗卫生机构和医学专家开展健康教育的权威性，各医疗机构充分利用传统媒体和新媒体，结合医院特色开展广泛的健康科普传播，并在诊疗过程中为患者和家属提供相关健康指导。

九是广泛普及科学权威的健康知识，加强健康科普传播内容监管。建立健康科普知识发布、推广策划机制，鼓励媒体从权威机构采集科普信息。鼓励、扶持各类媒体开办优质健康科普节目。充分利用全媒体手段，以市民喜闻乐见的形式，向大众定向、精准、有效传播健康知识，树立一批有网络关注度和影响力的健康科普名家。市级媒体围绕《中国公民健康素养66条》《健康中国行动》核心知识点在固定版面和时间开展宣传，并推出一批健康专栏。运用"两微一端"（微信、微博、移动客户端）以及短视频等新媒体，推动"互联网+精准健康科普"。

十是与市疾控中心新址建设统筹规划，建立集体验、互动、参与于一体的首都健康教育馆。鼓励各区和相关机构建立专项健康科普基地，针对中小学生、单位职工、流动人口、社区居民等人群开展健康教育服务。

十一是明确运动是促进健康的良方。到2022年和2030年，城乡居民达到《国民体质测定标准》合格以上的人数比例分别不低于94%和97%，经常参加体育锻炼人数比例达到48%和56%，每千人拥有社会体育指导员不少于2.9名和3.4名。

十二是重点培育发展社区服务类社会体育健身组织，加强指导服务。

十三是明确推进科学健身与健康生活融合。坚持以人民健康为中心，普及科学健身知识和健身方法，建立针对不同人群、不同环境、不同身体状况的运动促进健康指导方法，推动形成"体医结合"的疾病管理与健康服务模式。鼓励医疗机构提供运动促进健康的指导服务，鼓励引导社会体育指导员在健身场所等地方为群众提供科学健身指导服务，提高健身效果，预防运动损伤。积极推行《国家体育锻炼标准》和国民体质监测工作，建立面向全民的体育运动水平等级标准和评定体系，鼓励将国民体质测定纳入健康体检项目。推动实施中医特色体医融合发展行动。

十四是结合全民健康信息平台建设，开展慢性病监测、评价及居民全生命周期健康管理，实现不同健康服务机构数据整合、资源共享与业务协同。加强慢性病风险综合评估与管理，建立高血压、糖尿病、心脑血管疾病、肿瘤、慢阻肺等重点慢性病风险多因素综合评估方法，完善慢性病防控服务模式。

十五是针对常见的脑心共患疾病，进行体重、血压、血糖、血脂异常等危险因素管理，开展戒烟、限酒、减糖、运动等行为干预。

十六是提倡家庭体育锻炼，增强公民健康意识，养成文明健康行为。加强学校家庭联动，开展健康知识讲座，指导家长做好家庭健康管理，和学生一起养成健康行为方式。

十七是加强残疾人康复体育、健身体育服务，全面落实康复体育关爱计划，努力形成科学化、可持续的发展服务模式。不断加大适合残疾人就近就便健身产品及项目的研发，有力推动基层残疾人体育健身活动深入开展。逐步开发残疾人体质监测系统，有效提升残疾人健康指数。

十八是定期组织校长参加学校健康促进相关培训，落实体育与健康教育课师资培训，提升课程质量。

十九是要求医务人员主动学习和掌握健康科普知识和技能，充分利用各类健康教育阵地，参与健康大讲堂等科普活动，倡导推行健康生活方式。主动开展健康教育，传播健康生活的知识和理念，将其融入医疗护理工作中，开具健康处方，更好地为广大人民群众的健康服务。

二十是在保障措施方面提出健康北京推进委主任由市政府分管领导同志担任，副主任由市卫生健康委主要负责同志、市政府分管副秘书长以及教育、体育等相关部门负责同志担任，委员由相关部门负责同志、专家、市人大代表、市政协委员和社会知名人士等担任。健康北京推进委定期或不定期召开会议。各区要组建或明确推进健康北京行动实施的议事机构，研究制定本区具体行动方案并组织实施，确保各项工作目标如期实现。要加大政府投入力度，强化支持引导，确保行动落实到位。将健康北京行动实施情况纳入各级党委和政府考核指标，每年开展一次专项督导。建立考核问责机制，对各区、各部门、各单位落实情况进行考核评价，将考评结果作为绩效考核的重要依据。充分调动社会力量，加强公共卫生与临床医学、医学与交叉学科，以及卫生应急、卫生信息化和健康服务等复合型人才培养。

以上所涉及体医协作促进健康的 20 个方面，几乎涵盖了体医协作促进健康行动的所有内容，体医协作在 20 个方面的框架与范围下，形成具有地方特色的体医协作模式或范例。主要特征为：

（1）政府为主导，从地方发展角度出发，提出符合地方发展的健康促进政策与长远规划。

（2）健康促进政策与措施保持了延续性，并根据不同阶段国家健康促进政策提出相应的健康促进政策与措施以及体医协作促进健康执行的方向与路线。

（3）以医疗卫生为健康促进助力，充分发挥医疗机构在运动促进健康中的重要指导作用。

（4）充分发挥社会体育指导员在健身场所等地方为群众提供科学健身指导服务的作用，提高大众健身效果，预防运动损伤。

（5）实施《国家体育锻炼标准》和国民体质监测工作，建立面向全民的体育运动水平等级标准和评定体系，鼓励将国民体质测定纳入健康体检项目。

案例五：广西田阳区"体育+医疗"模式

田阳区着力推动全民健身和全民健康在"体育+医疗"方面的深度融合，整合现有的医疗、文体设施，拓展其功能应用，服务于深度融合工作。一是在县人民医院、县中医院挂牌成立了田阳区运动损伤康复医疗中心，在区内四个社区和全县 10 个乡镇下设 14 个分中心，基本实现深度融合工作全覆盖。二是在区体育公园体育馆挂牌成立田阳区国民体质监测中心，投入 8.2 万元实施体医结合健康服务中心站建设，配备专门的体质测试器材，建成专用的国民体质测试室，服务于规范开展和实施国民体质测试与医疗健康体检相结合工作。

为提高深度融合工作实效，田阳区注重融合各方面的服务功能。一是做好指导服务。建立"体医"复合型人才队伍，组织社会指导员队伍，通过包项目、包片区、包村等形式，专业指导广大群众进行健身和康复医疗工作，实现服务全覆盖。目前全县共在册登记了 115 名社会指导员。二是做好治疗保健服务。田阳区按照"1+2"模式配备服务团队，即配备 1 名全科医生、2 名家庭健身指导员，定期向群众提供健康与健身指守服务。全区 10 个乡镇通过尝试健康培训和上门出诊结合的干预模式，由乡镇卫生院集中开展家庭医生健康服务，目前累计服务人群已超过几万人次，其中已有 100 多名被长期跟踪的慢性病患健康指数得到明显提升。三是做好运动损伤康复服务。联合文体和卫计部门力量，成立田阳区运动损伤医疗康复工作领导小组和田阳区运动损伤医疗康复专家团队，普查全县专业运动员运动损伤情况，并提供专业性救治。为提高运动损伤医疗康复队伍业务水平，举办培训班，培养医体复合型人才。

案例六：苏州"阳光健身卡"

2005 年，苏州市政府下发《关于做好医保人员"阳光健身卡"申领工作通知》。从 2006 年开始，苏州市区统筹范围内参加职工医疗保险的参保人员往年账户结余金额超过 3 000 元的，可自愿向市社会保险基金管理中心提出申请，将一定额度的社保个人账户金额划转入"阳光健身卡"健身专用账户，用于在全民健身活动中心指定的场馆内使用并享受各定点场馆的"三优"（优先、优惠、优质）服务。在划转标准方面，根据《关于做好医保参保人员"阳光健身卡"申领工作通知》和《关于调整苏州市区2006年度医疗保险和生育保险有关政策的通知》文件规定，医保个人账户往年结余金额在3 000元及以上、6 000元以下的，可一次性选择500元或1 000元个人账户资金转入"阳光健身卡"健身专用账户；医保个人账户往年结余金额在6 000元及以上的，可选择一次性将500元、1 000元、1 500元或2 000元的个人账户资金转入"阳光健身卡"健身专用账户。2006年至今，经过多次修改，转化金额已经由最初的三种额度变成了现在的六种。作为苏州市体育局和中国光大银行苏州银行合作开发的集储蓄与健身消费为一体的银行磁条卡，"阳光健身卡"在技术上也是不断地升级更新，功能愈加全面及人性化，解决了之前无法挂失和无利息的情况，取消管理费，同时延续分账管理的模式，使该卡更具实用性。苏州市"阳光健身卡"发行至今，为市民参加体育锻炼提供了服务，促进了全民健身的推广，一定程度上提高了国民体质，缓解了医疗压力，是体医协作在微观层面比较典型的案例。但这种协作在运行过程中仍存在一些问题。

首先，初期在办理"阳光健身卡"过程中，没有充分考虑到办理人数数量变化，相关人员以及办卡点和中心相对较少，导致出现了办卡效率低下等问题，影响了大众对此项措施的印象。

其次，"阳光健身卡"的整体功能略显单一。该卡除了固定健身场所可以消费使用和一般银行卡功能使用之外，再无其他功能。如若该卡能够与医保社保卡对接，更能够凸显体医结合理念。

最后，"阳光健身卡"的使用范围有限。按照规定，此卡只能支付指定场地锻炼的场地租赁费，而雇用指导教练，参加体育项目培训班，以及体育锻炼专用器材与装备都不可以使用。这样在一定程度上影响了大众锻炼的积极性。

针对以上这些问题，学者赵彤提出了一些有见地的建议与对策。在今后的大众健身发展改革中，以苏州"阳光健身卡"为契机，推行以"一卡通"为合作载体的体医结合是可行的一种实践探索。第一，将现有的"阳光健身卡"不断升级完善，政策上允许使用"阳光健身卡"在指定的场馆或商店租用健身装备、器材，以及聘请指导员、教练，技术上努力拓展"阳光健身卡"的实用性，使其功能更全面，不仅能用于体育健身，还能涵盖金融、医疗、日常生活等其他方面的消费，使用起来更加方便、安全。第二，完善监管措施，对执行部门不定期审查，做到专款专用，避免出现政策漏洞，给国家和个人带来损失。第三，在宣传上由最初的对于"阳光健身卡"自身政策、功能、申请条件等方面的宣传介绍，向更深层次的关于体育锻炼兴趣引导的方向发展，使更多的市民意识到参加运动对于促进身体健康的重要意义，从培养兴趣爱好的角度将体育运动融入生活，全面提高地区范围内人均每周的运动时间，使终身锻炼的理念被大众所接受。第四，在"阳光健身卡"的使用上，建议体育部门与医疗卫生部门开展更为紧密的合作，由医生根据病人实际情况开具运动处方，指导病人将参加体育运动作为追求健康的主要方式之一，同时让病人进行不定期的复诊，调整处方，也可在健身场馆设立医疗咨询服务机构；健身场馆也应积极同医疗部门开展合作，从单纯的健身娱乐场所变成医疗部门的"运动康复室"，深度开展体医结合。第五，"阳光健身卡"的划拨金额标准是根据当地工资与医保水平而定的，应不定期进行适时调整。第六，进一步完善管理机制，进行适时检查。健身场馆作为整个健身模式的重要实施场所，好坏与否直接关系到受众群体参与积极性的高低，是长远发展群众体育的重要因素。应以满足大众健身需求为核心，价格平易，同时不损害场馆投资方的经济利益，做到统筹兼顾。体育部门和医疗卫生部门适时交流沟通，确定体医结合项目协作的健身场馆标准，并且由当地体育部门与健身场馆代表、健身群众代表召开听证会共同讨论，制定体医结合项目持卡健身的相关费用标准及具体的优惠措施。第七，完善的监督机制。与金融部门合作，将划价方与拨款方分开管理，科学制定安全的资金划拨方式。层层把关，对合作场馆不定期抽查、暗访，一经发现乱用"阳光健身卡"的行为，对当事人和健身房一起处罚。通过不断地宣传教育，令消费者和健身场馆意识到违规操作可能带来的严重后果。第八，建立及时信息反馈机制。定期进行系统的、有组织的反馈信息汇总整理。由社保中心定期收集来自群众、体育部门、医疗机构、金融机构、健身场馆的反馈信息，及时调整，使得制度管理日趋完善。

苏州市以"阳光健身卡"为载体的体医结合探索，目的是逐渐培养参保人员从疾病保险理念转变为健康保险理念并培养其健康生活习惯，推动参保人员从重视治疗到重视防治结合的转变，从以药物治疗为主向改变生活方式转变，达到增强体质、无病防病的目的，从源头上降低疾病发生的风险。此种体医结合模式是一种大胆的尝试，通过医保资金促进了大众积极参与体育锻炼，既增进了大众健康，又将本用于治病的费用提前用于预防疾病，促进和保障健康，避免疾病发生，是一种具有一定代表性的微观层面的体医协作运行模式。

案例七：上海嘉定区"1+1+2"社区主动健康工程

上海嘉定区推行"1+1+2"社区主动健康工程体育与医疗卫生结合模式。

上海在体医协作方面是走在全国前列的，已经探索了多年。上海推出了社区主动健康工程，提出建立社区体医结合模式：一是推广体医结合社区体质测试站；二是提倡非医疗健康干预，措施之一就是构建"1+1+2"社区工作团队，把健康促进纳入社区发展。"1+1+2"社区工作团队，即1个居民和1个居民自我管理小组长（病友推荐），"2"是指1名社区医生，再加上1名社会体育指导员。其中，社区医生为大家提供医疗保障，社会体育指导员则负责教授各类健身操，对糖尿病、高血压、颈椎病等慢性病患者进行运动干预，缓解病症。在社区街道设立体质监测中心，提供体质监测服务，工作人员根据检查结果，组织指导居民进行针对性的健身锻炼，以增进社区辐射范围内的整体健康水平。未来嘉定区还将重点建设完善"1+2+5+12+X+N"的社区主动健康工程、社会体育组织培育工程、智慧体育工程等，助推健康上海建设。

以上几个典型协作案例，是在政府层面实施的体医协作。事实上，还有一些非政府行为的体医协作案例：2004年，由现代阳光健康体检中心、北京国民体质监测中心和北京郡王府康漫健身俱乐部联合成立了京城首家体医结合的健身中心；2005年，北京市北太平庄医院健康体质监测指导中心成立，该医院是一所可以开具运动处方的医院；泰山体育与北京大学人口研究所成立了体医融合实践基地，拟携手创建"产学研医"合作模式来促进高校、企业、医院的融合创新发展；北京航天总医院和北京迈动健康体医融合服务中心拟通过20余所医疗机构和高等院校，实现医学数据与运动处方的对接；中国健康促进基金会正在试行体检中心和运动俱乐部联合管理模式。

以上这些案例，无论是政府行为的体医协作还是非政府行为的体医协作，都切合当下推进"健康中国"建设国家战略需要，但还需要后续强有力的监督与评估，修正与改进，进而固化为良性常态。

附录二　访谈提纲

2016年8月，习近平总书记在全国卫生与健康大会上的讲话中，提出将"全民健身与全民健康深度融合"。2016年中共中央国务院发布的《"健康中国2030"规划纲要》中提到加强体医深度融合促进全民健康。该纲要第六章第三节提出推动形成体医结合的疾病管理与健康服务模式，发挥全民科学健身在健康促进、慢性病预防和康复等方面的积极作用。在此背景下，本书作者对您做一个简单的访谈了解，感谢您的配合！

1. 从 2017 年起本部门开展了哪些大众健康促进工作？进展如何？

2. 在开展大众健康促进工作中有哪些体医结合个案事例？

3. 在开展大众健康促进工作中存在哪些主要困难或障碍？尤其是与体育或卫健委部门协作中存在哪些主要困难或障碍？

4. 在开展大众健康促进工作中本部门制定了哪些长远规划？

5. 目前本部门采取了哪些具体措施来保障与体育或卫健委协作？

6. 您认为还需要上级主管部门采取哪些措施来推进体医结合工作？

7. 您认为在与其他部门协作中，对方的协作态度如何？（首先考虑，其次考虑，不考虑）

8. 您对寻找双方协作载体难易情况的看法？（难，一般，易）

9. 您认为应当建立怎样一种更有效、更长久的协作机制？

10. 您对体医协作促进健康有哪些看法？

附录三　调查问卷表

一、对医疗卫生人员及后备人才的调查

1. 您对科学健身基本知识的了解情况

A. 全部了解

B. 部分了解

C. 不了解

2. 您认为掌握科学健身基本知识是否重要？

A. 重要

B. 一般

C. 不重要

3. 目前您获得科学健身基本知识的途径（可多选）

A. 体育课

B. 媒介、网络

C. 自主学习与培训

D. 周围锻炼人群

E. 俱乐部与社团

F. 其他方面

4. 您认为获得科学健身基本知识的干扰因素主要有哪些？

A. 认知程度不高

B. 学习精力和时间不足

C. 体育课讲授深度不够

D. 缺乏专业渠道获得

二、对特定医务人员的调查

5. 您对科学健身基本知识的了解程度

A. 全部了解

B. 部分了解

C. 不了解

6. 您认为掌握科学健身基本知识是否重要？

A. 重要

B. 一般

C. 不重要

7. 目前您获得科学健身基本知识的主要途径是（可多选）

A. 在校体育课学习

B. 网络与媒介

C. 健身俱乐部

D. 周围锻炼人群

E. 科学健身专业培训与教育

F. 其他方面